Do Nosso Jeito

Maureen Chiquet

Do Nosso Jeito

MULHERES, LIDERANÇA E SUCESSO

Tradução
Claudia Gerpe Duarte e Eduardo Gerpe Duarte

SEOMAN

Copyright © 2017 by Maureen Chiquet
Copyright do projeto © 2019, Editora Pensamento-Cultrix Ltda.
Texto de acordo com as novas regras ortográficas da língua portuguesa.
1ª edição 2019.
Todos os direitos reservados. Nenhuma parte deste livro pode ser reproduzida ou usada de qualquer forma ou por qualquer meio, eletrônico ou mecânico, inclusive fotocópias, gravações ou sistema de armazenamento em banco de dados, sem permissão por escrito, exceto nos casos de trechos curtos citados em resenhas críticas ou artigos de revistas.

A Editora Seoman não se responsabiliza por eventuais mudanças ocorridas nos endereços convencionais ou eletrônicos citados neste livro.

Coordenação editorial: Manoel Lauand
Capa: Suzana Riedel Dereti
Editoração eletrônica: Estúdio Sambaqui

Nota da autora:
O nome e detalhes que identificam muitas pessoas foram modificados para proteger a privacidade delas. Tentei recriar eventos, locais e conversas a partir das lembranças que tenho deles; no entanto, o tempo e a distância podem ter criado leves variações em cada situação e conversa.

DADOS INTERNACIONAIS DE CATALOGAÇÃO NA PUBLICAÇÃO (CIP)
(CÂMARA BRASILEIRA DO LIVRO, SP, BRASIL)

Chiquet, Maureen
    Do nosso jeito : mulheres, liderança e sucesso / Maureen Chiquet ; tradução Claudia Gerpe Duarte e Eduardo Gerpe Duarte. -- 1. ed. -- São Paulo : Seoman, 2019.

    Título original: Beyond the label : women, leadership, and success on our own terms.
    ISBN 978-85-5503-100-7

    1. Liderança 2. Mulheres executivas 3. Mulheres nos negócios 4. Negócios e economia 5. Sucesso nos negócios I. Duarte, Claudia Gerpe. II. Duarte, Eduardo Gerpe. III. Título.

19-27791   CDD-658.409082

Índices para catálogo sistemático:
1. Mulheres executivas : Carreira profissional : Sucesso : Administração de empresas
658.409082

Iolanda Rodrigues Biode - Bibliotecária - CRB-8/10014

Seoman é um selo editorial da Pensamento-Cultrix.
Direitos de tradução para o Brasil adquiridos com exclusividade pela
EDITORA PENSAMENTO-CULTRIX LTDA.
R. Dr. Mário Vicente, 368 – 04270-000 – São Paulo, SP
Fone: (11) 2066-9000 – Fax: (11) 2066-9008
E-mail: atendimento@editoraseoman.com.br
http://www.editoraseoman.com.br
Foi feito o depósito legal.

Aos meus mais preciosos parceiros na vida:
Antoine, Pauline, Mimi e Tess

SUMÁRIO

INTRODUÇÃO   9

UM   Respirando Profundamente   17

DOIS   Com Novos Olhos   35

TRÊS   Rendendo-se ao Acaso   51

QUATRO   Treinamento Móvel   65

CINCO   Encontrando Seu "Barato"   81

SEIS   Um Tênue Limite   97

SETE   Como se Destacar   117

OITO   Assumindo o Comando   137

NOVE   Como Ter Tudo   159

DEZ   A Vocação da Alma   179

ONZE   Abraçando o Paradoxo   199

DOZE   Eliminando o Espartilho   219

AGRADECIMENTOS   229

INTRODUÇÃO

Apenas continue a seguir as linhas do coração na sua mão.
– "HEARTLINES", FLORENCE AND THE MACHINE

Pouco depois de deixar o cargo de CEO da Chanel, tive um ataque de pânico. Eu decidira organizar meu closet e guardar meu impressionante sortimento de jaquetas, bolsas e sapatos Chanel no porão. Foi uma espécie de purgação psicológica e metafórica, destinada a abrir espaço para uma nova identidade. Além disso, eu vestira o mesmo uniforme durante quase treze anos – qualquer variedade, formato, cor ou textura de uma jaqueta Chanel e jeans *skinny* J Brand. Por favor, não me interprete mal; não estou me queixando. É o sonho de qualquer mulher deslizar o braço dentro das deliciosas mangas forradas de seda de uma elegante jaqueta de *tweed*, e valorizo plenamente minha sorte por possuir e usar um número tão grande dessas requintadas criações. No entanto, os mesmos modelos que um dia me levaram a olhar orgulhosa para o espelho agora pareciam pertencer a outra pessoa, a uma época diferente da minha vida. Embora eu tivesse introduzido meu toque pessoal no visual clássico da Chanel – combinando até mesmo a mais delicada jaqueta de alta-costura com jeans rasgado e botas de motociclista – eu agora ansiava por resgatar meu verdadeiro estilo pessoal, interna e externamente.

Isso então explica o choque: meu closet ficou praticamente vazio depois que eu empacotara tudo o que iria levar para o porão. Meus jeans, camisetas regata caneladas da American Apparel e o punhado de camisetas estampadas da Hartford nunca seriam adequados para uma entrevista de emprego, e menos ainda para um jantar na cidade com amigos. Foi quando enviei uma mensagem de texto para Jeffrey, velho amigo e proprietário da loja epônima de Manhattan, pedindo ajuda: eu precisava com urgência de um novo visual.

Despojada da minha segurança habitual, entrei na loja debaixo do gelado escrutínio de uma fileira de manequins impecavelmente vestidos. Sua postura de porcelana parecia zombar da minha aparência relativamente desalinhada. Como se por hábito, e na tentativa de reafirmar a credibilidade do meu estilo, toquei as roupas e avaliei os modelos no primeiro grupo de araras de roupas e cabideiros da seção masculina. *Está vendo, eu sei o que está na moda,* pensei, tentando me impor. Eles me encararam, em silêncio.

Recuei então até o departamento de sapatos, arbitrariamente detectando um ou outro modelo enquanto torcia desesperadamente para que alguma ajuda estivesse a caminho. Geralmente, eu ansiava para que me deixassem sozinha quando visitava as lojas com colegas, na esperança de poder vivenciar uma boutique como uma cliente. Não dessa vez. Ninguém parecia me notar, de modo que segui em frente, suspirando aliviada ao entrar na seção feminina, mais discreta e familiar. Escondendo-me atrás dos cabideiros, procurei entre os modelos mais novos ponderando o que poderia servir. Tentei me imaginar vestindo algo muito diferente do meu uniforme do dia a dia. Como se estivesse no modo automático, eu não parava de avançar na direção das jaquetas justas de *tweed* – por isso tinha que me obrigar a examinar as blusas, blazers e até mesmo calças com cortes mais largos. Bem no momento em que eu estava começando a me sentir como um fracasso da moda, Terrance, um dos *personal shoppers* da loja, tocou de leve no meu braço, apresentou-se calorosamente e se ofereceu para ser meu acompanhante.

Ele conduziu e eu o segui na dança de um estilista para outro.

"Estas calças são realmente bonitas, mas não uso modelos largos nas pernas. Sou muito baixa e eles me farão parecer atarracada. Além disso, a cintura é muito alta. Geralmente não visto Celine. Os estilos são muito retangulares." E continuei a desfiar as minhas tendenciosidades. Minha primeira reação a quase tudo era, na melhor das hipóteses, relutante, e, na pior, uma rematada rejeição; no entanto, quando olho para trás, percebo que eu não estava realmente rejeitando as roupas propriamente ditas. Estava tendo dificuldade em me imaginar assumindo uma nova identidade – e abandonando a antiga, que me servira tão bem. Com delicadeza, Terrance me persuadiu a considerar novas opções. "Experimente este modelo. Você vai perceber que ele fica completamente diferente no corpo."

A verdadeira ação começou no provador. Com os braços cheios de roupas, Terrance chamou dois colegas para me ajudar a resolver meu dilema da moda. Estilo após estilo, entre eles marcas que eu nunca desejara considerar e outras das quais nunca ouvira falar, flutuaram para minha cabine de provas até que cada parede ficou adornada com um conjunto de brilho, textura e cor. Enquanto eu experimentava diferentes trajes, a mulher que olhava de volta para mim, no meu reflexo do espelho, deu um largo sorriso; eu estava tonta, dominada por um sentimento de liberdade recém-descoberta para me reinventar. Não é que eu não amasse quem eu fora; afinal de contas, ser CEO da Chanel, pináculo do luxo, trabalhar com equipes extremamente talentosas, morar parte do tempo na minha amada cidade, Paris, e conhecer artistas maravilhosos, *expandira* o trabalho dos meus sonhos. Mas agora estava na hora de me libertar desse rótulo e me redefinir.

Quero dizer, sejamos realistas: não é de fato uma questão de vestimenta. Ao deixar a Chanel, tive que começar a me reimaginar por completo; de repente, eu me vi como "líder" apenas da minha vida. Como seria acordar sem ter pela frente uma teleconferência com a China ou cem e-mails para responder? Como eu preencheria os espaços agora vazios da minha agenda habitualmente abarrotada? Com minhas duas filhas crescidas e longe de casa, eu nem mesmo tinha consultas médicas para organizar ou conselhos para dar. Quem era eu agora, e quem eu queria ser?

É muito fácil confundir nossa identidade com cargos, títulos ou funções. E talvez eles nos definam por algum tempo, junto com uma série de outros apelidos como mentora, CEO, esposa ou mãe. Aceitamos e assumimos os mais diferentes tipos de rótulos o tempo todo, e as coisas podem se tornar assustadoras quando começamos a notar que aqueles trajes que um dia foram confortáveis não parecem mais se ajustar ou representar quem realmente somos. No entanto, aprendi que esses constructos são bem mais fluidos do que parecem, quer eles nos sejam impingidos ou autoimpostos. Não se trata apenas de abandonar as expectativas que os outros determinaram para nós, mas sim, não raro, de nos livrar dos padrões rígidos ou tacanhos que definimos para nós mesmos. Ficar à vontade com o "eu" menos definível, em constante mudança, debaixo dos papéis que representamos no mundo, requer coragem, tempo e a disposição de pressionar constantemente os limites da nossa zona de conforto. No meu caso, ser curiosa, observar com os olhos, ouvidos e o coração bem abertos, me envolver com algo novo, examinar o que cala na minha alma e me perguntar o tempo todo o que me interessa, o que eu amo e por que faço o que estou fazendo – todas essas coisas me ajudaram a ir além de muitos rótulos na trajetória da minha vida.

E no seu caso, também poderá haver momentos na sua carreira ou na sua vida em que você notará que não é mais a pessoa que deseja ser, ou se verá em papéis que não mais expressam suficientemente quem você é. E como eu, terá que fazer uma escolha: aceitar a forma que assumiu ou fazer uma mudança, mesmo que esta comece com a simples decisão de usar roupas novas que você mesmo escolheu.

※ ※ ※

Odeio rótulos e limitações. Sempre odiei. Ainda odeio. Talvez por eu ser judia e ter crescido no homogêneo Meio Oeste. Talvez por eu ter sido a primeira filha de pais um tanto liberais durante uma era cultural particularmente rebelde, ou talvez por simplesmente nunca ter sido capaz de restringir a mim mesma ou qualquer outra pessoa a qualquer categoria particular. Seja lá o que for, todas as vezes que tentaram me impor um rótulo, acabei sentindo a necessidade de descartá-lo ou, pelo menos, de empurrar os seus limites. E tampouco fui uma apreciadora das estruturas sociais rígidas.

Nunca me deixei guiar exatamente pelas regras, mesmo tendo, com frequência, *tomado conhecimento* delas. Desse modo, talvez não seja nenhuma surpresa que, pelo menos na minha cabeça, meu caminho em direção à diretoria executiva (e aos Cs entrelaçados do famoso logotipo da Chanel) não tenha começado com uma paixão pela moda ou com um diploma em business, mas com queijo de cabra. Isso mesmo, queijo de cabra.

Quando eu tinha dezesseis anos, me apaixonei loucamente pela França durante um mês que passei na Provence. A beleza parecia brotar *de todos os lugares*, e os franceses pareciam possuir um sentimento intuitivo de estética e design que cativava até a profundeza da minha alma. Fiquei encantada pela luz suave que acariciava os prédios de calcário, os campos de alfazema, os vasos de flores silvestres que adornavam até mesmo as mais humildes mesas de piquenique e, em particular, pelo meu primeiro encontro com queijo de cabra. Picante, dolorosamente delicioso e elegantemente consumido como parte de um ritual refinado destinado a desfrutar cada sabor; o queijo de cabra francês – muito diferente dos insípidos similares americanos – expandiu plenamente meus sentidos.

Os franceses não pareciam apenas viver para a beleza e respirá-la, mas para uma espécie de liberdade que me incentivou a estender radicalmente os limites da minha infância mais conservadora do Meio Oeste na década de 1970. Na época, diretores de filmes franceses da New Wave estavam criando papéis para mulheres além da estreita faixa das estrelinhas americanas de Hollywood, e, por ser aluna da graduação de Yale, fiquei encantada pelas jovens nesses filmes que, de algum modo, haviam escapado da pressão de se adaptar – a mesma pressão que eu sofrera em Saint Louis. Eu ansiava *ser* francesa e viver mergulhada na beleza, para deixar que ela se derramasse nos meus sentidos. Eu não tinha a menor ideia para onde esse anseio poderia me levar, mas, aliado à minha incorrigível determinação, ele sem dúvida definiu o meu rumo.

Estou dizendo isso porque além de precisar desafiar os rótulos que possam *lhe* ter sido impingidos ou que você tenha escolhido durante algum tempo, o hino retumbante hoje em dia parece ser "siga sua paixão". No entanto, para mim, é mais do que isso. Permitir-se acompanhar as fissuras das linhas do coração é um processo conturbado que não é fácil de caracterizar ou racionalizar em listas e compartimentos elegantes e impecáveis; não raro é uma questão de seguir as intuições e pistas sussurrantes que desafiam as categorias convencionais como a especialização acadêmica e o cargo. Eu nunca poderia ter dito que minha paixão era "queijo de cabra" ou sabido como converter meus anseios sensoriais em um trabalho que eu adorava. Eu jamais poderia ter sabido que conversas tarde da noite regadas a uísque com soda a respeito dos "olhos" da câmera nos filmes franceses da New Wave me preparariam para criar o desejo como profissional de marketing ou intuir o design como merchandiser. Tudo o que eu *realmente* sabia era o que eu *sentia*: uma atração inexplicável pela beleza. A busca pela beleza me afastou das terras centrais americanas e me conduziu às estradas secundárias do norte da França como uma jovem representante da L'Oréal, depois, no final da década de 1980, para a Gold Coast dos Estados Unidos quando trabalhei na Gap até 2002 e, finalmente, de volta a Paris em 2003, atrás das portas douradas da casa de Chanel. O meu sucesso profissional foi maior do que eu jamais sonhara e, no entanto, foi exatamente o que meu coração e meus instintos me orientaram a fazer. Vagar ao longo dos limites de experiências que me deixam um pouco inquieta é minha zona de conforto. Um pouco assustada, não muito à vontade, levemente tensa. Não é tanto uma busca de emoções, nunca foi; o que me motiva é uma curiosidade fundamental.

É irônico, portanto, que me peçam, quase três décadas depois, que eu ofereça orientação profissional para uma nova geração de mulheres: como você chegou ao topo? Como ter sucesso em um ambiente corporativo basicamente dominado pelos homens? Como conseguir um mentor? Como obter uma promoção? Como alcançar o equilíbrio entre a vida pessoal e a profissional? Elas querem respostas para tudo: a carreira, a família, a felicidade, a vida. E eu adoraria ser capaz de fornecê-las, mas, como se sabe, isso não é possível. Não tenho *as* respostas – ninguém as tem, na verdade – mas conheço o tipo de atitude e sensibilidade, as perguntas e as curiosidades, que a conduzirão a caminhos de autodescoberta, além dos limites e convenções reconhecidos, e bem além dos rótulos que outros querem usar para definir você. Como você se define? Cabe a você responder a essa pergunta. Não posso lhe fornecer "cinco passos fáceis" ou mesmo lhe dizer onde fazer um estágio, e, apesar da minha carreira no mundo da moda, não posso sugerir que você a siga, assim como não posso lhe dizer, exatamente, que caminhos você deve trilhar. No entanto, ao revelar a trajetória contorcida das minhas linhas do coração e as lições que aprendi, espero incentivá-la a encontrar e seguir a sua.

Escrevi este livro para começar uma nova conversa, para alargar a abertura através da qual olhamos para o mundo. Quero reconsiderar o que significa ser mulher, mentora, esposa e mãe. Estou cansada de ouvir falar em barreiras à ascensão ou saber que esperam que eu "aja como um homem" (mas, pelo amor de Deus, nem pense em ser autoritária) para poder progredir. Na condição de CEO, descobri que até mesmo nossas ideias de liderança bem-sucedidas acabam sendo encaixadas em modelos mais limitados. Quero libertar o conceito de liderança da sua camisa de força do gênero, encorajá-la a ser intensamente feminina, corajosamente masculina ou tudo o que existe no meio, de acordo com o que parecer autêntico para você. E se reconhecêssemos forças diferentes e as aperfeiçoássemos em vez de tentar adaptar-nos a outra maneira de ser? E se mudássemos o modo como medimos, avaliamos e valorizamos os líderes para incluir um leque mais amplo de qualidades e habilidades? Quero ajudá-la a perceber a beleza da imperfeição, derramar luz e amor na sua sombra, reconhecer que a natureza humana da narrativa pode superar qualquer algoritmo que você possa inventar ou adotar.

Minha jornada envolveu abraçar o paradoxo em todas as partes da minha vida. Por que deveríamos separar a arte dos negócios, os sentimentos da lógica, a intuição do discernimento? Por que você não pode estudar literatura e se tornar CEO? Quem disse que o introvertido reservado não pode se tornar um líder poderoso e eficiente? Quem decidiu que você não pode ser determinada *e* flexível, introspectiva *e* sintonizada com o mundo à sua volta, esposa, mãe *e* alta executiva? E onde no livro das regras está escrito que permanecer inabalável na sua vulnerabilidade não a tornará mais forte?

Escrevi este livro para aqueles que estão cansados de tentar se comprimir em categorias restritas, que anseiam pela integração e totalidade em tudo o que fazem, sem limites sobre quem são ou quem vão se tornar. Quero oferecer algumas histórias a respeito de momentos críticos na minha vida, quando saltei e mergulhei em uma nova identidade, e tive que abandonar tudo o que eu conhecia para descobrir o que melhor iria me redefinir. Quero compartilhar como atravessei essas ocasiões, às vezes tropeçando, e o que aprendi (e continuo aprendendo) ao longo do caminho. Não vou fornecer um conjunto de regras ou prescrições, dicas práticas ou lições enumeradas – apenas uma miscelânea de momentos, algumas impressões e centelhas de ideias a partir das quais, segundo espero, você poderá criar sua própria narrativa.

Cada uma de nós tem uma jornada exclusiva. Ao revelar meu roteiro decididamente não linear, tenho esperança de ajudá-la a encontrar e seguir o seu. Está na hora de ir além dos rótulos e fazer as coisas do nosso jeito!

UM
Respirando Profundamente

O vapor quente que lembra borracha queimada subindo do chão. O lento suspiro estridente de uma chegada ou partida. Um apito constante avisando que está na hora de embarcar antes que as portas se fechem. A maioria dos parisienses evita os gradis do Metro ou simplesmente caminha sobre eles sem notar o odor, o calor, o barulho da viagem. Eu adoro tudo a respeito do Metro, mas aprecio particularmente o cheiro. Para mim, é Paris – uma cidade de contrastes e contradições. Até mesmo hoje, a experiência do Metro que me envolve e sussurra para mim que estou em casa. Inspiro profundamente e lá estou eu de novo, em Paris pela primeira vez, com dezesseis anos, pronta para deixar minha moldura do Meio Oeste e absorver a imensa beleza de um novo quadro.

Meus pais e todos os seus amigos adoravam morar em Saint Louis, por causa dos seus subúrbios elegantes, bonitos e bem conservados, as ruas orladas com árvores centenárias, escolas seguras e eventos culturais de alta qualidade. Morávamos no subúrbio de Creve Coeur, considerado um bom lugar para criar os filhos. Isto é, bom se seus filhos se encaixam na conformidade desinteressante das escoteiras, aulas de piano e competições de ginástica. Esse não era meu caso. Eu era extremamente desafinada, não conseguia dar cambalhotas e fui expulsa do grupo de escoteiras.

Meu pai, um advogado cível, tinha viajado pelo mundo como ator depois de largar a faculdade, voltando aos Estados Unidos para levar uma vida séria quando meu avô faleceu repentinamente. (Por sorte, naquela época, era possível fazer uma prova de equivalência.) Quando eu era pequena, meu pai começou a colecionar vinhos das regiões que amava e, com o desejo de parecer sofisticada como ele, passei a imitar os nomes de denominações famosas como Bordeaux, Borgonha, Toscana, Piemonte e Alsácia. Enquanto eu imitava meu pai, "bochechando" de leve o vinho na boca, sugando-o com um suave gargarejo, tentando saborear as uvas, a terra ou o mel que ele descrevia com mais nitidez, eu criava na mente imagens desses lugares distantes, imaginando-me lá e falando com uma pronúncia perfeita.

Minha mãe procurava maneiras de nos expor às maravilhas da natureza e à riqueza das artes, porém, dentro do nosso mundo pequeno e aconchegante; fomos ao Muny, um anfiteatro ao ar livre, para assistir a musicais como *My Fair Lady* e *Guys and Dolls* enquanto matávamos mosquitos no calor abafado do verão. Fazíamos caminhadas nas áreas arborizadas e encontrávamos cavernas para explorar. De vez em quando íamos ao planetário, onde eu seguia a estrela mais brilhante, esperando que ela me levasse para uma nova dimensão. Não é que eu não gostasse do lugar onde eu morava, já que, de muitas maneiras, tive uma infância ideal privilegiada; é que por ser uma ávida leitora e sonhadora, eu desejava explorar uma tela maior. As excursões da minha mãe pouco faziam para me fixar em Saint Louis, mas a maneira como ela invariavelmente apreciava as coisas através da lente da estética e da beleza despertava meu interesse. Ao evidenciar para mim as variações sutis da aparência, do som e da sensação das coisas, ela começou a me ajudar a desenvolver a sensibilidade e a curiosidade de ver e descobrir mais sobre o mundo, de escapar do primeiro compartimento no qual eu me encontrava, Saint Louis. (Mais tarde, claro, ela viria a desejar que eu tivesse voltado para sua amada cidade depois da faculdade.)

Como o meu apetite por aprender e expandir meus horizontes me instigaram a estudar muito e tirar boas notas, meus professores me consideravam uma "menina tímida e boazinha". Eu era um pouco retraída, vivia na minha cabeça, de modo que os colegas com frequência me rotulavam de esnobe ou arredia. Em vez de ter ambições sociais, eu não raro me perdia nos meus livros, filmes e programas de televisão – qualquer coisa com uma história. Em 1974, ninguém acreditava que a introversão fosse uma coisa boa; esperava-se que ela fosse corrigida, como dentes tortos ou a miopia. Minha mãe tentava incessantemente encontrar atividades que me puxassem para fora da minha concha, mas eu me esquivava dos esportes em equipe e dos clubes, e tampouco queria cantar em grupo ou ser líder de torcida (ao contrário das minhas irmãs mais novas, Suzanne e Andrea, que pareciam aceitar o incentivo da minha mãe com muito mais naturalidade, sobressaindo-se do ponto de vista social e atlético). Eu não era uma criança infeliz; simplesmente sabia que faltava em mim algum episódio que me levasse a buscar as coisas que outras pessoas pareciam querer.

Por ser a primogênita, eu sentia o peso da responsabilidade de me destacar, mas ao mesmo tempo, de certa forma, achava que tinha o direito de obter o que eu desejava. Talvez fosse por causa da minha desastrada competência social, capacidade física desajeitada ou pura e simples rivalidade entre irmãs, mas eu estava longe de ser a irmã mais velha ideal. Suzanne, três anos mais nova, e eu tínhamos nossa parcela de brigas, geralmente desencadeadas pela minha irritação por ela estar me "imitando" (mesmo que isso estivesse longe de ser verdade). E eu quase sempre evitava seus meigos convites para brincar, a não ser pouco antes da hora de dormir quando ela estava cansada, ocasião em que eu a convencia a participar do jogo que eu criara, no qual cada uma inventava suas próprias histórias imaginárias. Minha outra irmã, Andrea, era oito anos mais nova do que eu. Com uma diferença de idade tão grande, geralmente me esquivava da graciosa criancinha loura de olhos azuis, já que eu desejava fazer o que queria sem muita interferência ou interrupção.

Frequentei até os quinze anos a escola pública do bairro, onde vários alunos, que apareciam na aula dopados, vendiam drogas nos corredores enquanto os professores desinteressados davam aulas mecanicamente. Perguntei aos meus pais se eu poderia me candidatar a uma vaga na muito mais rigorosa e exigente Escola John Burroughs, o único colégio coeducacional privado, não paroquial, da cidade. Meus pais ficaram encantados por eu ter tido essa ideia, apesar da exorbitante anuidade. Fiz a prova de seleção e obtive um resultado moderado, o que me deixou na lista de espera. Por sorte, uma vaga foi aberta e consegui entrar.

Ao galgar os degraus de pedra da Burroughs no meu primeiro dia de aula e entrar nos longos corredores revestidos de madeira, vestindo minha melhor saia hippie chique, eu me vi diante de patricinhas e mauricinhos adornados com as vestes de gala das escolas particulares de ensino médio: camisas Lacoste em cores vivas (com a gola virada), calças Lily Pulitzer (estampadas com tartarugas ou outras criaturas marinhas) e *top siders* marrons (de preferência com o cadarço desamarrado e buracos perto do dedão). Quase todos os alunos da Burroughs estavam matriculados na mesma escola desde o jardim de infância, de modo que seus círculos sociais já estavam completamente formados. E com muito poucas exceções, mais ninguém era judeu. Eu me senti dolorosamente fora do padrão.

Certa manhã, cheguei à escola e encontrei as palavras JUDIA PORCA pichadas no meu armário escolar, o que me pareceu ainda mais ofensivo porque minha família se considerava "reformada" e eu nunca tive qualquer vínculo emocional particular com a minha religião. Eu sentia que ser judia era parte do meu DNA, como ter olhos castanhos, mas comecei a compreender que independentemente de como nos consideramos, os outros inventavam suas próprias definições para nós.

Esse tipo de antissemitismo não era raro, embora grande parte dele não fosse abertamente odioso ou maldoso. No entanto, mesmo assim, podia causar mal-estar àqueles que, como eu, não se encaixavam no perfil convencional. No seu *tableau vivant* anual de Natal, a Burroughs selecionou um grupo de belos alunos para iluminar o palco em uma reconstituição do nascimento de Jesus. A frequência era obrigatória, de modo que a única maneira de não comparecer era se justificar por meio de um bilhete informando razões religiosas. Embora o evento não tivesse a intenção de ser religioso, a adulação singular de uma crença muito específica me incomodou. Por que, por exemplo, não iríamos assistir à reconstituição de Judá e os Macabeus durante a renovação da dedicação do Templo Judaico, na comemoração do Hanukkah? Ou por que não havia outros momentos no ano em que poderíamos celebrar eventos culturais ou religiosos diferentes porém igualmente importantes? Talvez isso tivesse a ver com a religião homogênea do corpo de alunos. Se era este o caso, apontava apenas para um problema mais substancial. A escolha parecia impossível: participar de algo que eu não endossava ou correr o risco de me isolar ainda mais se eu me recusasse a comparecer. Eu apareci... de má vontade. Meu único expediente para evitar o constrangimento e sentir que eu estava "me rebelando", mesmo que de modo falho, foi me sentar atrás com um dos outros judeus da escola.

O preconceito assume as mais diferentes formas. Estou certa de que, em algum ponto da sua vida, você se sentiu dessa maneira com relação a ser "delicadamente incentivado" (leia: não ter escolha) a agir de acordo com algo que o deixava pouco à vontade. Por ser uma adolescente que desejava ser bem-sucedida, eu estava atenta às consequências de não me encaixar e sofrer duras críticas dos outros. Mais tarde na minha carreira, enquanto eu tentava avançar nas fileiras executivas, notei que quanto mais sutil a tendenciosidade, mais insidiosa e alienante ela pode ser. Você talvez tenha passado pela seguinte experiência: um colega insinua algum tipo de preconceito (a respeito do seu gênero ou de qualquer outra característica que o defina) que não ameaça sua carreira e nem causa qualquer dano visível, mas o deixa constrangido. Como não ocorreu nada ilegal, qualquer resistência ou rebeldia que você possa oferecer apenas parecerá provar que *você* está na defensiva e, portanto, é culpado por fazer uma tempestade em copo d'água. Desse modo, embora esse intenso desejo de agradar e a aversão à crítica tenham me sido úteis durante muitos anos – até mesmo ajudando-me a galgar os degraus corporativos – eu iria descobrir mais tarde que também faziam parte da minha sombra, fazendo-me perder a percepção de quem eu era e do que me interessava. Obedecer sempre às regras, especialmente quando elas parecem ser a "norma", decididamente tem seus limites. Às vezes damos conosco afundando no torvelinho da opinião pública e, no final, ficamos perdidos.

※ ※ ※

APESAR DE EU TER A IMPRESSÃO de que estava nadando contra a corrente naqueles dias, encontrei meu lar na sala de aula de alguns professores excepcionais que abriram meus olhos para novos mundos e despertaram minha paixão por experimentar algo fora dessa protegida existência em Saint Louis. Um deles tinha um nome bastante apropriado: Sr. Faust. Ele era meu professor de arte dramática, e seu sarcasmo, espírito mordaz e paixão pelo teatro o tornaram uma das pessoas mais "legais" que eu já conhecera naquele ponto da minha vida. Ele me inspirou a adorar representar – a única atividade que pratiquei obsessivamente durante os três anos que estudei na Burroughs. O Sr. Faust ofegava enquanto subia com dificuldade os degraus do palco com o enredo na mão. Com um movimento exagerado do pulso, ele sinalizou para meu parceiro de cena que se afastasse. Fazendo uma pausa para enxugar o suor da testa, ele pediu que eu lesse o papel do personagem masculino enquanto ele assumia meu papel. Compreendi que ele queria que eu entrasse no outro personagem, ouvisse o que ele ouvia e sentisse o impacto das palavras que eu acabara de pronunciar. O Sr. Faust estava me ensinando a *escutar* antes de falar. Esse exercício me empurrava bem para fora da minha zona de conforto porque eu tinha decorado unilateralmente meu papel e agora, de repente, me via forçada a trocar de lado, por assim dizer. Ainda mais desafiante era ter que ouvir o Sr. Faust assumir o meu papel, impregnando-o de inflexões que eu nunca fora capaz de exibir. Em vez de me dizer o que fazer, ele estava me pedindo para ver e sentir *a mim mesma* a partir de outra perspectiva, de entender como o outro personagem poderia responder às minhas falas para que eu pudesse aprimorar minha presença. Isso é impossível, pensei na época. Essa habilidade requeria o processo contraditório de estar ao mesmo tempo plenamente inserida na minha identidade de palco e observá-la a partir de outro ângulo. Basta dizer que essa pequena técnica – a prática da autopercepção, a capacidade de "trocar de lado" e ver o mundo a partir da perspectiva de outra pessoa, sem deixar de sentir incerteza e mal-estar – veio a calhar mais tarde na minha vida profissional de maneiras ao mesmo tempo óbvias e surpreendentes, desde a primeira vez que compareci a uma entrevista de emprego às ocasiões em que tive que falar diante de grandes plateias, sem mencionar os momentos em que, na condição de alta executiva, precisei tomar decisões estratégicas que iriam afetar a vida cotidiana e a carreira de todas as pessoas da minha organização.

Essas experiências no teatro me ofereceram a oportunidade de experimentar os mais diferentes tipos de identidades e de reconhecer o valor de me colocar no lugar do outro. O fato de eu ser tímida não significava que não fosse fascinada pelas pessoas. Muito pelo contrário, minha inibição e timidez me tornavam superconsciente de todos os que me cercavam. Eu observava suas minúsculas expressões em busca de pistas a respeito de quem eles eram e de como se sentiam. Por me preocupar tanto com a possibilidade de ser exposta ou vista, desenvolvi uma profunda curiosidade com relação à vida das outras pessoas e me tornei uma ávida observadora do mundo à minha volta.

Encontrei um vislumbre de esperança na aula de francês. Sempre que minha professora de francês no ensino médio, Srta. Stanley, descrevia os monumentos de Paris e corrigia nossos erros de conjugação dos verbos être e *avoir* – ambos irregulares, é óbvio – seus olhos brilhavam. Mais tarde, eu viria a compreender que a própria cidade de Paris é irregular, e talvez tenha sido isso que me atraiu: espantosamente bela, e no entanto imperfeita – ao mesmo tempo elegante e robusta. Avenidas amplas e imponentes, e ruas bizarras e expostas ao vento. Homens prósperos com calças de veludo cotelê largo e jaquetas de tweed a caminho do trabalho, caminhando apressados ao lado das espalhafatosas prostitutas de Pigalle de peruca loura, com o batom borrado e suas meias arrastão pretas rasgadas, que cambaleavam de volta para casa. Esta é a Paris dos paradoxos pela qual me apaixonei. Naquela primeira aula de francês, eu não sabia muito sobre a cidade ou a cultura por trás do som encantador dos *erres* guturais, mas alguma coisa me disse – uma espécie de palpite, imagino – que estávamos destinadas a nos conhecer.

O fato de meu pai, cujo afeto e atenção eu sempre buscava, falar francês fluentemente foi útil. Ele fora à França apenas duas vezes, mas sua pronúncia era impecável. Ele aprendera o idioma por meio de um método exclusivo no ensino médio: nada de livros-texto até o segundo ano. Ele apenas ouvia os sons, os absorvia, e repetia o que escutava. Eu me convenci de que a única maneira de falar como um francês (e poder apreciar o bom queijo e o bom vinho que meu pai tanto amava) seria fazer uma completa imersão morando com uma família francesa. Perguntei aos meus pais se eu poderia participar de um programa de intercâmbio no verão.

Cheguei ao Aeroporto Charles de Gaulle com os outros estudantes internacionais. Íamos passar o dia em Paris antes de ir ao encontro das famílias que iram nos hospedar e que estavam espalhadas pelo país. Ao atravessar o estreito corredor do aeroporto e subir a escala rolante, entrei em outro mundo, uma vida diferente, embora eu não tivesse como saber na ocasião a importância da minha aventura. Eu estava apenas pisando no desconhecido, agitada e assustada.

Ainda sonolentos por causa da viagem de avião, fomos conduzidos a um ônibus com destino à Cidade da Luz. Apertei o nariz no vidro da janela enquanto esticava o pescoço para absorver toda a altitude do Arco do Triunfo. O ônibus entrou acelerado no círculo de carros quando nos aproximamos da base do monumento, mas antes que eu pudesse captar toda sua elegância e majestade, passamos zunindo por ele e avançamos a toda velocidade em direção aos Champs-Élysées. Senti o coração bater forte, e meus olhos se encheram de lágrimas. Havia algo a respeito do contraste – a arquitetura *clean* e poderosa do monumento rodeada pelos carros frenéticos e sibilantes – que se apossou da minha alma e se recusou a soltá-la. A luz atravessou as nuvens e reluziu sobre a cúpula dourada de Les Invalides. Eu queria absorver tudo – as ruas tortas com pedras arredondadas, o lamento das sirenes, o brilho dourado dos prédios em tons terrosos, até mesmo o odor forte do Gauloises que o motorista acabara de acender misturado com o ranço do vinho no seu hálito.

No dia seguinte, com *jet-lag* e cansada, embarquei no trem para conhecer a família com quem eu iria morar. Eu estava muito apreensiva. Embora eu tivesse redigido várias semanas antes uma carta de apresentação no meu melhor francês, que meu pai até mesmo corrigira, eu não obtivera nenhuma resposta. Todos os outros estudantes no programa tinham trocado cartas encantadoras com as famílias que iriam recebê-los. O cartão postal superficial, porém amável, que eu finalmente recebera – aparentemente tinha ficado perdido nos correios – estava assinado "Dominique, Thomas, Lucas, Arthur". Era uma família só de homens? Que tipo de nome era Dominique? Eu não tinha a menor ideia do que me esperava.

Eu fora designada para uma cidade chamada Calvisson, na Provence, na verdade um vilarejo muito pequeno escondido no caminho de uma *Départementale* – uma estrada rural com muito vento, situada a cerca de meia hora de Nimes. Tive um momento de completo pânico quando saltei no trem e procurei na multidão, tentando descobrir quem teria ido me buscar. Será que tinham se esquecido? Finalmente, ouvi uma mulher chamar meu nome, embora eu não o tivesse reconhecido inicialmente porque ela o pronunciou com um sotaque francês, estendendo o erre e segurando o ene final. Era mais um canto do que uma fala, o que mais tarde descobri ser comum naquela região da França. Avistei uma mulher com grandes óculos redondos e lentes fundo de garrafa. Ela forçou animadamente o caminho através da multidão com os grandes cachos castanhos sacudindo no mesmo ritmo da placa com o meu nome.

"*Bienvenue! Je suis Dominique*", disse ela. Então Dominique era minha mãe no programa. Ela estendeu os braços para me acolher na sua figura corpulenta. Eu me inclinei para dar os dois beijos tradicionais, mas inesperadamente as mãos de Dominique permaneceram firmes no meu ombro para um beijo adicional. "*Ici, on en fait trois*" ("aqui nós damos três"), disse ela com um sorriso cordial. "*On est dans le sud. On est plus chaleureux que les Parisiens*" ("Estamos no sul. Somos mais calorosos do que os parisienses."). Ela me conduziu a um sedan Citroën e nos dirigimos para sua casa em Calvisson.

A casa era uma entre muitas consecutivas, escondidas atrás de portas pintadas de verde brilhante que evidenciavam o calcário dourado que revestia a estreita rua. Ao abrir a porta, entrei em um pequeno pátio, onde um vaso com flores silvestres recém-colhidas se destacava sobre uma mesa coberta com uma jovial toalha amarela. *Les cigalles*, ou cigarras, cantavam tão alto no calor do verão que eu mal conseguia ouvir ou compreender o que Dominique estava dizendo. Mas isso quase não tinha importância; eu estava exausta e bastante aliviada ao constatar que havia, de fato, uma mulher que seria minha mãe na nova família.

Atravessando o pátio, Dominique me introduziu na casa. Espiei a cozinha e vi hortaliças coloridas – tomates, pimentas, abóboras e berinjelas – transbordando de uma sacola de mercado ainda cheia. O cheiro de alecrim torrado me lembrou de que estava quase na hora do almoço. Subindo uma pequena escada, Dominique me conduziu até meu quarto no segundo andar. "Coloque suas malas no chão", disse Dominique em France. "Vamos comer alguma coisa e depois vamos à praia." Eu não achava que estivéssemos perto de alguma praia, mas eu adorava o sol e estava interessada em uma aventura. Na verdade, naquele ponto, fiquei feliz por ter entendido a palavra *plage*. "Meus filhos Lucas e Arthur já estão lá", declarou Dominique. *Ah, dois rapazes – que sorte!*

Dominique e eu nos sentamos na mesa do pátio e ela me serviu um rosé gelado apesar da minha idade. Uma das especialidades dessa região da França era o queijo de cabra. Eu provara esse queijo pela primeira vez com meu pai em Saint Louis, mas o que eu saboreei no final dessa primeira refeição foi algo bem diferente. Havia três pequenos discos na mesa. O maior tinha uma pele bege e enrugada, o segundo – menor e mais liso – estava coberto por uma poeira cinza, e o terceiro, o menor de todos, era compacto, irregular e quase enegrecido. Dominique me persuadiu a começar pelo primeiro, o mais macio, para que eu pudesse sentir o sabor dos outros depois. "Quanto mais firme o queijo, mais acentuado o sabor", ela explicou. Parecia haver um método muito preciso de comer queijo de cabra na França – uma ordem para consumir e apreciar cada sabor. É preciso começar com o menos picante para preservar as papilas gustativas e deixar que elas absorvam gradualmente tudo o que os queijos com sabor mais acentuado pudessem oferecer. Tive que mergulhar a faca com força no queijo "mais suave". Em seguida, tentei ao máximo espalhá-lo como manteiga de amendoim no pão, mas a parte de interior macia, o miolo, simplesmente se enrolava formando pequenas bolas. Observei Dominique cortar uma fatia elegante do *crottin*, inseri-la com firmeza dentro do seu pedaço de pão, e, quase que em um movimento contínuo, dar uma mordida no pão e tomar um bom gole de vinho. Ela degustou cada queijo dessa maneira, mas explicou que eu não precisava experimentar o mais forte... ainda. Minha boca já estava sensível por causa do queijo "mais suave". Antes que eu pudesse levar à boca meu pedaço de pão com queijo, pude sentir cócegas no nariz por causa das cinzas do *crottin* envelhecido que ainda estava na mesa. Mas quando deslizei o queijo para minha língua, eu tive certeza de que nunca mais comeria a versão americana. A textura firme e cremosa fez com que minha língua não parasse de raspar o céu boca para saborear os últimos pedacinhos enquanto minhas papilas gustativas explodiam. Eu logo aprenderia que esse ritual – *reduza o ritmo, aprecie, absorva plenamente* – resumia a abordagem francesa da beleza.

Logo chegou a hora de irmos para a praia. Fui até o meu quarto, peguei meu maiô, uma camiseta e corri para o carro. O Citroën era um modelo 2DS, o modelo longo e elegante cujo sistema de suspensão flutuava para cima quando o motor era ligado, como um disco voador pronto para decolar. E nós decolamos. Enquanto íamos da estrada rural com duas pistas para a Nationale, bem mais rápida, com quatro pistas, e depois para a Autoroute, Dominique não parava de falar, fazendo uma série de perguntas a respeito da minha família. Eu estava confusa e ia respondendo como podia, com respostas monossilábicas. Eu achava que meu francês era muito bom até chegar lá, mas Dominique usava o tempo todo uma expressão que eu não conseguia descobrir o que era: "*mon fang*". Ela estava com dor de dente? E por que ela a proferia com tanta frequência? E o que ela tinha a ver com quantos irmãos e irmãs eu tinha? Meu dicionário francês-americano não ajudou em nada.

Viajamos no carro bem mais tempo do que eu esperava. Estava quase anoitecendo, e eu estava me perguntando se teríamos tempo para dar um mergulho quando chegássemos à praia. Comecei a descortinar o mar entre os prédios altos e monstruosamente feios de La Grande-Motte que assomavam sobre as praias. Quando viramos a esquina em um enorme prédio residencial, eu me perguntei como era possível que a mesma cultura refinada que oferecia grandes variedades de queijo de cabra e flores silvestres recém-colhidas pudesse construir coisas tão horrorosas. O local não se parecia nem um pouco com as fotos da Riviera Francesa que eu vira no meu livro escolar.

Estacionamos em um terreno superlotado e caminhamos através de um mar de trailers. Dominique apontou orgulhosa para o nosso, que era branco e tinha um toldo. De repente, me dei conta de que iríamos passar ali o fim de semana – isso mesmo, o fim de semana inteiro. Eu só tinha trazido um short e uma camiseta. Não tinha escova de dentes, camisola ou mesmo roupa íntima adicional. Desajeitadamente, tentei explicar a situação, mas, de repente, Dominique abraçou um garoto alto, magro e elegante. "*Voilà Arthur, ton petit frère*", disse ela. Ele se inclinou e graciosamente me deu três beijos salgados com um pequeno sorriso torto. Em seguida um rapaz mais baixo, igualmente magro, mas com o peito cabeludo e a barba por fazer havia vários dias, se aproximou. "*Et ce bel homme s'appelle Lucas*", anunciou Dominique, cheia de orgulho. Lucas fez rapidamente um rabo de cavalo com o cabelo ondulado na altura dos ombros antes de me arranhar com seus três beijos. Esses dois jovens eram meus novos irmãos franceses.

Enquanto entrávamos no trailer apertado, tentei explicar a Dominique que só trouxera uma muda de roupa. Ela finalmente entendeu e, rindo, me assegurou que enquanto eu estivesse de *maillot* durante o dia, ela lavaria minhas roupas. Com o calor do sol, elas estariam secas à noite. Fiquei maravilhada com essa informalidade. Além disso, *mon fang*, estávamos na praia, e isso não tinha importância. Os franceses pareciam lidar com essas coisas com muito mais descontração do que nós e, quando cercados do que gostam, eles simplesmente se viram.

O marido de Dominique, Thomas, era mecânico. Os anos de trabalho árduo apareciam nas rugas dos seus olhos, fendas estreitas com apenas uma sugestão de azul brilhando através delas. Ele usava o cabelo grosso penteado para trás quase no estilo pompadour da década de 1950. Agora que eu já tinha conhecido toda a minha família, dei uma olhada no pequeno trailer, me perguntando onde todos iríamos dormir, já que a parte de trás tinha apenas uma cama de casal, que eu supus ser para Dominique e seu marido, Thomas. No entanto, mais tarde naquela noite, quando chegou a hora de dormir, descobri que os rapazes e Thomas iam dormir debaixo das estrelas, que dizer, debaixo do toldo, e Dominique e eu íamos dividir a cama. "*Mon plaisir*", disse Thomas, apoiando a mão pesada no meu ombro, garantindo que cederia, com prazer, o seu lugar. Qualquer antipatia por camas cheias de areia logo desapareceu quando o esgotamento da viagem, a agitação do primeiro encontro e o esforço para entender o sotaque cantado do sul me arrastaram para um sono profundo ao lado do corpo quente e suave da minha nova *maman* francesa.

No dia seguinte, no banheiro coletivo, senti um imenso alívio ao entrar em um dos compartimentos, meu próprio espaço, onde eu talvez não tivesse que falar francês durante pelo menos um minuto. Levantei a cabeça para a água do chuveiro e vi, espiando por cima da divisória, um rapaz com um enorme sorriso no rosto. Deixei escapar um tremendo grito que teve a vantagem de afugentá-lo... rapidamente. Infelizmente, o grito também criou um tumulto no local dos chuveiros, e muitas pessoas começaram a gritar "Ça va", "*Que se passe t'il?*", "*Tout va bien?*" Eu estava me sentindo invadida e traumatizada, de modo que contei aos meus irmãos o que tinha acontecido, mas nenhum dos dois pareceu achar que tinha sido grande coisa. Ao sentir meu mal-estar, eles prometeram me proteger e ficar por perto na vez seguinte em que eu fosse tomar banho. Os franceses pensavam na nudez de uma maneira diferente. Nos Estados Unidos, a nudez e a sexualidade que ela representava eram tabu para uma "menina direita" de dezesseis anos. Parecia errado ficar exposta, ser vista, porque insinuava uma vulnerabilidade que dava a impressão de ser perigosa. Os franceses, contudo, pareciam achar que aquilo era natural, até mesmo bonito. Mulheres de todos os formatos e tamanhos tomavam banho de sol topless e as crianças brincavam nuas na praia. Ninguém tinha qualquer reação. Passei a admirar o jeito francês de aceitar o corpo e a almejar um dia ter a coragem e segurança suficientes para ser "vista" sem ter medo da opinião dos outros.

Quando voltei para casa, em Calvisson, soube que Arthur, meu irmão mais novo, era bailarino. Ele estava se preparando para estudar no Conservatoire de Paris durante algumas semanas. Na parte de trás da casa havia uma pequena biblioteca com portas de duas folhas envidraçadas. De vez em quando, Arthur ia até a biblioteca, colocava uma bela música clássica para tocar, fechava as portas e praticava. Frequentemente eu me escondia atrás da esquadria da porta para poder observar seus movimentos fluidos e alongados, seu rosto doce e sereno enquanto ele acompanhava a música. Eu não tinha a menor ideia de como poderia ser um balé de qualidade, já que eu só assistira a O Quebra-Nozes em Saint Louis, mas a dança de Arthur me colocava em uma espécie de transe. Certa vez, ele me viu com o canto dos olhos enquanto eu o observava. Deu um largo sorriso e uma risadinha, como se também participasse do segredo, e me convidou para me sentar e assistir à sua representação. Fiz força para não chorar enquanto observava seu corpo se estender e se curvar ao redor da sala. A partir de então, todos os dias, eu o esperava voltar da aula para vê-lo dançar. Infelizmente, ele precisou partir para Paris pouco depois. Ele veio a se tornar um dos bailarinos Étoile de Paris no período em que Rudolf Nureyev dirigiu a Opéra de Paris.

O verão foi repleto de aventuras próximas e distantes enquanto eu me aventurava nas profundezas do cenário e dos sabores da cultura francesa. Passamos muitos dias quentes e preguiçosos do verão deixando simplesmente o tempo fluir, ouvindo as *cigalles*, percorrendo os caminhos de terra nos arredores da cidade, visitando os vizinhos, comprando gêneros alimentícios em diferentes lugares ao longo do caminho. A região campestre em si era uma grandiosa aventura de prazer sensorial. A colheita das alfazemas no final do verão perfumava cada molécula do ar com um aroma inebriante. A infusão ia muito além do olfato, penetrando nos nossos poros. Dominique frequentemente pegava as alfazemas secas e as embrulhava em tecidos provençais com tonalidades amarelas e verdes claras, pontilhadas com silhuetas de cigarras, e as colocava nas gavetas ao lado das meias e outras roupas.

Talvez aromaticamente menos agradável tenha sido nosso passeio pela fazenda de queijo de cabra. Eu não apenas aprendera que havia um respeitado ritual para a degustação do queijo de cabra, mas também que o comprar da pessoa certa era igualmente importante. Para a minha família francesa, conhecer um bom produtor de queijo era uma questão de orgulho, e eles achavam que esse produtor fazia o melhor queijo em uma cidade com uma população de menos de quatro mil pessoas. Chamar o local de fazenda era de certa maneira um eufemismo; ele parecia mais um barraco velho e instável. O próprio produtor do queijo se encaixava bem no papel de um camponês francês arquetípico, com mãos grandes, grossas e inchadas, as fissuras enegrecidas pelos anos de trabalho nos campos; o rosto vermelho profundamente enrugado; e minúsculas rugas nas maçãs do rosto e no nariz causadas por anos do *ballon de rouge* (copo de vinho tinto) matutino. Ainda consigo ver a cabana de madeira, os engradados sobrepostos e as cabras andando a passo lento, e sentir o cheiro do queijo que minha família comprou para nosso estoque caseiro. Esse queijo "requintado" era duro como pedra, e dizer que ele era picante nem mesmo começa a descrever a experiência de dar uma mordida. Era quase como colocar diretamente na boca um pouco de *wasabi*: os olhos marejavam incontrolavelmente, o nariz se franzia em resposta à indesejável investida e o formigamento na nuca era insustável. Estremeci diante do ataque à minha boca, enquanto me perguntava se esse paladar adquirido estava reservado apenas para os franceses.

Para mim, existe algo vital a respeito de perambular nos limites das experiências que me deixam pouco à vontade, abandonando todas as minhas estruturas preconcebidas para ser capaz de penetrar em outras. Considero isso essencial para minha existência; não conheço nenhuma outra maneira. Quero que minhas investigações na vida sejam como aprender um novo idioma. Eu poderia ter aprendido francês examinando livros-texto, decorando palavras e formando frases com dificuldade... mas aprender realmente francês significava retirar-me do meu idioma e *assumir* o outro. Por exemplo, se eu visse um guarda-chuva, eu não tentaria evocar a palavra "guarda-chuva" e a tradução correspondente, *parapluie*, e sim procuraria considerar diretamente como os franceses chamavam o objeto. Isso requeria que eu prestasse atenção não às palavras ou à gramática, e sim às conexões entre as palavras. Significava esquecer a linguagem e as regras que eu aprendera e entrar em um contexto inteiramente diferente, recorrendo a uma maneira nova e diferente de ouvir e me expressar.

Naquele verão, comecei a entender os franceses por meio das cerimônias cotidianas mais simples, como *l'heure de l'apéro* – a muito respeitada hora do coquetel. Por mais agitado que possa ter sido o dia, *l'heure de l'apéro* está sempre presente. É uma pausa necessária, um momento para relaxar, refletir, falar e jogar *Pétanque*. No sul da França, toma-se Pastis, o licor com sabor de anis que precisa ser misturado com água da torneira ou filtrada. Todas as noites, minha família francesa exibia diferentes tipos de Pastis. Ninguém na Provence prepara sua bebida ou pergunta o que você vai tomar. O pressuposto é que você vai beber Pastis. Algumas famílias até mesmo produzem o seu. Haverá um jarro de água e uma garrafa envolvida em um rótulo de Pernod. Copos longos e altos. Talvez uma pedra de gelo, nunca mais do que isso, porque, para os franceses, o gelo não tem utilidade. Ernest Hemingway famosamente escreveu a respeito do que acontece com o Pastis quando ele toca a água. Quando sai da garrafa, o Pastis é um liquido transparente, mas fica turvo quando se combina com água. Apenas observá-lo se transformar e adquirir o aroma do *anisette* fazia minha cabeça girar.

L'heure de l'apéro consistia no ritual de beleza – um momento no dia, antes do jantar, em que parávamos tudo o mais e apenas existíamos. Minha família simplesmente dedicava esse tempo a apreciar a beleza tão inerente em tudo à sua volta. Para os franceses, esse gesto pode ser invisível porque que faz parte de quem eles são. Para mim, ele despertava todos os sentidos que eu tinha e me fazia sentir viva.

Até mesmo nos nossos passeios a pé pela cidade, eu conseguia sentir essa nova sensibilidade despertando em mim. Sem ter escola, trabalho ou amigos durante minha permanência, os dias quentes do verão continham pouca estrutura no sul da França. Às vezes simplesmente vagávamos pela cidade, cumprimentando alguns dos vizinhos que varriam as escadas diante das portas pintadas de verde das suas casas e seguindo nosso caminho sinuoso em uma estrada de terra até o alto da cidade. Minha pele estava sempre ressecada, já que o ar era seco e a nossa caminhada levantara a poeira no espaço aberto. A maioria das pessoas ao longo do caminho apenas faziam um aceno de cabeça e sorriam, sem saber ao certo o que dizer para *l'Américaine*, como Lucas me havia apresentado. Certo dia, fomos até um lugar alto acima do vilarejo para que minha família pudesse me mostrar a vista. Fiquei ofegante, não por causa da caminhada, mas pelo que se descortinava diante de mim: não havia realmente nada para ver, como jardins bem cuidados, estruturas surpreendentes ou lugares históricos – apenas uma vastidão de flores silvestres – vermelhas, amarelas e azuis projetando-se de uma relva longa e amarela. Quando contemplei a cidade, captando a incrível beleza, absorvendo-a – o tempo simplesmente parou.

Eu sentia saudades dos meus pais, mas estava excessivamente envolvida e agitada para sentir atração por qualquer coisa que conhecera antes. De vez em quando, eu telefonava para casa, usando os velhos telefones franceses, que eram de um verde exército desbotado com fones grandes e deselegantes, mais pesados do que os equivalentes americanos que eu usava com tanta frequência em casa, por ser uma adolescente típica. Mas os discos eram harmoniosos e elegantes, com uma beleza e simplicidade bastante representativa do design francês. Para os franceses, tudo é levado em conta. Tudo. Ao contrário dos italianos, que encaram as artes decorativas de uma maneira explicitamente técnica. Os italianos modelam o telefone. Na França, o telefone modela a si mesmo.

Quando chegou a hora de dizer adeus ao meu verão no sul da França, eu chorei e Dominique fez o mesmo. Ela não tinha filhas, de modo que, para ela, ter uma jovem na sua vida foi algo muito terno e caloroso, e pude sentir a necessidade que ela tinha da presença feminina. Fiquei muito triste por ter que partir; a França tinha se tornado meu lar. Eu sabia que tudo havia mudado. Que aquilo era apenas o começo.

Quando voltei para Saint Louis, eu me senti deslocada. Não deixei de perceber que Creve Coeur, o subúrbio onde eu morava, significava literalmente "coração partido". Talvez uma descrição adequada do meu retorno. Em *Mrs. Dalloway*, Virginia Woolf descreve estar ao mesmo tempo dentro e fora da sua vida. Foi assim que eu me senti ao estar de volta "em casa". Eu ansiava por estar na França, e suspirava por ouvir francês para poder falar novamente o idioma. Comecei imediatamente a tramar a minha volta.

Alguma coisa se escancarou para mim. Eu estava absorvendo a vida de uma maneira mais plena do que eu jamais absorvera em Saint Louis. Essa completa imersão em outro tempo e espaço, outro idioma e cultura, acenou para mim de maneiras que eu era capaz de sentir mas não conseguia expressar na ocasião. Ter experiências desse tipo começou a parecer algo essencial para minha existência. Seria a França? A maneira como os franceses reduziam o ritmo e apreciavam a beleza? Os extraordinários paradoxos que possibilitavam uma visão mais rica do mundo? Minha recém-descoberta liberdade fora do conservador Meio Oeste? Durante um tempo enorme, estiva certa de que se tratava de tudo que era francês. Mais tarde na vida, à medida que evoluí na minha carreira, descobri que era algo mais profundo – o despertar dos meus sentidos e a necessidade de estar em lugares onde eu pudesse usá-los de uma maneira produtiva. No final, a França permitiu que eu compreendesse a beleza no paradoxo – algo que meus estudos universitários iluminaram, meu trabalho na Gap e na Chanel confirmou e que inspirou uma importante iniciativa de liderança perto do final da minha permanência no cargo de CEO da Chanel.

E por falar em "no final", cerca de vinte anos depois, durante uma das muitas férias de verão que passei no Luberon, não muito longe de Calvisson, finalmente captei o significado de *mon fang* – aquela frase estranha que eu ouvira Dominique e outros no vilarejo usarem com tanta frequência naquela minha primeira visita à França. O açougueiro de um pequeno estabelecimento estava contando para um cliente a história do seu filho irresponsável dado à bebedeira enquanto cortava a alcatra em bifes. Ele não parava de suspirar enquanto dizia: "*mon fang*".

Finalmente, fez-se a luz. "*M'enfang*" era "*mais enfin!*" Os franceses com frequência suprimem palavras de modo que elas se juntam, e na

Provence, eles substituem o som parisiense de "eh" no final de "enfin" por "ang", o som do sul. A frase significa literalmente "mas enfim", ou "no final", e no entanto seu significado mais implícito me dizia outra coisa. "*M'enfang*" era usado como um contraponto de resignação, uma aceitação suave ou rendição à desordem da vida e suas belas imperfeições. E para mim, parecia indicar um desafio a praticamente qualquer coisa que pudesse simular ser definitivo ou uma espécie de "pura verdade". Sugere que, "no final", a despeito do que possa acontecer – de todas as coisas nas quais nos enredamos todos os dias, talvez todas as armadilhas e compartimentos dos quais achamos que não podemos escapar – a situação encerra algo mais, algo mais profundo, mais importante, quase essencial, algo que talvez tenhamos deixado passar. O que eu tinha deixado passar? Eu estava a caminho de descobrir.

DOIS
Com Novos Olhos

O ar bolorento estava permeado de ideias dos maiores pensadores, eruditos, inventores, poetas e políticos do mundo. Um sem número de pavimentos de livros, uma quantidade imensa de palavras e conceitos, todos pareciam pesar sobre mim enquanto eu me sentava, confusa, em uma mesa de madeira rachada. Uma lâmpada solitária, minha única companheira, pendia melancólica de um fio desgastado e tremia quase imperceptivelmente com cada suspiro que eu dava.

Para evitar possíveis distrações sociais e os montes de neve acinzentados do meio do inverno na Nova Inglaterra, eu enfrentara os túneis de vapor (onde poucos ousavam trilhar sozinhos) que corriam debaixo do campus da Universidade Yale em direção à imensa catedral de conhecimento – a Biblioteca Sterling Memorial. Inclinando-me e evitando as gotas d'água que caíam dos canos de vapor enegrecidos que se estendiam pelo teto baixo e com medo de topar com um rato de túnel extraviado, emergi do sistema subterrâneo de trajetos e subi para rezar para a deusa do conhecimento (retratada no enorme afresco na nave central) que vigia a entrada das infames "estantes". Talvez *ela* soubesse aonde esse diploma em literatura poderia me conduzir.

As paredes rangentes recitavam a genialidade de antigos alunos, que eu considerava mais dignos de uma vaga nessa venerável instituição. Percorri com os olhos esse santuário de sabedoria mundana e me perguntei se aquele era realmente meu lugar e se eu me diplomaria com *alguma coisa* útil. Alguma parte disso tudo algum dia teria algum significado ou eu ficaria para sempre perdida na minha liturgia desconstrucionista autoimposta, murmurando termos incompreensíveis como "logocentrismo", "différance" e "gramatologia"?

✳ ✳ ✳

Apenas dois anos depois de o meu romance com a França ter começado, parti para a faculdade, esperando em algum ponto – talvez durante um semestre no exterior – reacender meu caso amoroso com tudo o que era francês ou, no mínimo, descobrir o que poderia existir além camisa de força conservadora de Saint Louis. Apesar das minhas boas notas, meus resultados não se comparavam aos das minhas colegas de quarto, cuja maioria procedia de Nova York e Connecticut. Elas falavam uma língua completamente diferente, usando um vocabulário que eu nunca ouvira e fazendo referência a lugares onde eu nunca estivera: Horace Mann, Fieldston, Dalton, Choate, Andover, Exeter. O fato de minhas novas amigas adorarem perguntar se eu tinha água encanada em Missouri ou vacas no meu quintal não ajudava muito. Quando cheguei à universidade naquele outono, tive certeza de que Yale tinha cometido um erro ao me aceitar.

Além disso, *todo mundo* tinha um talento. Não estou me referindo a um talento como uma atividade extracurricular do ensino médio, mas o que me parecia um talento ridículo do tipo criança prodígio; eles compunham música, dirigiam peças teatrais e cantavam de maneiras que excediam em muito a qualidade de tudo o que eu já vira ou ouvira até então. Com uma vaga esperança de dar seguimento à interpretação que eu fora incentivada a praticar nas aulas de arte dramática do Sr. Faust, consegui reunir coragem para fazer um teste de audição aberto, com resultados extremamente desastrosos (o diretor sussurrou para seu assistente durante todo o meu monólogo). Fiquei tão constrangida que decidi abandonar para sempre minha expressão ativa nas artes e passei a me concentrar em estudá-las, puxando-as para dentro de mim de uma maneira inteiramente diferente.

Esse é o motivo pelo qual me vi acomodada no meio de um gigantesco auditório durante a Introdução ao Cinema Francês da New Wave. Eu me inscrevera no meu primeiro curso de cinema na faculdade porque ele combinava praticamente tudo o que eu mais amava: belas imagens, esplêndidas histórias e, como seria de esperar, o francês. Eu também esperava secretamente impressionar algumas das minhas amigas com pretensões artísticas cuja dança, canto e interpretação eu podia apenas admirar. *Uma espécie de prazer culpado*, pensei, sabendo que eu jamais seria capaz de manejar uma câmera como Renoir, Truffaut ou Godard. O mais perto que eu poderia chegar de qualquer grande artista, segundo imaginava, seria por acaso, em um encontro fortuito durante uma festa no Studio 54. (A propósito, minhas amigas e eu, mulheres invejavelmente desacompanhadas, conseguimos, em algumas ocasiões, deslizar além daquelas infames cordas de veludo vermelho e hordas amontoadas de pobres coitados e adentrar o coração do mundo da arte nova-iorquino.)

Por sorte, dei um jeito de inserir essa aula de cinema na minha área de especialização de literatura argumentando que tanto o filme quanto o teatro eram, de fato, formas de texto. O som, a imagem, a música e a luz constituíam uma série de sinais e símbolos em movimento que nós, enquanto audiência, precisávamos interpretar, como qualquer fragmento de uma obra escrita. Fiquei fascinada pela maneira como a evolução da interação de imagens e palavras podia despertar reações e emoções específicas em um espectador e como a interpretação de cada espectador de um filme podia ser completamente diferente.

Por meio de uma teoria nova, controvertida e, na ocasião, radical, chamada desconstrucionismo – que desafiava a ideia de que o significado *absoluto* pudesse ao menos existir – comecei a compreender que essas reações e emoções, e na verdade o *significado propriamente dito*, adquiriam vida em uma cocriação fluida entre artista e espectador. Os desconstrucionistas afirmavam que nunca podemos conhecer a intenção precisa do autor; que, em vez disso, os leitores (ou espectadores), os conjuntos sempre renovados de olhos e psiques que podem estar encontrando uma obra, criam seu próprio significado a partir do texto (seja este um filme ou uma peça, para mim). No filme, isso significava o diretor, os atores, especialistas em iluminação e uma série de outras pessoas que trabalhavam juntos para comunicar uma história que nós, enquanto audiência, interpretaríamos com os nossos próprios filtros. Os artistas e sua equipe podem estar tentando transmitir uma determinada mensagem ou evocar certas emoções, mas no final, eles não podem realmente controlar a maneira como cada espectador poderá se relacionar com o que foi criado. Pense nas ocasiões em que você foi ao cinema com sua família ou amigos e que, ao sair, cada um tinha tido uma impressão diferente do filme. Embora vocês possam compartilhar algumas ideias a respeito do significado do filme, cada um experimenta as deixas de um sem-número de maneiras e ninguém jamais saberá completamente o que os criadores "estavam querendo dizer". Essa premissa, que hoje pode parecer evidente, fez com que os tradicionalistas no departamento de inglês tivessem um ataque de nervos. E ela abalou o meu mundo. A ideia de que poderia não haver simples respostas do tipo "certo" e "errado" a respeito de constructos como enredo, tema e personagem – que havia, na verdade, um número infinito de interpretações, e que a criação não era uma rua de mão única – causou uma impressão indelével em mim, impressão essa que se manifestaria mais tarde na maneira como eu iria pensar a respeito de produtos, da publicidade, da estratégia de negócios e da liderança. Essas novas ideias me deram permissão para examinar o mundo com novos olhos e perceber minhas próprias tendenciosidades e o preconceito em geral.

E não se tratava apenas de perceber os preconceitos. Os filmes franceses da New Wave, bem menos vistosos e com um estilo mais de documentário do que os seus equivalentes de Hollywood, abriram meus olhos para o ato *perceber* a si mesmo, ao deixar óbvia a presença persistente da câmera. Em À Bout de Souffle (*Acossado*, em português) de Jean-Luc Godard, há momentos e, que você, como espectador, consegue efetivamente *sentir* a câmera piscar como se ela fosse humana. A câmera onipresente nos coloca na ação do filme, nos convida a sentir o que os personagens podem estar vivenciando. Quando os dois apaixonados Patricia e Michel estão em um táxi, a câmera oscila enquanto olhamos para a nuca do motorista do táxi; vemos o mundo da maneira como o casal poderia ver as coisas. Godard, em particular, usa música e som em momentos bizarros, às vezes até mesmo encobrindo o diálogo. O ronco hiper-realista de um avião que passa ou buzinas muito altas podem abafar a voz dos atores. No início, eu não tinha a menor ideia de por que essas câmeras sacolejantes e as interrupções aleatórias eram significativas. Eu tinha crescido assistindo a filmes como *Tubarão, Kramer vs. Kramer* e Guerra nas Estrelas, de modo que estava acostumada a tramas com imagens depuradas e retocadas. Agora eu estava começando a entender que o estilo mais natural e menos refinado desses filmes estava nos pedindo que abríssemos os olhos para o cotidiano banal à nossa volta, e mostrando-nos maneiras de como essas coisas poderiam continuamente influenciar a forma como vivenciamos a vida e interagimos uns com os outros.

Por intermédio desses filmes (e de uma "lente" desconstrucionista), passei a assumir o olho da câmera, observando mais intensamente as coisas e as pessoas. Comecei a compreender que era importante prestar muita atenção e que a parcialidade era inerente a qualquer ato de interpretação – fosse ele assistir a um filme ou interagir com pessoas. Minha viagem à França despertara meus sentidos, mas agora eu conseguia enxergar a possibilidade de colocar em prática esse "despertar", embora não pudesse saber que esse exercício intelectual resultaria em algo além das inebriantes conversas regadas a uísque com soda no enfumaçado bar Anchor perto do campus. Eu não tinha como saber que me sentar em uma sala de projeção no porão de um campus afetaria toda a minha carreira, mas intui que refinar minha capacidade de observação, discernindo as deixas que influenciavam a maneira como eu reagia ou me sentia a respeito de qualquer filme considerado, e compreendendo que essas mesmas deixas poderiam significar algo diferente para outra pessoa, de alguma maneira influenciaria meu futuro. Essas ponderações na verdade definiram a maneira como eu iria abordar meu trabalho, o meu papel como líder e até mesmo como eu iria escolher viver minha vida.

No meu primeiro emprego depois da faculdade, como gerente de produto da L'Oréal na França, eu me vi perpetuamente diante de decisões e escolhas – tudo, desde a embalagem, a publicidade e o ponto de venda na minha categoria de produto, as decididamente mundanas "tinturas de cabelo". E, no entanto, foi o modo de pensar que aprendi naqueles cursos sobre filmes e literatura que me mais me ensinaram como fazer meu trabalho de uma forma competente e diferenciada. Quando eu precisava escolher uma fonte, o layout de uma imagem ou até mesmo uma cor para uma sinalização dentro da loja, perceber e prestar atenção a cada detalhe, entender como eles funcionavam juntos para criar significado, ver através dos olhos da cliente e sentir o que ela poderia vivenciar, me diferenciava dos outros profissionais de marketing que tinham formação universitária na área e, às vezes, se agarravam demais à pesquisa ou a modelos convencionais para avaliar um possível novo produto ou campanha. Eu tinha compreendido que não se tratava de *analisar* cada detalhe para produzir "a resposta certa" (já que, inevitavelmente, as escolhas eram ilimitadas). Tampouco consistia em comparar tudo com alguma coisa que poderia ter acontecido antes. Ver e sentir como os vários sinais e indícios poderiam ser compreendidos pela cliente e abraçar a ideia de que essas deixas visuais poderiam afetar uma cliente de diversas maneiras me proporcionou um método poderoso para fazer as escolhas mais irresistíveis. Ao longo da minha carreira como *merchandiser* e profissional de marketing, eu veria essa dinâmica repetidamente representada. Até mesmo os bons profissionais de marketing às vezes partiam erroneamente do princípio que as clientes veriam as coisas exatamente como eles, ou, o que era pior, se apressavam em categorizar as clientes em segmentos elegantes e organizados, como se as decisões das clientes fossem sempre escolhas racionais, desprovidas de emoções.

Enquanto enfrentava esses dilemas profissionais, eu pensava nos meus estudos sobre cinema, particularmente a maneira realista como a câmera portátil funcionava nos filmes franceses da New Wave. Ela parecia esbarrar nos momentos da vida quase que por acaso, deixando que entrássemos furtivamente na cena, despertando nossas emoções. Poderíamos rir, chorar, encolher-nos de medo ou dar um salto porque nos sentiríamos profundamente envolvidos com o que estava acontecendo na tela, como se estivéssemos participando da ação. As imperfeições não eram suavizadas, mas sim realçadas. Esses diretores também nos convidavam a apreciar a beleza existente. As imagens naqueles filmes nos contavam histórias; elas pintavam cenas que nós, espectadores, podíamos interpretar do nosso jeito, e relacioná-las com a nossa vida, geralmente dentro do contexto das nossas próprias experiências emocionais. Elas encantavam algo mais profundo do que a nossa mente racional. Comecei a ver um paralelo no trabalho criativo na L'Oréal. Nossas clientes reagiriam a uma imagem de acordo com a maneira como ela faria com que se sentissem a respeito de algo em si mesmas, e não encontrando todos os erros que ela continha, analisando-a ou desmontando-a. Comecei a sentir que entrar em contato com essas emoções se tornaria uma espécie de bússola para mim, algo que, apesar da minha falta de experiência e conhecimento técnico, me orientaria e, ao mesmo tempo, me estabilizaria ao longo do caminho.

Vários anos depois, quando fui trabalhar na Gap, também comecei a valorizar a visão da sintaxe dos desconstrucionistas. Grandes eruditos como Jacques Derrida argumentavam que as palavras nada significavam sem o contexto de outras palavras à sua volta; e a definição das palavras mudava com facilidade quando estas estavam cercadas por outras. Essa "mudança de forma" parecia se aplicar a outras coisas além das palavras. Eu a vi funcionar quando propus um produto novo em folha para a Gap, produto que se revelou um nítido "violador de regras", especialmente para uma empresa que, até aquele momento, só vendia praticamente produtos de jeans com o acréscimo de algumas calças cáqui para um toque extra. Exatamente, estou falando das pantalonas: aquelas criações fluidas com a boca larga que foram um grande sucesso no início da década de 1990 (e fizeram várias reaparições depois disso).

Eu galgara os degraus na Gap, indo de estagiária a assistente, passando por todos os testes necessários da limpeza e organização do closet de amostras, e executando a OTB (open-to-buy, uma ferramenta de controle de estoque). Eu tinha me saído extraordinariamente bem no período que passei como *merchandiser* assistente de Meias e Cintos (que título glorioso!) e estava pronta para demonstrar meu valor como uma genuína "merchant" no ilustre departamento de Women's Bottoms.[1] Eu ia finalmente escolher as próximas tendências da moda para a loja.

"A Gap é uma empresa de jeans. Nós usamos fibras naturais", declarou minha chefe, decidida. "Nós não vendemos nada que não seja algodão. Além disso, essas coisas parecem algo que poderíamos vestir para dormir ou encontrar em lojas de desconto como a Kmart." A primeira

---

[1] Women's Bottoms, no original. Não temos um equivalente. A tradução literal seria "parte de baixo das mulheres", o que poderia dar a ideia de que seria a seção de roupas íntimas, mas não é o caso. O departamento de Women's Bottoms vende calças compridas, shorts, legs, saias e jeans. (N.T.)

pessoa que eu vira usando essas calças de rayon estampadas com elástico na cintura fora uma vizinha *fashion* de São Francisco. Ao contrário dos estilos fortemente coloridos que eu encontrara na seção de roupas de dormir das lojas de departamentos, essas calças tinham um estampado sóbrio preto e branco. Além disso, minha vizinha as vestia com uma camiseta branca justa, o que conferia ao estilo um ar elegante e ao mesmo tempo relaxado e casual – *uma perfeita evolução para a Gap*, pensei.

Minha chefe não estava aceitando nada disso até que eu pedi à minha vizinha que me emprestasse a calça dela para que eu pudesse exibi-la no escritório. Peguei meus tênis Tretorn mais descolados e vesti uma camiseta branca com bolso e manga cavada. Posicionei as mãos casualmente nos bolsos e entrei na sala da minha chefe com o ar de alguém prestes a sair para ir à praia ou dar um passeio no parque. Ela levantou os olhos da mesa uma vez, abaixou a cabeça e olhou de novo, sem acreditar, como se estivesse me vendo pela primeira vez.

"Uau! Nunca imaginei que eu pudesse gostar dessas calças, mas elas são muito legais. A combinação delas com o tênis e a camiseta faz uma enorme diferença. Consigo enxergar agora que elas 'se encaixam' no nosso estilo Gap. Vamos ligar para o escritório de Nova York e verificar se nossos estilistas vão querer criar alguns estilos para o verão".

O modelo foi um tremendo sucesso. Acabamos vendendo centenas de milhares de unidades e tendo um lucro enorme (a confecção simples garantiu um baixo custo e os bonitos padrões possibilitaram que cobrássemos muito). O mais importante foi que a introdução dessa nova tendência ajudou a mudar a maneira como a Gap era percebida. Ela deixou de ser vista como uma loja de jeans "unissex" e passou a ser considerada um valioso recurso da moda para as mulheres. Ao enxergar aquelas calças como algo além de pijamas na maneira como eram vestidas, e redefinindo o conceito delas para minha chefe, eu escolhera a tendência seguinte da moda, influenciara o negócio da Gap e obtivera credibilidade como uma legítima *merchandiser*.

Uma vez que transcendi minha função de *merchandiser*, tornando-me uma líder sênior responsável por equipes maiores e mais diversificadas, meus pensamentos frequentemente recuavam ao texto de Roland Barthes, "A Morte do Autor". (Todas aquelas noites passadas na Biblioteca Sterling não tinham sido desperdiçadas.) Barthes afirma que o leitor efetivamente "mata" o autor (metaforicamente falando!) enquanto tece seu próprio significado a partir das palavras na página. Por mais radical (e assustadora) que essa ideia possa soar, ela funcionou como uma metáfora e me encorajou a ampliar minha definição de liderança quando me vi supervisionando grandes equipes com quem eu não poderia interagir diariamente. Como líderes, parecemos os autores que certamente têm em mente algum tipo de significado, que pode ser chamado de "visão", "missão", "estratégia", etc. No entanto, nossa intenção inicial, por mais perfeitamente elaborada que seja, é "assassinada" tão logo outra pessoa a lê ou tenta interpretá-la. E esse tipo de "morte" ocorrerá inevitavelmente, em particular à medida que nossa amplitude de influência aumenta e nossa capacidade de monitorar cada detalhe diminui. Na condição de líderes, *temos que* ter um propósito e uma opinião em que confiamos o bastante para divulgar, como qualquer grande autor ou outro artista poderia fazer. Mas também precisamos perceber que essa intenção nunca pertence exclusivamente a nós; quando ela chega às nossas equipes e ao mundo como um todo, ela é compreendida e reinterpretada de várias maneiras. Desse modo, de certa maneira, ocorre uma espécie de "renascimento" na medida em que nossas equipes inventarem suas próprias definições do que nós criamos e as levarem adiante. Qualquer líder competente precisa reconhecer o "Eu" – quem nós somos e o que importa – mas também "obliterar" e abandonar o "eu" para que outros possam adotar seja qual for a orientação que estivermos oferecendo à empresa. Isso soa bem conceitualmente.

É uma pena que eu tenha esquecido essa lição quando eu era uma CEO de primeira viagem e tentei lançar uma iniciativa de liderança na Chanel. A organização de luxo estivera enfrentando uma mudança rápida e sem precedente ocasionada pela internet, pela globalização e pelo boom nos países BRIC (Brasil, Rússia, Índia, China), particularmente a China. Todos na indústria tinham estado deplorando a morte potencial da criatividade na música, nos filmes, nas revistas e até mesmo na televisão, pois o conteúdo gerado pelo usuário estava ameaçando os artistas altamente remunerados e as produções de custo elevado. Alguém um dia veria nossos anúncios belamente concebidos na confusão e no lamaçal de informações na Web? As revistas parariam para sempre suas prensas e substituíram suas fotos brilhantes e estilizadas por posts no Instagram e Snapchats? E os jornais? As informações e opiniões se dissolveriam em um punhado de tweets e posts? Qualquer pessoa podia ter uma opinião a respeito de qualquer coisa, qualquer cliente podia registrar uma reclamação, qualquer "fashionista" despreparado podia se tornar um especialista da noite para o dia e qualquer funcionário insatisfeito podia contar para o mundo como sua empresa era mal administrada. Como poderíamos assegurar que nossa reputação e imagem impecáveis permaneceriam intactas? Nesse ínterim, um influxo de novos clientes cujos idiomas e culturas eram menos familiares estava invadindo nossas boutiques, e manter nossos os padrões de atendimento estava se tornando um desafio. O aumento da demanda, incentivado pelas compras na internet, alimentava o já vigoroso mercado produtos de luxo falsificados; hoje em dia, se você quiser uma bolsa de grife sem pagar o preço, você pode comprar uma pirata, uma parecida ou simplesmente alugar uma sem deixar o conforto do seu lar. Como iríamos conseguir manter o controle, e que dirá desenvolver nosso negócio, em meio a todo esse caos?

Todos reconheciam a necessidade de evoluir e mudar a maneira como operávamos, e eu tinha o que imaginava ser um plano excelente. Eu introduziria um programa de liderança progressiva que integraria e apoiaria importantes valores necessários para enfrentar esse distúrbio: sintonia para acompanhar a vertiginosa evolução nos mercados, autoconsciência para permanecer centrados no propósito da nossa marca, ouvir intensamente para escutar a opinião e compreender os desejos dos nossos mais recentes clientes, empatia para entender melhor a nova geração de clientes e funcionários, curiosidade para explorar as ideias inovadoras necessárias nesse ambiente em constante transformação, flexibilidade para avançar com essas rápidas mudanças e abertura mental para avaliar diversos ângulos antes de tomar decisões.

À primeira vista, todos concordaram. No entanto, minha abordagem inicial conduziu a um dos maiores fracassos de toda minha carreira.

Para começar, escolhi um local e ocasião inadequados – um dia nebuloso de julho (a época mais estressante do ano, um mês antes das férias francesas típicas de quatro semanas), no cavernoso salão de baile de um hotel, cujo teto alto empoeirado, entremeado por candelabros de cristal que pareciam fantasmas solitários de festas passadas. Não adiantou tentar dar o dom correto. Sem contar com muita contribuição da equipe, minha *coach* e eu tínhamos contratado consultores, desenvolvido um programa e planejado uma intensa programação para o lançamento do nosso trabalho. Para começar o dia, obrigamos a equipe a participar de jogos destinados a quebrar o gelo em um jardim encharcado pela chuva. (Você já se envolveu com isso nos seus retiros de liderança? Caso já tenha se envolvido, sabe como esses jogos podem ser condescendentes e irritantes.) Depois, dividi a equipe em grupos de trabalho para refletir sobre uma série de perguntas sugestivas que convenientemente respaldavam meu programa. E em seguida, para realmente aniquilar as vibrações, assumi o centro das atenções para defender minhas ideias sobre as maneiras como teríamos que evoluir para lidar com esse mundo incontrolável em constante transformação. Os membros da minha equipe não estavam nem um pouco de acordo com o que eu estava propondo. Quanto mais eles resistiam, mais enfática e na defensiva eu ficava. Eu estava tão intensamente apegada à minha visão que tinha aparentemente me esquecido de tudo o que eu aprendera com "A Morte do Autor". Era eu que estava agora tentando controlar tudo. Além disso, eu estava promovendo valores de liderança que encorajavam sentir empatia e curiosidade, ouvir com atenção e ser perspicaz, enquanto demonstrava exatamente o oposto. Estava difícil deixar de perceber a ironia.

Meus instintos a respeito da nossa necessidade de transformação talvez estivessem corretos, meus argumentos talvez fossem sólidos. Meu conteúdo possivelmente era significativo e minha intenção, sem dúvida, era boa. Mas eu não tinha abraçado as ideias que meu programa de liderança preconizava e tampouco representava o tipo de valores de liderança que eu estava pedindo aos membros da minha equipe que adotassem. À medida que o dia degenerava em um impasse e a energia se escoava da sala, ocorreu-me que a fim de liderar essa importante transformação, eu também precisaria me transformar. Eu teria que procurar e permitir a integração de novas ideias e opiniões, aceitando que eu não tinha todas as respostas e que tampouco poderia controlar as maneiras inesperadas pelas quais minha mensagem seria interpretada.

Dias mais tarde, depois de deixar Paris e voltar para casa, eu me sentei na minha mesa, contemplando o brilho dourado do sol sobre as árvores. A cena acalmou meus sentidos, embora eu ainda sentisse o peso do efeito do grande erro que eu cometera. Eu teria que recomeçar. Em primeiro lugar, demiti os consultores e cancelei meu programa. Eu precisaria criar alguma coisa *com* os membros da minha equipe, com base no feedback deles e no contexto muito particular no qual nossa marca operava. Eu ainda precisava transmitir a premência da minha visão – a necessidade de desenvolver nossa cultura de liderança – mas o que era mais importante, precisava solicitar e levar em conta outros pontos de vista e interpretações. Escrevi uma carta para a equipe, reafirmando minhas convicções, porém reconhecendo meus erros. Eu os encorajei a compartilhar suas perspectivas, e convoquei cada um deles para me ajudar a desenvolver alguma coisa útil. Juntos, elaboramos um plano para iniciar uma mudança cultural na Chanel que personificava nossos valores compartilhados e possibilitava que lidássemos com os desafios estratégicos bastante concretos que estávamos enfrentando.

O processo ajudou nossa equipe a crescer e me fez lembrar que o envolvimento na mudança cultural requer a participação daqueles que a definem.

Quando os líderes tentam impor um rígido plano ou ponto de vista, como eu tinha feito, suas equipes podem se rebelar na surdina, discordar ruidosamente ou seguir cegamente as ordens. De qualquer modo, os resultados podem ser desastrosos. A liderança do tipo comando e controle, como é chamada, não permite que as pessoas pensem, criem ou gerem novas ideias, retardando com o tempo o crescimento da organização. Apesar de quaisquer ordens, orientações ou mesmo sugestões que você possa dar, você nunca compreenderá plenamente como elas são interpretadas ou como os outros as implementarão. E você certamente não determinará o resultado. Uma vez que aceite este fato, perceberá que a verdadeira fonte da sua força é criar o contexto no qual outras pessoas poderão inserir o significado delas e ter ideias ainda mais inovadoras do que aquelas que você possa estar visualizando. Um pouco de desordem e uma intensa troca de ideias não apenas expandem os negócios como também estimula a equipe a se tornar mais engenhosa e criativa. Ao longo da minha carreira, resisti a criar o que muitos especialistas chamam de "modelos de liderança" exatamente por essa razão. Para mim, não existe um jeito certo de ser que não seja me comportar e me expressar de uma forma autêntica – e deixar que os outros se manifestem da mesma maneira.

Mas essa lição não se aplica apenas aos líderes. Independentemente da sua área de estudo, do seu emprego atual ou da sua trajetória profissional, você pode colocar em prática esta perspectiva. Quantas vezes você não esteve em uma situação na qual explica um ponto de vista e apresenta todos os fatos apropriados e motivos que respaldam seu argumento, acreditando ter sido absolutamente claro – e no entanto seu colega de trabalho ou seu parceiro o interpretam de uma maneira completamente equivocada?

Pense a respeito do assunto. Suponha que você tem uma excelente ideia, mas um colega não compartilha de jeito nenhum sua opinião. Você pode defender seu ponto de vista com unhas e dentes e, em seguida, simplesmente levantar os braços e desistir. Ou talvez possa pedir ao seu colega que explique melhor a opinião dele para ver se vocês dois conseguem criar algo ainda melhor. Ficar emperrado em uma única perspectiva, por mais correta que ela possa parecer, nunca é tão produtivo quanto encorajar outra opinião. Em última análise, você pode até adotar seu plano inicial, mas pelo menos testou a solidez do seu argumento.

Quando alunos ou jovens executivos me perguntam como cheguei aonde estou hoje, sou capaz de traçar uma linha (se bem que de forma mais livre) a partir daquelas numerosas noites que passei ao lado das "prateleiras de livros" da biblioteca à pessoa que me tornei hoje. Os ardentes defensores da educação baseada no STEM (ciências, tecnologia, engenharia e matemática) acham que o estudo de humanidades é agradável, porém desnecessário, mas eu sustento o contrário. Todas as disciplinas nas humanidades – literatura, história, história da arte, filosofia e estudos religiosos – nos ensinam a questionar a maneira como vemos e interpretamos o mundo e quem nós somos como seres humanos. Esses cursos nos levam a tornar-nos observadores atentos de pessoas e imagens, das circunstâncias, dos supostos fatos e de variados pontos de vista. Eles nos pedem para traçar conexões relevantes e desenvolver nossas próprias narrativas a respeito do seu significado. Fazemos a mesma coisa praticamente em qualquer negócio e na nossa vida o tempo todo.

Na verdade, é isso que todos os grandes líderes também fazem – não importa que sua formação seja em estatística ou Shakespeare. *Merchandisers* e profissionais de marketing precisam desse tipo de habilidades para criar as imagens e produtos inovadores para seus clientes. E *qualquer pessoa* que trabalhe com outras pessoas – especialmente que pretenda liderar outras – depende fortemente de ser capaz de imaginar o que os outros podem ver, sentir e acreditar, mesmo que nunca venha a saber com certeza. Se você for competente no seu trabalho, você está sempre se colocando no lugar dos seus clientes, dos membros da sua equipe e dos seus subordinados, dos seus parceiros ou fornecedores, para ver as coisas a partir da perspectiva deles. Você vem a compreender que seu ponto de vista nunca é a verdade suprema e que ele muda junto com o mundo em constante transformação à sua volta. E se você for realmente competente, como qualquer autor, diretor ou empresário consumado, compreenderá que está em um constante diálogo e relacionamento com uma audiência e o mundo, criando em conjunto por meio de uma série de ideias e influências em permanente transformação.

Como você pode "ser a câmera", abrir mais os olhos para o mundo que o cerca e interpretar as pistas que de outras maneiras poderia ter deixado escapar? Que "prazeres culpáveis" você poderia explorar, prazeres que, à primeira vista, talvez parecessem irrelevantes, mas que seriam potencialmente capazes de influenciar seu futuro? De que jeito você poderia mudar o contexto de algum aspecto do seu trabalho ou da sua vida para conferir a ele um novo significado? Como você seria capaz de ver a si mesmo em uma perspectiva diferente?

※ ※ ※

Os anos que passei em Yale reforçaram minha necessidade de estar perto da expressão artística e absorver a beleza em tudo o que eu faço, mas também me ensinaram uma nova maneira, mais subversiva, de vivenciar e compreender o mundo. A "subversão" envolve, na verdade, virar uma coisa de cabeça para baixo para ver o que acontece. Olhar para as coisas apenas no contexto de como elas existiram até agora significa limitar as possibilidades futuras. Embora minha natureza esteja intrinsecamente equipada para confrontar o convencional, eu tivera pouco incentivo para explorar essa tendência inerente e certamente nenhuma filosofia por meio da qual questioná-la com rigor. No entanto, à medida que investiguei a natureza subversiva do desconstrucionismo e comecei a aplicar seus princípios ao cinema e ao teatro sob o prisma da criação de significado, também comecei a enxergar a natureza subversiva de qualquer forma de arte, bem como o aguçado conhecimento de qualquer artista da coisa que veio antes aliado ao desejo de se basear nela, reagir a ela, reformá-la ou transcendê-la.

Eu talvez não soubesse o que eu poderia subverter ou transcender, mas estava a caminho de repensar um tema particularmente fascinante – o que significava ser mulher em um mundo com tanta frequência definido pelos homens.

TRÊS
Rendendo-se ao Acaso

Fleur tragou longamente o cigarro. Prendendo a fumaça no pulmão, ela resmungou: "*Est-ce que tu connais Paris?*" – "Você conhece Paris?".
    Ela falava como se Paris fosse uma amiga íntima ou um amante. Quando timidamente confessei que, até alguma semanas antes, eu só visitara Paris durante alguns dias e depois fora para o sul da França, mas que eu estivera no Louvre, no Musée Rodin, na Torre Eiffel e no Arc de Triomphe, Fleur soltou lentamente a fumaça. Ela levou a mão à boca e emitiu o que soou como algo entre uma expressão de compaixão e um risinho, com o gesto comunicando descrença mas também fazendo um malicioso convite. A partir daquele momento, Fleur decidiu que seria seu dever tornar meu penúltimo ano da faculdade no exterior mais do que a turnê insípida de museus mofados. Ela ia me apresentar completamente e sem qualquer restrição ao que ela chamava de "PareebyNight".
    Na nossa primeira excursão, minha nova colega de quarto parisiense acenou para que eu a acompanhasse até sua *mobylette*, ou *mobe*. Infelizmente, esse poderoso avanço com relação a uma bicicleta não tinha realmente um assento traseiro, mas Fleur disse que isso não tinha importância. Se fôssemos paradas por *les flics* – os policiais – simplesmente daríamos um sorriso e os convenceríamos de que estávamos indo para casa. Ela não tinha nenhum problema em usar sua astúcia feminina para conseguir o que queria. "Vou dizer também que você é americana", acrescentou – como se isso fosse ajudar. Tudo na vida era assim para Fleur; consistia em viver a experiência plena, independentemente dos riscos ou perigos

envolvidos. Não querendo ser desmancha-prazeres, pulei na garupa da *mobylette* azul-clara, sentindo o metal do bagageiro pressionando a parte interna das minhas coxas. Fleur riu, me disse para saltar, desceu a rua pedalando para que a *mobe* pegasse, e depois voltou para me pegar: "Pule agora!" Partimos a toda com um solavanco, enquanto eu me agarrava à jaqueta dela e estremecia, pensando nas novas equimoses que eu certamente teria na manhã seguinte. Mas antes que pudesse me preocupar demais, dediquei toda minha atenção às luzes que passavam zunindo enquanto Fleur se esquivava dos carros. As faixas de rolamento, os sinais vermelhos e os pedestres não contavam enquanto Fleur balançava sua *mobe* para a esquerda e para a direita, tomando posse de qualquer parte desocupada da rua.

Mergulhamos na L'Étoile, a ilha de tráfego com oito pistas perto do Arc de Triomphe. Apertei os olhos enquanto rezava pedindo para que saíssemos dali inteiras. Fleur explicou as "regras", que eu não tinha certeza se eram dela ou se estavam escritas em algum lugar. Mas isso não era importante, porque Fleur achava que quase todas as regras existiam para ser quebradas ou, pelo menos, para ser deturpadas de acordo com nossos interesses. Como ela explicou, gritando por sobre o barulho das buzinas e gritos aleatórios gerados pela violência no trânsito, ao entrar em L'Étoile, você precisava se esquivar o mais rápido possível e ir até o centro. "Nunca olhe à esquerda para os carros que se aproximam", gritou Fleur. "É responsabilidade deles dar passagem para você!" Uma vez que você chegue ao centro, prosseguiu ela, acelere o mais rápido que puder sem deixar que a força centrífuga a faça tombar. Mire um dos "pontos da estrela" – uma das múltiplas saídas – e em seguida dispare para fora do círculo. "Na verdade, você deveria dar preferência a quem vem pela direita", explicou Fleur, "mas nunca conseguiremos atravessar se fizermos isso!" Não havia tempo para contar quantos carros poderiam vir à toda para cima de nós a qualquer momento. Ela apenas intuía seu caminho através do tráfego que avançava na nossa direção, com elegância, fluidez e faro. Eu logo aprenderia como Fleur manobrava através de tudo na vida, apesar de possíveis impedimentos, com partes iguais de uma vontade ardorosa e inata agilidade. "*Et voilà!*" Você chegou!

※ ※ ※

Muito antes de entrar para a faculdade, eu sabia que iria passar um semestre no exterior – em Paris, é claro. Eu precisava viver novamente naquela bela e liberada cultura que descobrira quatro anos antes. Nosso romance mal estava na fase de namoro; Paris e eu tínhamos acabado de nos encontrar. Precisávamos nos conhecer melhor. *PareebyNight*, com certeza.

Embora a maioria dos alunos de Yale desse preferência a colegas de quarto cuja língua materna fosse o inglês, andar com outros americanos era decididamente a última coisa que eu desejava fazer. Eu queria *ser* francesa, não apenas estudar o idioma. Um intenso trabalho de detetive revelou uma estudante francesa chamada Fleur – que significa "flor" em francês, embora eu logo fosse entender a ironia desse nome –, a garota que eu esperava encontrar assim que chegasse a Paris e convencer a me aceitar. Seu nome não estava na lista de "colegas de quarto aprovadas", mas consegui obter o número do telefone da mãe dela.

"*Allo?*" Uma voz aguda e risonha que soava quase como a de uma criança atendeu o telefone.

"*Bonjour, je m'appelle Maureen Popkin et je voudrais vivre avec vôtre fille*", disse eu no meu francês imperfeito e nervoso. A conversa foi particularmente difícil porque a palavra para "roommate" nem mesmo existia lá naquela época. (Hoje, eles dizem *co-loque*, uma forma abreviada de *co-locataire*, ou "colocatário" – temos que amar fixação absoluta dos franceses na independência.) Além de ser incapaz de traduzir "colega de quarto", eu não tinha outra maneira de dizer o que eu queria que não fosse "Eu quero morar com sua filha" – de uma forma direta, objetiva ou até mesmo um pouco suspeita. Por sorte, Mme Roux não ficou ofendida; ela me disse que eu falava bem o francês e que teria prazer em se encontrar comigo.

Mme Roux era artista e morava no 14º *arrondissement* a cerca de duas quadras da sua filha. O sol do entardecer em Paris estendia uma radiância alaranjada suave sobre os quadros que cobriam as paredes do chão até o teto, e a luz ambiente complementava seu cabelo vermelhos e as sardas que pontilhavam suas mãos. Na maior parte do tempo que passamos juntas, Mme Roux, com os olhos azuis cintilando, adejava pelo apartamento, apontando para um outro quadro enquanto discutíamos as virtudes do impressionismo. Eu estava me esforçando arduamente para elogiá-la com meu conhecimento superficial do movimento (eu trabalhara no Museu de Arte de Saint Louis em uma das minhas férias de verão). De vez em quando, ela levava a mão ao queixo e ficava em silêncio, parando para examinar uma pintura a óleo em particular. Depois de um desses devaneios, ela de repente voltou ao presente, lembrando-se do motivo da nossa conversa. Em seguida, ela deixou cair a bomba. *"Je suis enchantée de vous rencontrer mais finalement, l'oncle de Fleur va louer l'autre moîte de son appartement."* Fiquei arrasada. Tendo em vista o tom animado da nossa conversa e meu interesse pela sua arte, eu estava certa de que convencera Mme Roux de que eu merecia morar com *"cocotte"*, um apelido carinhoso, e até mesmo surpreendentemente sentimental, que ela usava para a filha. Fleur, como eu viria a aprender, era tudo menos meiga e doce. Abatida, arrastei-me pelas ruas agitadas, serpenteando até o Metrô da rue d'Alésia, e voltei para o hotel.

Eu estava desesperada para aprender francês, mesmo que não conseguisse uma colega de quarto francesa. Como último recurso, encontrei um *foyer* (dormitório) internacional para jovens católicas no 7º *arrondissement* onde insistiam para que todas as estudantes falassem francês. Enquanto aguardava diante do grande portão de ferro forjado na frente do prédio simples de pedra no estilo Bauhaus, senti uma pontada de desapontamento; eu me imaginara morando em uma "velha e estranha casa em Paris, coberta por parreiras" como lera nos meus amados livros infantis *Madeline*. Em vez disso, fui recebida por uma freira trajada em um hábito elegante que me conduziu ao longo de um austero corredor até o meu quarto, um cubo branco sem graça. No caminho, algumas estudantes respeitosamente levantaram a cabeça curvada e disseram: *"Bonjour, ma soeur."* Espere, eu teria que chamá-la *"minha irmã"*? Teria eu ido longe demais dessa vez? Fiquei preocupada por poder estar cometendo algum tipo de sacrilégio contra minha religião judaica, embora eu dificilmente pudesse ser considerada religiosa. Minha suspeita se confirmou quando deparamos com uma freira mais velha, que me foi apresentada como *vôtre mère* (minha mãe).

"Vou morar em um *foyer* católico", informei aos meus pais quando telefonei para Saint Louis. "Mas querida", comentou minha mãe, "você é judia!" "Puxa, obrigada, eu quase tinha me esquecido", murmurei sarcasticamente a meia-voz, e depois acrescentei, "mas eles são muito liberais aqui" – eu esperava que fosse verdade – "e o importante é que vou aprender francês". (É compreensível que eu tivesse usado a palavra "determinada" para me descrever em uma redação na faculdade.)

Eu me esforcei para cumprimentar a Madre Superiora com *"Bonjour, ma mère"* e entender o sotaque francês das outras estrangeiras. Foi no quinto dia da minha permanência lá que *"ma soeur"* me disse que eu recebera um telefonema. A voz de soprano adocicada de Mme Roux veio ao telefone. Afinal de contas, o tio tinha decidido não alugar a metade do apartamento, não se podia mesmo confiar nele, eu ainda estava interessada? Eu achei que ia explodir de alegria.

No momento em que conheci Fleur, soube que ela era diferente de todas as mulheres que eu já encontrara. Depois de arrastar minhas malas, uma por uma, pelos seis lances de escada e desfazer minha bagagem no quarto vazio do pequeno apartamento de dois quartos, ouvi a porta bater. Com um *"coucou"* ("alô" casual que geralmente usamos quando conhecemos alguém), Fleur espiou para dentro do meu quarto e depois, sem ser convidada, entrou e me cumprimentou com dois beijos. Ela insistiu para eu fosse imediatamente até a cozinha para que ela pudesse fumar e me conhecer melhor (leia-se: me interrogar para ver se eu era legal o bastante para andar com ela). Fleur se inclinou na janela, com o cigarro na mão, e disparou perguntas a respeito de comida, festas e assuntos da faculdade. Ela tinha uma opinião forte a respeito de quase tudo e não se desculpava por nada que pudesse dizer.

Fleur me lembrava a atitude livre e rebelde das francesas retratadas em alguns dos filmes da New Wave que eu estudara. Eu me lembrava de ter assistido *Jules and Jim*,[2] um filme aparentemente a respeito de um triângulo amoroso, dois homens, melhores amigos, que dividiam a mesma mulher. Mas eu achava o título enganoso. Ou talvez ele dissesse exatamente o que queria dizer ao omitir a personagem mais importante, Catherine. Para mim, o filme era *a respeito* de Catherine, interpretada

---

[2] *Jules et Jim*, no original francês. Exibido no Brasil com o título *Jules e Jim, uma Mulher para Dois*. (N.T.)

pela cativante Jeanne Moreau. Ou, mais precisamente, o filme girava em torno da impossibilidade de definir Catherine, dos dois homens que queriam possuí-la, da incessante necessidade dela de escapar de qualquer categoria distinta.

No início do filme, Jules descreve todas suas conquistas românticas para Jim e, finalmente, frustrado por não conseguir encontrar a parceira ideal, faz um croqui da mulher ideal em uma mesinha de centro. Mais tarde, ambos se apaixonam pela escultura em pedra de uma mulher (confeccionada pelas mãos de um homem), e se mostram determinados a seguir qualquer mulher que possa se parecer com essa visão perfeita da beleza. Parecia que o que esses homens mais queriam era a *ideia* de uma mulher, uma mulher que não podia falar ou mesmo se mexer, mas que, de algum modo, correspondia à noção de perfeição deles. Não é de causar surpresa que o mundo desses homens tenha virado de cabeça para baixo quando conheceram Catherine, cujo espírito atrevido e independente se recusou a se deixar confinar.

Em uma famosa cena, Catherine joga um jogo com seus dois companheiros. Ela se disfarça de homem, pinta um bigode no rosto, puxa o cabelo para cima e coloca um boné, e veste uma camisa com colarinho americano. Ela sai pelas ruas de Paris, onde um homem pergunta se ela tem fogo. Quando ele diz: "*Merci, Monsier*", ela sorri maliciosamente para Jules e Jim, sabendo que ganhou seu pequeno jogo. Quem não desejaria ser Catherine naquele momento? Ela podia habitar qualquer forma que escolhesse; não estava confinada pelas representações clássicas de uma mulher. Bonita, sexy, desejada, amada e admirada – mas fora de alcance. Nada era capaz de limitá-la.

Fleur *era* uma versão de Catherine na vida real e, de muitas maneiras, meu alter ego. Era loura, petulante e um pouco selvagem, mas também direta, pragmática e objetiva – ao contrário de mim, morena, cautelosa, calma e sonhadora introvertida. Certa noite, bem tarde, quando saímos de uma festa e eu tinha reclamado que os banheiros estavam imundos, Fleur descartou meu comentário com um gesto e disse: "*C'est pas grave. Il faut juste faire comme ça.*" ("Isso não é problema. Você só precisa fazer isto.") Ela colocou o cigarro na boca e, continuando o movimento, desabotoou o jeans e o deixou cair sem cerimônia, agachando-se na rua entre dois carros estacionados. Ao terminar, ela notou que eu estava simplesmente boquiaberta. Ela apenas jogou a cabeça para trás e riu. *"Et voilà, c'est une bonne chose de faite!"* ("Viu? Uma coisa está resolvida"), como se esse tipo de exibição fosse a coisa mais natural do mundo. Outras noites, eu poderia encontrá-la deitada na banheira batendo um bom papo com um amigo sentado ao lado dela na tampa da privada. Eu ficava maravilhada com a sua completa descontração – na cabeça dela, por que ela não deveria usar sabiamente o seu tempo? Não lhe ocorria que eu talvez não gostasse de tomar banho com meus colegas assistindo. Ou então, enrolada apenas no lençol, ela me chamava para conhecer seu novo namorado depois de terem feito amor. Todas essas atitudes perfaziam mais do que apenas histórias engraçadas para contar para meus amigos quando voltasse para casa; Fleur estava inadvertidamente me ensinando a me sentir à vontade e a ser autoconfiante, particularmente no que dizia respeito à sexualidade e ao corpo humano. Ela nunca foi exibicionista, mas demonstrava uma despreocupação natural com relação a quem ela era e como se expressava.

A atitude de Fleur com relação à sexualidade e ao seu corpo mudou a maneira como eu pensava a respeito de ser mulher. Até essa ocasião, eu tinha respeitado e seguido as regras implícitas sobre como eu "deveria" me comportar. Não é que não houvesse modelos de vida em Saint Louis. Tive uma professora no ensino médio, a Srta. Moceri, uma mulher loura, incrível, que usava saias muito curtas e blusas decotadas, provocantes e coloridas. Quando ela entrava na sala com seu andar provocante e postura ereta, o queixo se projetando levemente para cima, ela ressudava força interior e uma energia feminina confiante e poderosa. Foi a primeira vez que compreendi que, na condição de mulher, você podia ser inteiramente feminina e, ao mesmo tempo, estar completamente no controle. Sem levantar a voz, ela era, mesmo assim, severa e apavorante quando interrogava seus alunos e dava nota nos trabalhos finais, mais longos do que a média, que passara para a turma. Na minha cabeça, ela poderia ter uma atitude calma e segura ao lado de qualquer homem sem estufar o peito ou recorrer às táticas habituais empregadas para estabelecer "dominância".

Ao mesmo tempo, minhas raízes do Meio Oeste tinham me ensinado a ser excepcionalmente cuidadosa com relação a expressar meu desejo sexual (na verdade, eu aprendera que eu deveria reprimi-lo completamente; somente os homens podiam sentir "aquilo") e modesta a respeito do meu corpo. Embora minha primeira experiência no sul da França tivesse começado a mudar minhas ideias a respeito da nudez, eu ainda estava sob a forte impressão de que as mulheres simplesmente não deviam demonstrar o desejo sexual da maneira como os homens o faziam. Nós podíamos ser seduzidas, mas não podíamos seduzir. Só podíamos dormir com os homens se os amássemos e tivéssemos um compromisso; os homens podiam se deitar conosco para se divertir. Hoje talvez tenhamos mais liberdade para expressar nossa feminilidade e sexualidade de maneiras menos restritivas (embora o grande número de notícias a respeito de assédio e preconceito em câmpus de universidades e no local de trabalho indiquem que ainda temos um longo caminho a percorrer). Mas naquela época, antes de passar aquele período com Fleur, eu nem mesmo percebia como aqueles princípios eram ridiculamente unilaterais e prejudiciais! Essas regras tinham sido tecidas na essência do meu ser e, até certo ponto, eu era incapaz de me desviar delas sem um sentimento de culpa e autocensura. O assédio sexual, como definido por lei, só é crime quando se torna uma condição para o emprego, uma promoção, a educação ou no ambiente em que a pessoa vive, como nas universidades. Mas e o condicionamento que ocorre quando esses preconceitos estão tão entremeados na nossa sociedade e na vida do dia a dia que mal os notamos? Deixamos de reconhecer e considerar como essas normas sociais silenciosas e veladas prejudicam nosso espírito de autoconfiança.

O entusiasmo de Fleur era contagiante. Comecei a imaginar que eu também poderia lidar com o mundo à minha volta de uma maneira menos inibida e fazer escolhas sem o incômodo de "tenho que", "deveria" e "preciso" que eu tão prontamente adotara no passado. Fleur parecia obstinadamente desconsiderar expectativas e, dessa maneira, me ajudou a abrir os olhos para a possibilidade de encontrar algo mais autêntico e verdadeiro em mim mesma. Ela raramente infringia as regras por mera rebeldia. Ela simplesmente se recusava a aceitar as barreiras que a impediam de fazer o que ela considerava essencial e, até mesmo, simplesmente mais prático. Ela cultivara uma intimidade com seus desejos e necessidades que possibilitava que ela enxergasse o mundo além dos obstáculos, rígidas estruturas e definições estabelecidas dele. Ela passava por baixo da roleta na estação do Metro porque não via motivo para pagar a passagem. Ela tomava banho de sol topless na praia não para chamar atenção, mas porque não queria que sua pele ficasse com as marcas brancas da parte de cima do biquíni.

Essa combinação de liberdade e utilidade me fascinava e me ensinou a me levar um pouco menos a sério (algo que eu ainda preciso manter sob controle). Até essa época, eu tinha vivido com uma forte tendência para me esforçar muito e me colocar debaixo do escrutínio das mais elevadas expectativas para garantir meu sucesso. Estar na França, conviver com Fleur, me mostrou que eu tinha lições igualmente importantes para aprender ao mergulhar em uma nova cultura e novas circunstâncias sem me esforçar tanto para fazer o que era esperado, o que eu achava que era "apropriado" a fim de avançar na vida.

A capacidade de enxergar além das limitações, e de seguir adiante na vida em harmonia com meus desejos mais verdadeiros, combinada com o pragmatismo, se tornou uma base para mim, particularmente na minha orientação para os negócios e minha carreira. Nos vários empregos que tive, sempre procurei visar o que espero realizar antes de encontrar razões pelas quais isso não pode ser alcançado. Reparei que o envolvimento excessivo com todos os motivos pelos quais um desejo particular não pode ser realizado ou uma meta não pode ser alcançada funciona como uma profecia autorrealizável. É um pouco como quando você esquia. Se você começa a olhar para todas as pedras, fendas e obstáculos, é certo que você vai esbarrar em um. Se você se concentra aonde deseja chegar, seus esquis geralmente o levam até lá sem muito esforço. Ver Fleur deslizar através de L'Étoile e de tantas outras situações me incentivou a encontrar meu próprio senso de direção e meu jeito particular de contornar as regras e os rótulos que os outros pudessem criar para bloquear meu progresso.

Meu penúltimo ano da faculdade no exterior finalmente terminou, depois de um glorioso verão que vivi como uma verdadeira parisiense, sem nunca mais pôr os pés em uma atração turística e assimilando o máximo de "argot" ou gíria francesa possível. (Até hoje, consigo impressionar até mesmo os franceses mais entediados quando recorro a esse vocabulário popular, salpicado com meu melhor sotaque "parigot"). Finalmente vim a conhecer "PareebyNight" ao sair com Fleur e seus amigos, frequentando festas e me soltando nos mais diferentes tipos de boates. Como seria de se esperar, Fleur até mesmo conseguiu nos fazer passar pelo segurança de clubes ultraexclusivos, apenas para sócios, como o Chez Castel, façanha que me conferiu um grau elevadíssimo de credibilidade. Lamentavelmente, estava na hora de voltar para a faculdade; uma vez mais, tive que colocar meu romance com Paris em compasso de espera.

✳ ✳ ✳

Quando comecei a cursar meu último ano na faculdade, não tinha a menor ideia do que *poderia* fazer, tendo em vista meu interesse intelectual nos recônditos escuros e complexos da teoria desconstrucionista. Muitos dos meus amigos pareciam ter tudo resolvido bem antes do último semestre. Trabalhar com bancos de investimento ou consultoria administrativa era o caminho testado e comprovado, mas nenhum dos dois parecia viável para alguém como eu, que nunca tivera uma única aula de economia ou matemática. Outros amigos tinham se decidido por alguma profissão respeitável como direito ou medicina e se distinguiram nos requisitos da graduação e nos testes estandardizados que lhes permitiu seguir um desses trajetos longos e virtuosos. Não era o meu caso. Eu não tinha a menor ideia.

Na verdade, tudo o que eu sabia era que queria voltar para Paris. Eu *precisava* voltar. Apenas não sabia como. Assim sendo, sem ter nenhuma maneira de chegar lá e com muito poucas opções restantes antes do final do ano letivo, decidi fazer o que muitas pessoas faziam: prestar o LSAT[3] e me candidatar à escola de direito. A ideia da faculdade de direito pairava sobre mim como uma nuvem indistinta: presente, visível, mas nada que eu pudesse efetivamente agarrar. Meu pai era um excelente advogado. Um ano antes, eu me sentara na audiência enquanto ele defendia uma causa na Suprema Corte dos Estados Unidos. Era um dos primeiros anos

---

[3] Legal Scholastic Aptitude Test (Teste de Aptidão Escolástica para Direito). (N.T.)

em que Sandra Day O'Connor atuou como juíza, e eu me lembro de ter observado o rosto sério dela enquanto ela recebia os argumentos do meu pai e fez o que me pareceram comentários duros. Depois do julgamento, que meu pai ganhou, ele me disse que ela decidira a seu favor, tinha "gostado" dele e dissera coisas bastante lisonjeiras. Eu não tinha tido essa impressão, mas confiava mais no jeito dele de ouvir do que no meu. Eu não estava prestando uma total atenção à causa; estava observando a dinâmica dos juízes, como eles se posicionavam, que palavras usavam, como as mangas elegantes das suas togas se abriam em leque quando levantavam os braços. Para mim, a ocasião era imponente, bela e comovente – era como o teatro. Mas eu conseguia me ver representando cenas como essa pelo resto da vida?

Eu deveria ter me dado conta quando, muito atipicamente, não consegui me obrigar a estudar para o grande dia do LSAT. Não comprei nenhum dos tomos preparatórios disponíveis para aprender a fazer o teste. Apenas enviei o pagamento da taxa de inscrição e compareci ao local da prova no dia marcado, como diriam os franceses, *y allant en reculant* – "andando de costas" em todo o processo. O teste era de manhã cedo, e entrei na fila, cansada, para assinar meu nome em uma prancheta, sentindo-me derrotada antes mesmo de começar. Um rapaz desarrumado, provavelmente um aluno endividado do primeiro ano da escola de direito que precisava de algum dinheiro extra, distribuiu os testes e forneceu as instruções em um tom de voz mecânico e monótono.

Quando o fiscal deu o sinal, abri o folheto, com um ar de resignação, e saltei direto para a primeira pergunta. Li o problema e depois examinei as múltiplas escolhas embaixo. Nenhuma das respostas parecia apropriada ou relevante para o que eu lera. Reli o problema, apertando os olhos como se para melhorar meu foco. Finalmente, sem estar muito convencida, escolhi uma das respostas e avancei para a segunda pergunta. Passados dez minutos, eu mal tinha respondido a três perguntas. As palavras no folheto começaram a ficar indistintas. Vinte minutos depois, quando já estava na sexta questão, tudo ficou claro: eu não queria ser advogada. Eu não tinha nenhum propósito ali e precisava escapar. De imediato. Com a leveza da minha nova determinação, eu me levantei com o teste na mão e a carteira arranhando o chão atrás de mim. Alguns alunos levantaram a cabeça e, em seguida, voltaram a se ocupar dos seus testes. Percebi que o rosto do fiscal estava tomado por um leve pânico quando ele sinalizou que eu deveria voltar a me sentar. Quando ele se aproximou, sussurrei no seu ouvido que já tinha acabado e pedi que eles, por favor, apagassem do meu histórico o resultado do exame que eu concluíra parcialmente. O estudante de direito levantou um pouco a cabeça para o lado e ergueu a sobrancelha como se comentasse, com indiferença: "Tudo bem, mas você sabe que está cometendo um erro", e disse que eu podia ir embora. Caminhei confiante, a passos largos, até a porta, sem dar atenção aos olhares de desaprovação lançados na minha direção.

Sem ter habilidades que pudesse promover – pelo menos era o que eu acreditava – fui até o centro de recursos profissionais do campus para verificar que tipos de empregos poderiam ser adequados para mim. Sentada em uma mesa grande, a orientadora vocacional me fez uma bateria de perguntas que pareciam aquelas dos "testes de compatibilidade amorosa" que podemos encontrar nas revistas para adolescentes. "Então, o que você gosta de fazer?" "Você é sócia de algum clube?" "Quais são suas atividades extracurriculares?" "Você gosta de trabalhar sozinha?" "Com outras pessoas?" Respondi a todas as perguntas da melhor maneira possível, esperando que ela pudesse me ajudar a resolver meu dilema. A partir dessas perguntas cuidadosas e profundas, nós nos concentramos em um fato muito importante: eu gostava de "trabalhar com pessoas". Na opinião da orientadora, essa qualidade "especial" abria uma série de "oportunidades muito interessantes" que estavam localizadas nas prateleiras de metal inclinadas ao longo das paredes da sala. Ela me incentivou a dar uma olhada nos prospectos de diferentes empresas que poderiam querer empregar alguém que "gostava de trabalhar com pessoas". Passei a meia hora seguinte folheando o material corporativo cheio de dobras nos cantos das páginas. Saí dali mais confusa do que quando chegara.

Não obstante, eu sabia que queria obter um merecido reconhecimento, como a delicada impressão que minha mãe fizera em gesso do meu pezinho quando eu era bebê; eu só não tinha certeza de qual seria o meu veículo. Durante um breve período considerei a ideia de trabalhar em RP – já que eu "gostava de trabalhar com pessoas" – mas na hora H, Fleur salvou a situação apresentando-me ao seu tio, um executivo da L'Oréal, que me indicou para um estágio – onde mais poderia ser? – em Paris.

※ ※ ※

Fala-se tanto a respeito de "seguir sua paixão", mas e se sua paixão não conduz de imediato a uma carreira viável? E se você não sabe como encontrar um trabalho que corresponda a algo que você sente nas profundezas na sua alma? Eu não tinha as respostas naquele momento, mas sabia onde era meu lugar e estava disposta a arriscar quase tudo para chegar lá. Às vezes, você precisa dar o primeiro passo sem ter um plano completamente elaborado, seguir sua intuição e estar preparado para seguir o fluxo, exatamente como mergulhar no tráfego que está vindo na sua direção em L'Étoile.

É bizarro. Em geral imaginamos os mentores como professores, chefes ou outros superiores hierárquicos. Nós os admiramos, às vezes os deificamos, e frequentemente os colocamos em um pedestal – acreditando que eles têm todas as respostas. Mas encontrar um mentor nem sempre significa se aproximar da pessoa de posição mais elevada e mais bem-sucedida, e tampouco o *mentoring* só ocorre quando você, por acaso, está sentado em uma mesa no escritório ou em uma sala de reuniões. Procurar pessoas mais não convencionais, até mesmo revolucionárias, que lhe sirvam de inspiração e apresentem desafios, pode lhe propiciar a astúcia e a malícia necessárias nos momentos da vida em que você mais precisa delas. No meu caso, os mentores surgiram em todos os modelos e tamanhos e, como no caso da minha amiga Fleur, podem orientá-lo e inspirá-lo sendo exatamente quem são e incentivando o mesmo em você.

Hoje em dia, imagino que tendo à disposição um sem-número de ferramentas de networking como o LinkedIn e recursos de avaliação como o Glassdoor, você talvez tenha conseguido evitar o horrível departamento de orientação vocacional enquanto traça seu rumo profissional. Talvez descobrir o que você deseja fazer seja um pouco mais fácil, mesmo que provavelmente seja mais difícil efetivamente *conseguir* o cargo dos seus sonhos. Ou talvez você tenha tido uma experiência semelhante à minha, só que atrás de uma solitária tela de computador em casa ou em algum escritório vazio. Tenho observado minhas filhas enquanto elas se debatem praticamente com o mesmo processo de tentar descobrir quem são, o que realmente as interessa e como fazer isso se transformar em um emprego. A não ser que você tenha optado por seguir uma carreira cujas etapas estejam perfeitamente claras – como direito, medicina ou o mundo acadêmico – o caminho a seguir é inevitavelmente árduo. Todo mundo tem sua própria abordagem, mas, no meu caso, precisei ter primeiro a mais absoluta certeza do que eu *não* queria, descer em seguida algumas camadas para compreender o que realmente desejava (além do tipo de emprego propriamente dito – eu queria ir para a França!), para então dar um passo gigantesco – embora arriscado – em direção ao que estava me chamando. No final, o simples conselho de Fleur talvez seja o mais sincero e proveitoso: quando estiver na dúvida, *pule!*

QUATRO
Treinamento Móvel

Quando voltei a Paris, não foi para pegar uma carona na garupa da mobilete de Fleur, mas para agarrar o volante decrépito de uma lata-velha alugada durante meu "stage route" – o programa de treinamento móvel de seis a doze meses de duração para novos funcionários da L'Oréal. No primeiro ano na empresa, os estagiários de marketing eram alocados para as regiões longínquas da França para vender xampu, tintura para cabelo, mousse e cremes de pele para supermercados e hipermercados.

O estágio de marketing que o tio de Fleur conseguiu para mim foi no departamento de L'Oréal Parfumerie – na ocasião, a divisão mais importante da empresa na qual equipes de profissionais concebiam produtos e imagens de distribuição mundial em massa com o nome da L'Oréal. Trabalhar no departamento de marketing daquela prestigiosa divisão era considerado um importante degrau para que você um dia viesse a administrar uma parte maior do negócio, particularmente se você fosse um rapaz procedente de uma das principais escolas de business francesas. Obviamente, eu não era um rapaz e tampouco tinha frequentado uma escola de business, mas estava grata por estar tendo aquela oportunidade inicial em uma das melhores empresas da França e ansiosa, como sempre, para me destacar no que quer que esse novo emprego envolvesse. Embora a princípio eu atribuísse minha reentrada a um golpe de sorte (sem dúvida, houve um pouco disso), compreendi que minha persistência inicial em encontrar Fleur e a insistência em mergulhar na cultura francesa (inclusive naquelas festas tarde da noite) estavam na iminência de surtir efeito. De acordo com algumas pessoas, ter uma *carte de visite* (um cartão de visita, provavelmente chamado assim porque garantiam o direito de acesso à maioria dos círculos na sociedade parisiense) de uma empresa tão renomada abria todas as portas na França – isto é, desde que você sobrevivesse aos vários testes e desafios que o programa de treinamento lançava no seu caminho e aprendesse a jogar de acordo com as regras deles.

Ninguém, por mais exclusiva sua educação, por mais elevado seu título acadêmico ou por mais aristocrata sua linhagem, poderia começar diretamente no marketing sem passar pelo rigoroso protocolo da L'Oréal. Nem mesmo a experiência anterior contava. Na realidade, quanto mais alto você estivesse na cadeia alimentar, mais longo era seu período de treinamento. A L'Oréal queria ter certeza de que você era humilde o bastante para enxergar o valor de compreender o negócio e seus clientes partindo do zero. A empresa acreditava firmemente que para promover qualquer um dos seus produtos, você precisava ver e experimentar onde, como e para quem esses produtos eram vendidos. Como resultado, tinham desenvolvido uma série de rigorosos obstáculos que todos os profissionais de marketing tinham que transpor. Era um pouco como um daqueles videogames em que você precisa matar um certo número de dragões, percorrer um labirinto tortuoso, avançar para níveis de dificuldade cada vez mais elevados e acumular um número suficiente de chaves ao longo do caminho para abrir o portão do refúgio sagrado. No papel, tudo parecia excelente.

Até que entendi o que o primeiro *nível* significava: demonstrar meu valor como representante de vendas no Pas-de-Calais, no norte da França. Até esse momento, o mais próximo que *eu* já estivera de vender qualquer coisa, além de cookies durante minha breve carreira no escotismo, foi no verão em que trabalhei na Neiman Marcus em Saint Louis, pulverizando os clientes que entravam na loja com fragrâncias masculinas. Com o nariz insensibilizado todos os dias pelos aromas da concorrência e os pés cansados por causa do desconfortável salto alto, eu chegara na época à conclusão de que uma carreira em vendas provavelmente não era meu destino. Agora, se eu quisesse sobreviver, e ainda por cima ser bem-sucedida na L'Oréal, tudo indicava que eu não tinha escolha. Eu seria responsável por vender os melhores artigos da L'Oréal para a cadeia de hipermercados Mammouth, em uma parte do país que eu nunca visitara e onde não conhecia ninguém. Eu estava intimidada pela ideia de dirigir em um território desconhecido, vender produtos de beleza retirados de uma maleta e dormir no equivalente francês do Holiday Inn à noite. Embora meu aprendizado sobre o desconstrucionismo e o cinema da New Wave tivesse me ensinado a me colocar no lugar dos outros, nesse ponto, essa *colocação* era puramente teórica. E, no entanto, aqui estava eu: jogada no meio do nada, vivendo do meu porta-malas, uma versão pós-moderna de Willy Loman em *Death of a Salesman*.[4]

Eu estava convencida de que a L'Oréal havia deliberadamente me enviado para um lugar onde nem atrações turísticas nem a paisagem poderiam me desviar da experiência de *la vraie France* (a verdadeira França) e das tarefas que eu tinha por fazer. Outros estagiários tinham sido enviados para Marseille, Cannes e Nice – locais ensolarados na Cote d'Azur. Em vez disso, saí de Paris e viajei de carro durante duas horas através do cenário sombrio e esburacado do Chti (uma palavra um tanto obtusa que se refere às pessoas e ao dialeto dessa região). Além das extensões das praias cercadas de concreto comemorando a vitória dos Aliados, essa área na fronteira com a Bélgica era mais conhecida pelos seus dias brumosos com teto baixo, casas casadas, minas de carvão e uma elevada taxa de desemprego. Nada de sol, mar, restaurantes nas imediações do porto ou festas tarde da noite; apenas grandes extensões de terras planas, austeras casas de tijolo que conduziam ao centro de cidades onde uma imponente igreja gótica ou modesta câmara municipal ainda poderiam se erguer. Além disso, quase todos os hipermercados estavam situados longe desses centros de cidade em terras cultiváveis desoladas e esburacadas, salpicadas com pilhas de detritos de carvão das minas abandonadas havia muito tempo. Com o mapa dobrado entre as pernas trêmulas, a mão agarrando a alavanca pegajosa da mudança, eu ia todas as manhãs visitar meus clientes.

À primeira vista, o Mammouth nas proximidades de Roubaix se parecia com muitos supermercados que eu conhecera nos Estados Unidos,

---

[4] Filme exibido no Brasil com o título *Morte do Caixeiro Viajante*. (N.T.)

só que era muito maior. (Fazendo jus ao nome, a palavra *Mammouth* se traduz como "mamute-lanoso".) A enorme área de estacionamento abarcava o que pareciam ser quilômetros. Carrinhos de compras que funcionavam com moedas giravam rápido perto da entrada. Do lado de dentro, fileiras intermináveis de produtos embalados, frutas e hortaliças tinham se acomodado em cada metro quadrado do prédio. A seleção de iogurtes ocupava, sozinha, um corredor inteiro, com todas as texturas e sabores imagináveis dentro de embalagens coloridas e arrumados em colunas. Odores bizarros emanavam da colossal seleção de queijos. Mas o verdadeiro choque aconteceu quando me dirigi à seção de carnes e avistei um coelho esfolado com olhos negros bulbosos olhando fixamente para mim. Depois de passar por uma seleção de carnes composta por rabada, javali, carne de veado, faisão, codorna e pombo, eu me vi diante de uma cabeça de porco pendurada do teto em um gancho de metal, desafiando-me a passar sem enfrentar seu olhar.

Por sorte, meu compromisso não era nem com o coelho nem o porco, mas com um homem muito ocupado chamado Sr. Dupont. Ele era o comprador de produtos para cabelo, higiene e limpeza, e ervilhas congeladas. Senti um medo efêmero de que essa eclética responsabilidade de compras pudesse indicar que meus produtos de beleza não eram a principal prioridade *dele*. Estremeci por causa do ar frio e do nervosismo, esperando que o Sr. Dupont emergisse das grandes portas de metal de duas folhas ao lado do setor de rins, fígados e miolos. Finalmente, ele chegou vestindo um guarda-pó branco manchado e me conduziu a uma sala no fundo da loja. Eu estava preparada, ou, pelo menos, era o que eu pensava. Estávamos lançando a Studio Line, uma gama completa de produtos de mousses a géis, e minha chefe me dissera que eu precisava negociar pelo menos cinco *têtes de gondoles* ("cabeças de gôndolas", um jeito muito romântico de chamar as extremidades dos corredores que se projetam no espaço aberto e sempre exibem as promoções e saldos da loja) desses produtos fofos para que pudéssemos atingir nossas metas mensais.

Quando me apresentei, o Sr. Dupont fez uma careta como se tivesse acabado de provar um limão. *"Vous vous appelez comment?"* Repeti meu nome e ele replicou: "Que tipo de nome é esse?" Eu não estava bem certa de como deveria responder a essa pergunta. Ele estava se referindo ao meu sobrenome russo-polonês "Popkin", ou ao nome irlandês "Maureen"? Ele parecia levemente ofendido pelo fato de o meu nome não ser mais fácil de pronunciar. Ele começou a olhar por cima do ombro como se um chefe invisível o estivesse chamando ou o representante da marca das ervilhas estivesse esperando para falar com ele, obviamente ansioso para se livrar de mim e ir cuidar da tarefa mais importante que eu talvez tivesse interrompido. *Nenhuma crítica literária vai me livrar disto*, pensei. Toda essa situação, distante das visões elaboradas (bem, ilusões) que eu imaginara (meu primeiro emprego de verdade na Cidade da Luz!), estava começando a me fazer questionar por que, para início de conversa, eu reavivara meu encontro amoroso com Paris.

"*Je suis Américaine*", declarei, finalmente. (Eu me lembrei de que Fleur um dia me dissera que essa revelação nos livraria de um possível aperto.) Ele balançou a cabeça indicando que sabia das coisas, deu um sorriso malicioso e em seguida deixou escapar: "Eu adoro *Dallas*." Olhei para ele, incrédula. *Dallas*? No meio do norte da França, as pessoas estavam assistindo à *Dallas*, o seriado noturno com imensa popularidade? OK, já era um começo. Talvez um pequeno denominador comum. Peguei meu panfleto de marketing e informei o volume, a forma e a textura que a Studio Line Mousse poderia dar ao cabelo dele. Enquanto eu recitava minhas frases bem ensaiadas, eu praticamente podia ver meu reflexo no brilho negro lustroso na cabeça do Sr. Dupont. *Provavelmente um homem que usa Brylcreem*, pensei com meus botões. Enquanto ele mexia os pés com impaciência, decidi espontaneamente criar um novo argumento, deixando de dissertar os inúmeros benefícios da mousse e passando a falar do gel. Ele começou a bater a mão no que eu pensei que poderia ser uma mosca, mas então percebi que ele estava rejeitando meu "discurso de marketing". Nada daquela baboseira de marketing ia funcionar no norte da França. Eu ia ter que me adaptar ao jeito deles de fazer as coisas.

Eliminei meus primorosos argumentos e simplesmente perguntei o que ele achava que seria necessário para conseguir um *tête de gondole* durante nosso período promocional. Ele hesitou, genuinamente surpreso por eu finalmente estar falando a língua dele, e propôs um desconto percentual no seu pedido seguinte. Discutimos sem parar diferentes possibilidades, com os dedos sapateando sem cessar nas calculadoras, até que encontramos um percentual aceitável para ambos. Demos então um aperto de mão e nos despedimos. *"A la prochaine, L'Américaine"* ("Até a próxima, americana"). E a partir desse dia, sempre que eu entrava no Mammouth, um som se propagava da frente até o fundo da loja – *"L'Américaine est arrivée"* ("A americana chegou") – quando a equipe sinalizava minha visita. Até mesmo o porco parecia sorrir quando eu voltava.

Quando minha chefe me felicitou entusiasmada, senti alívio e orgulho por ter sido aprovada nesse primeiro teste. Basicamente, eu estava encarando esse treinamento móvel como um mal necessário, um mero trampolim para algo melhor. Somente mais tarde vim a reconhecer o valor de aprender a partir do zero. Ver os produtos da L'Oréal nos locais onde eram vendidos e conhecer as pessoas que os compravam me deu ideias a respeito das mensagens de marketing e embalagens que deveríamos desenvolver para interagir com as necessidades das nossas clientes na linguagem delas em vez de recorrer ao entorpecedor jargão do marketing. Os prospectos de marketing cuidadosamente produzidos que eu recebera poderiam funcionar em alguns casos, mas não com caras que vendiam ervilhas congeladas. Eu precisava aprender a linguagem *deles* para atingir minhas metas.

Constatei que essa abordagem era igualmente poderosa mais tarde na minha carreira, quando tornei prioritário visitar fábricas na Gap ou boutiques na Chanel. As pessoas na linha de frente, com frequência desconsideradas, fornecem algumas das informações mais úteis a respeito do que está e do que não está funcionando. Foram também pessoas como o Sr. Dupont que me ensinaram que a fim de vender qualquer coisa – não apenas mousse ou gel para o cabelo – eu precisaria me sentir à vontade em circunstâncias radicalmente novas e, às vezes, adversas; eu teria que permanecer aberta e flexível quando as coisas não acontecessem como eu queria, e colocar de lado minha própria agenda.

Com a *tête de gondole* confirmada na loja do Sr. Dupont, estava na hora de encontrar um lugar para dormir. Devido à distância entre essa região e Paris, eu precisaria passar a semana inteira no norte e voltar para Paris nas sextas-feiras à noite. Quilômetros de estrada vazia revelavam apenas locais encardidos e decadentes que tinham alguns hóspedes por semana. Em uma cidade vizinha, localizei um Ibis, uma rede de hotéis simples e asséptica de hotéis que lembrava muitas redes de motéis americanas onde todos os outros representantes de vendas se hospedavam, mas torci o nariz diante da ideia de dormir em uma imitação barata de um hotel americano. Fui então até Lille, a cidade maior e mais cosmopolita, onde com certeza eu encontraria algo mais autêntico, efetivamente francês. Ao cair da noite, deparei com uma adorável pousada bem no centro da cidade que ficava a poucos passos da Grand Place du Vieux Lille, a grande praça da Velha Lille. Apesar da encantadora fachada e do interior convidativo, as tarifas cobradas eram levemente inferiores à diária que eu recebia da L'Oréal. *Estou com sorte,* pensei!

A gerente da recepção pareceu feliz ao me ver, fez perguntas sobre o meu sotaque e ficou impressionada com o meu domínio do francês. Ficou ainda mais impressionada com o meu *employer*; a menção à empresa L'Oréal pareceu lhe causar uma agradável surpresa. Contente por encontrar meu aconchegante quarto revestido de um delicado papel de parede florido, uma pequena cama, lençóis de algodão requintados e até mesmo um travesseiro de penas genuínas, eu me acomodei para dormir.

Justo quando eu começava a pegar no sono, acordei de repente com pancadas, batidas e uma voz aguda que vinham do quarto ao lado. Coloquei o travesseiro sobre a cabeça, na esperança de que o ruído logo diminuísse. Infelizmente, a barulheira ficou ainda mais alta, as pancadas e as batidas se tornaram mais rítmicas e os gritos se transformaram em gemidos espetaculosos. Seria um encontro amoroso, depois de uma noitada em Lille? Passado algum tempo, as coisas se aquietaram e peguei no sono.

Encantada por ter encontrado um tesouro tão singular, decidi não dar atenção ao contratempo da noite anterior. Quando deixei a pousada pela manhã, eu me perguntei o que deveria concluir sobre os outros hóspedes do hotel: mulheres vestindo jaquetas curtas de pele de coelho, minissaias de verniz, sapatos com *talons aiguilles* (salto agulha) e meias arrastão, que lançavam sorrisos tímidos na minha direção antes de rapidamente jogar suas chaves para a gerente da recepção e ir embora apressadas. Descartei minhas suspeitas, sem querer ser excessivamente crítica. No entanto, depois de mais alguns pernoites barulhentos nesse encantador hotel, finalmente perguntei a um dos outros representantes de vendas da área se ele sabia de alguma coisa a respeito daquele lugar. Ele me olhou de um jeito um tanto zombeteiro e perguntou se eu tinha me hospedado lá. Quando respondi que adorava o lugar, ele riu de um jeito divertido e disse: "*C'est un hôtel de passe. C'est pour ça que tu entends ces bruits.*" ("É um bordel. É por isso que você escuta os barulhos.") Envergonhada com minha ingenuidade, resignei-me aos palácios de plástico branco da rede Ibis no restante do meu treinamento de campo. A expressão francesa "*Il ne faut pas pêter plus haut de son cul*" ("Você não deve peidar acima do seu cu") me pareceu especialmente relevante neste caso.

No final das contas, os hotéis Ibis não eram tão ruins; eu me acostumei e até mesmo passei a gostar da sua limpeza e regularidade: era uma coisa a menos com que eu tinha que me preocupar enquanto percorria as cidades mineradoras entre os Mammouths. Comecei inclusive a relaxar e aguardar com prazer o que poderia descobrir a cada dia. Certa manhã, enquanto o sol tentava arduamente abrir caminho através de uma espessa camada de nuvens insistentes, abri um pouco a janela para eliminar o acúmulo de condensação da manhã úmida e inspirei o acentuado aroma dessa faixa de terra industrial. Procurei enxergar a beleza à minha volta, tentando seguir o exemplo dos meus velhos amigos, os diretores da New Wave. As sombras das linhas elevadas de abastecimento de energia caíam sobre as estradas pavimentadas irregulares e, à medida que a bruma da manhã se desfazia, notei, à distância, uma linha elegante de contrafortes não muito acima do nível do mar, os campos de carvão escurecidos, de um roxo intenso, como se o cenário tivesse sido pintado por um dos impressionistas. Não pude deixar de me perguntar: como *definir* a beleza? O contexto determina a beleza, ou poderia ser ao contrário? Se eu pudesse olhar para aquela cadeia de montanhas, aqueles campos de carvão, de uma maneira diferente do que eles eram, falando de um ponto de vista prático, eles poderiam ser considerados bonitos? Seria fácil demais deixar de examinar o que eles *de fato* representavam para muitos observadores – trabalho árduo, condições perigosas, pobreza e poluição. No entanto, ao mesmo tempo, eles despertavam, por mérito próprio, um tipo de majestade peculiarmente cativante. Quantas vezes, na agitação do dia a dia, não passamos descuidadamente pelas coisas, rotulando-as de "feias" ou "desgraciosas" sem realmente olhar para elas ou sem considerar outras facetas e definições da beleza? Quando passei a conhecer melhor essa região do norte da França, pensei saudosamente na maneira como aquelas câmeras portáteis preferidas pelos diretores da New Wave revelavam a beleza no saibro, no corriqueiro, de maneiras que talvez não tivéssemos notado antes. Poderíamos imaginar que a beleza em si mesma simplesmente não existe na versão da sociedade da perfeição estética? A beleza também emerge de lugares e coisas que nos contam histórias, que nos fazem sentir alguma coisa ou criar uma certa disposição de ânimo. É possível que o próprio fato de essas grandiosidades roxas efetivamente representarem tal adversidade as tornasse belas porque elas representavam a narrativa daqueles que viveram e se esforçaram arduamente lá.

Esses seis meses que passei na terra dos Chti foram de fato solitários e, às vezes, assustadores, mas eu também começara a captar sua beleza, de natureza diferente e talvez mais profunda. Como nos filmes que estudei, a "beleza" residia nas imperfeições e nos defeitos que penetravam fundo na nossa vida e tocavam nosso coração. Eu não tinha que estar brincando em uma praia na Cote d'Azur ou visitando as torres de Lourdes para preencher meus sentidos ou aprender o que seria necessário no meu trabalho. Não apenas adquiri um conhecimento prático para meu cargo seguinte, como também aprendi a reconsiderar e até mesmo contestar minhas ideias estabelecidas em torno da definição de beleza. As imperfeições e defeitos, cenários esburacados e detritos de carvão podiam ser considerados belos mesmo que – talvez *porque* – suas qualidades mais proeminentes contrastassem diretamente com os rótulos e definições convencionais. Essa compreensão orientaria muitos dos meus futuros impulsos como profissional de marketing e merchandiser.

Com as metas de vendas atingidas, eu demonstrara minha capacidade e voltara para Paris para aplicar meu escasso conhecimento aos melhores produtos da L'Oréal. Pouco importava que eu não tivesse a menor ideia a respeito de o que os profissionais de marketing faziam, além de criar os panfletos que eu usava (ou descartava) para vender meus produtos. E o fato de eu nunca ter trabalhado no escritório central corporativo de uma grande empresa tampouco era importante. Eu tinha grandes esperanças para o que iria encontrar: uma sala estonteante só minha com vista para a Torre Eiffel, uma assistente preparada para me ajudar com o trabalho pesado e, naturalmente, um assento à mesa na hora das grandes decisões.

OK, eu não era *tão* irrealista, embora de fato esperasse que, rapidamente, eu seria capaz de colocar em prática minha experiência. Mas por enquanto a única coisa que eu estaria aplicando seriam as fórmulas de tinturas para cabelo: pegajosas, grudentas, roxas e com cheiro de amônia.

Em conformidade com sua filosofia de treinar os profissionais de marketing a partir do zero, no estágio seguinte do programa de treinamento da L'Oréal aprendíamos a aplicar os produtos que, mais à frente, iríamos colocar no mercado. Viúvas septuagenárias vinham ao salão de treinamento privativo da L'Oréal para pintar o cabelo de graça. Vestida com um elegante jaleco branco, eu as recebia, oferecia a elas um guarda-pó e um protetor de ombro "para não termos acidentes infelizes" e as conduzia a uma cadeira reclinável, onde batíamos papo a respeito de poodles, netos e política enquanto eu espremia o produto roxo dos tubos em couros-cabeludos que frequentemente estavam sujos e cobertos de caspa. Franzindo o nariz por causa do forte cheiro de amônia, eu aplicava a tonalidade que elas preferiam. Apesar do meu empenho amador, as senhoras em geral ficavam agradecidas. E, em última análise, mesmo que eu pudesse encontrar menos beleza nessa tarefa particular, aprender a aplicar os produtos em clientes genuínas se revelou precioso. Memorizar os ingredientes em cada fórmula e estudar as orientações para aplicá-las só me levava até certo ponto. Meter efetivamente a mão na massa (por assim dizer) me dava uma ideia de como as fórmulas seriam usadas e que resultados elas produziriam – informações cruciais para o desenvolvimento de qualquer produto, não apenas tinturas de cabelo. Ainda assim, no final das duas semanas, eu estava pronta para tirar as luvas e deixar o jaleco para trás.

※ ※ ※

A SALA DA DIRETORIA DA L'ORÉAL se parecia um pouco com uma cela luxuosamente acolchoada. As paredes eram forradas com napa bege macia; pespontos refinados contornavam cada quadrado perfeitamente simétrico. Uma mesa requintada de mogno se estendia por todo o comprimento e largura da sala; a iluminação era enganadoramente suave, um amarelo delicado que, se você não estivesse cônscio do que efetivamente acontecia nessa sala, poderia convencê-lo a se pôr à vontade. Finalmente, eu tinha conseguido chegar à sala da diretoria da L'Oréal e estava preparada para fazer uma importante apresentação – na reunião que eles chamavam de Prospective Induction – para o CEO e os diretores regionais.

Sendo uma nova gerente de produto assistente, senti todos os membros da equipe executiva, homens, sem exceção, virarem a cabeça no momento certo para me inspecionar. Da ponta dos meus scarpins ao meu tailleur rosa novo em folha, o olhar pegajoso deles me acompanhou enquanto eu me dirigi ao meu lugar perto da frente da sala. Lá, eu me sentei ao lado de outros novos gerentes, aguardando a minha vez. A reunião começou quando uma jovem *chef de produit* (gerente de produto) se levantou, nervosa, para apresentar uma pesquisa de mercado que tinha feito para demonstrar a necessidade de um importante novo produto em um segmento essencial do mercado de artigos para o cabelo: um xampu que atrairia o segmento de adolescentes e jovens adultos. Manchas vermelhas surgiram no seu pescoço enquanto ela gaguejava e falava nervosa sobre as informações, o estalido da sua língua contra o céu da boca desacreditando a sua animada apresentação de slides. O CEO a interrompeu abruptamente com uma pergunta incisiva que todos sabíamos ser impossível de responder: como esse produto atenderia às necessidades de mulheres mais velhas com o cabelo pintado? A L'Oréal dominava o mercado de tintura para cabelo – meu domínio – e as vendas estavam em ascensão nessa categoria. A proposta da gerente de produto para um mercado mais jovem claramente não era interessante na ocasião, para o CEO e, subsequentemente, para os outros onze homens ao redor da mesa que a fitaram acusatoriamente enquanto ela manuseava, atrapalhada, uma pilha de centenas de transparências que levara como reforço. Depois de ela passar alguns minutos prolongados, porém infrutíferos, freneticamente folheando sua pesquisa, seu chefe se levantou, silenciando-a com um olhar. Não, interpôs ele, eles não tinham examinado esse segmento do mercado. A sala ficou em silêncio. O CEO chamou calmamente o chefe de recursos humanos, um homem mais velho com o rosto redondo e as têmporas grisalhas, que lançou para ele um olhar significativo por detrás da grossa armação dos seus óculos sem aro. No dia seguinte à reunião, a mesa onde essa jovem costumava se sentar estava vazia.

Não é de estranhar que meu chefe, William, tivesse me repreendido durante tantos meses a respeito de eu não conhecer *meus* fatos e números enquanto nos preparávamos para minha apresentação. Eu achava que ele estava sendo apenas excessivamente exigente.

"Não vejo nenhuma pesquisa competitiva aqui", fora o comentário ríspido dele. Ele me pedira para reunir estatísticas sobre a concorrência da L'Oréal, pedido que eu simplesmente desconsiderara porque não conseguia perceber como aquelas informações poderiam ser úteis.

"Nós não temos na verdade tantos concorrentes", dissera eu com uma certa timidez. "Quero dizer, Clairol é a mais próxima disso, e sua fatia de mercado na França é de apenas quatro por cento." Eu não estava inteiramente segura do significado de termos como fatia de mercado, mas ele parecia importante, e era uma das frases que colegas mais experientes salpicavam nas suas conversas.

William sentiu meu mal-estar e me pressionou ainda mais. "Você não pode ir para uma Prospective Induction sem uma análise competitiva integral. Você fala em fatia do mercado, mas não está mostrando o crescimento ano a ano. E onde estão as descrições completas da posição de mercado da Clairol em comparação com a nossa? E os segmentos de clientes deles? E o ponto exclusivo de vendas? E o crescimento de mercado correspondente?" Ele disparou termos e jargão na minha direção como bolas de tênis que estivessem sendo cuspidas de uma máquina mais rápido do que eu era capaz de rebatê-las.

Um tanto intimidada, mesmo assim continuei a tentar encobrir minha falta de conhecimento, o que só fez irritá-lo ainda mais. "Por que examinar os concorrentes quando estamos tão na frente deles? Temos noventa por cento da fatia de mercado", disse eu, uma vez mais usando aquele termo para mascarar o que eu não sabia. "A Clairol realmente representa alguma coisa no nosso mercado se praticamente ninguém compra os seus produtos?"

"Não vamos a uma reunião sem um parecer meticuloso e completo do cenário competitivo; caso contrário, teremos um desastre", repreendeu ele. "Você não pode partir do princípio que sempre seremos líderes em tintura para cabelo. Para construir uma marca, você precisa conhecer seu cliente, seu mercado *e* seus concorrentes. Vá até o departamento de pesquisa de mercado e peça a Caroline (minha colega de escritório) para ajudá-la." A máquina estava quase sem bolas, o que foi um alívio porque eu estivera balançando a raquete no ar. Agora eu percebia que as exigências de William eram corretas. Ele realmente queria que eu tivesse êxito e estava me protegendo ao insistir no que eu precisava melhorar. Eu não estava acostumada a ser tratada com tanta rispidez, mas ele estava me ensinando a pensar como uma profissional de marketing e me protegendo da autossabotagem gerada pela insegurança.

Logo chegou a nossa vez de apresentar a nova proposta de embalagem para Si Naturelle, uma tintura de cabelo semipermanente. Eu disse "nossa" vez, porque William e eu tínhamos uma estratégia diferente daquela da dupla que se tinha acabado de se apresentar. Ele falaria primeiro para definir o referencial, daria algumas informações básicas sobre nosso trabalho e permaneceria do meu lado durante a minha estreia.

William não se encaixava por completo no molde da L'Oréal. Em vez de usar o cabelo harmoniosamente repartido para o lado, como muitos dos seus colegas, o seu era rebelde, grosso e um tanto espetado. Em geral, ele enrugava os lábios, mas quando sorria com malícia, exibia um dente da frente ligeiramente quebrado. Seus ternos não eram feitos do mesmo gabardine refinado usado pelos outros gerentes de grupo mas sim de um algodão menos estruturado que mostrava sinais de desgaste. As mangas pendiam suavemente dos ombros e roçavam a parte superior das mãos, conferindo-lhe a aparência de um menino que estava vestindo um terno tomado emprestado do pai. Ao contrário de muitos outros L'Oréaliens (sim, havia uma palavra para aqueles que se encaixavam com perfeição no molde), William parecia orgulhoso de não pertencer ao círculo. Apesar das diferenças, ele era bastante apreciado pelo CEO e os outros executivos ao redor da mesa, em parte porque tinha frequentado uma das duas melhores escolas de business da França – Hautes Études Commerciales de Paris, ou HEC Paris (como tinham feito quase todas as pessoas que trabalhavam em marketing naquela época) – e era inteligente e desembaraçado. Ele dominara todos os elementos básicos do marketing, mas tinha algo mais que eu não havia percebido nos outros gerentes. Não se tratava apenas do seu sorriso confiante e ousadia infantil fora do padrão que parecia cativar o CEO. William sabia exatamente como alternar o linguajar de marketing convencional com a linguagem menos falada da estética. Ele era capaz de citar qualquer estatística ou ponto de dados *e* falar a respeito de cores, fontes e gráficos de uma maneira que os outros gerentes não conseguiam. Mais impressionante ainda era sua capacidade de associar com exatidão alguns desses argumentos menos teóricos e mais intuitivos aos fatos e números para promover suas propostas. Ocorreu-me então que se eu quisesse me destacar no marketing e explorar minha própria criatividade, eu teria que me esforçar para alcançar esse mesmo equilíbrio refinado.

Observei atentamente enquanto William começava a tecer a história em torno do nosso novo produto – uma tintura de cabelo revolucionária que oferecia às mulheres seis semanas de uma cor semipermanente sem danificar ou ressecar o cabelo. William elogiou a embalagem pela sua "tensão gráfica", "cor irrequieta" e outros termos sedutores. O CEO virou a embalagem na mão, contraiu um dos olhos e disse de supetão: "Acho que o vermelho precisa ter mais azul e a fonte está muito compacta."

Captei o olhar de William e relaxei os ombros. O CEO estava nos dizendo que o lançamento do nosso produto estava praticamente certo. E o chefe do RH permaneceu firme do seu lugar, o que significava que eu poderia ficar firme no meu.

Por mais ansiosa que eu estivesse para assumir mais responsabilidades e ter acesso a salas de reunião com essas, eu agora reconhecia que nem tudo seria divertido. Eu pensara que chegar a essa sala era a parte difícil, mas ao me ver lá, compreendi que o jogo acabara de se tornar mais complicado e certamente mais arriscado. Essa primeira experiência ficou marcada na minha memória; a sala da diretoria era um lugar para ser ao mesmo tempo venerado e temido. No decurso dos vinte anos seguinte, eu estaria presente muitas vezes nessas salas, cada uma com suas peculiaridades e atmosfera, mas sempre com uma mistura de apreensão e ambivalência, mesmo quando, com o tempo, vim a ocupar um assento na cabeceira da mesa.

✼ ✼ ✼

Independentemente do seu cargo, nível de experiência, educação ou idade, começar em um novo cargo *nunca* é fácil. Momentos embaraçosos, uma bem-aventurada ignorância, regras e rituais bizarros, um novo jargão, "testes" explícitos e implícitos e deixas sociais sutis – tudo isso é esperado. Eu gostaria de poder lhe dizer que uma vez que estiver dentro do assunto, estará dentro do assunto para sempre. Mas isso simplesmente não é verdade. Mais tarde, quando ingressei na Gap e depois na Chanel, precisei suportar mais provações e dominar outras disciplinas. Não importa onde você se encontre e em que ponto esteja no seu desenvolvimento profissional, é quase impossível evitar o ciclo de aprendizado e "desaprendizado". Na realidade, mesmo que você esteja (ou especialmente quando estiver) no mesmo cargo na mesma empresa, desaprender – desafiar a si mesmo a vislumbrar as questões em uma nova luz – ajuda a libertá-lo do pensamento convencional e enxergar oportunidades que normalmente você teria deixado escapar. É agradável demonstrar que dominamos um tema ou uma habilidade – isso faz parte do processo que programas de treinamento como o da L'Oréal ajudam a promover. Mas as pessoas mais bem-sucedidas – quero dizer, aquelas que têm uma carreira longa, diversificada e gratificante mesmo que nunca cheguem ao topo – abraçam sua própria ingenuidade e a utilizam para alimentar seu crescimento. Em outras palavras, elas dedicam tempo a avaliar as observações do dia a dia – a ver, por exemplo, que um campo de mineração de carvão poderia representar seu próprio tipo de beleza arduamente adquirida. Elas rejeitam o óbvio em prol do incomum, do extraordinário, do evocativo ou do novo. O impulso artístico começa com essa atitude e, ao que se revela, o mesmo acontece com o tipo de pensamento criativo e inovação de que as empresas precisam agora mais do que nunca.

Tive a sorte de William ter reconhecido minha disposição de aprender os segredos do ofício e dedicar tempo à execução de trabalhos pouco atrativos, e de ele me ter concedido a oportunidade de testar minhas habilidades e descobrir como eu poderia começar a fazer uma contribuição para o sucesso do nosso produto.

Agora, promovida a gerente de produto, eu estava novamente na sala de William, preparando-me para outra Prospective Induction. Como anteriormente, ele me interrogou e chamou atenção para lacunas lógicas na minha apresentação. Nosso ensaio foi interrompido quando chegaram os novos protótipos da embalagem do nosso produto, enviados por várias das agências de criatividade às quais os havíamos encomendado. Habitualmente, Wiliam examinava os novos modelos sozinho na sua sala, saboreando o momento para desenvolver seu ponto de vista antes que qualquer outra pessoa o distraísse. Mais de uma vez eu já me pegara rondando a sua porta, na esperança de que ele me convidasse para entrar. Dessa vez, sua agitação superou sua paciência e o desejo de privacidade.

Uma por uma, William retirou cada embalagem do papel de seda, tocando com cuidado na fita adesiva que segurava o papel encerado, como se este fosse um delicado papel de embrulho que ele quisesse guardar. William segurou cada embalagem com a ponta de dois dedos para não tocar o frágil tipo impresso com estêncil, e depois enfileirou as embalagens ao longo da borda da mesa. Ele as separou em grupos por agência de criatividade, como diferentes batalhões de soldados, cada um vestindo coloridos exclusivos e galões variados. Alguns momentos depois de olhar fixamente para as tropas, ele trouxe à frente alguns dos afortunados soldados de infantaria – as melhores embalagens de cada agência – que foram separados para uma inspeção adicional. Senti que não tinha permissão para dizer nada porque isso poderia interromper seu processo de pensamento. Em vez disso, coloquei-me ligeiramente atrás dele, espreitando furtivamente as embalagens, apertando os olhos como se imitando seu gesto, empolgada por estar compartilhando essas importantes decisões e vendo como um *verdadeiro* profissional de marketing fazia aquilo.

"Não conte para *ninguém* que você viu estes modelos", disse ele. "Eles são muito preliminares. O que você acha?"

Fiquei em choque por ele querer ouvir minha opinião, mas eu estava ansiosa para revelá-la. "Eu realmente gosto daquele tom de vermelho", falei de supetão, sem pensar muito. "Ele passa uma sensação quente e vibrante. A fonte cursiva é fria e juvenil, mas parece compacta demais."

William parou por um minuto e levantou os olhos para mim, como se estivesse me vendo de uma maneira nova. Ele pareceu agradavelmente surpreso com a minha resposta. "Hum... É verdade, mas também acho que a diagonal é pronunciada demais e confere uma aparência dura à foto que está emoldurando. Acho que devemos pedir a eles que façam modificações."

Ele disse "devemos"! pensei. Isso significava que eu era agora sua parceira nesse trabalho? Nada poderia ter me deixado mais feliz.

"Na próxima vez que a firma de design vier à empresa", disse William, "por que você não se senta comigo para poder ver como eles trabalham?"

CINCO
Encontrando Seu "Barato"

Eu mal conseguia ver aonde estava indo enquanto deslizávamos como cascavéis-chifrudas através da multidão rumo a uma mesa vazia perto da frente do palco. Pequenas nuvens de fumaça de cigarros brancos incandescentes serpenteavam em direção às luzes azuis do teto. James pediu dois gins com tônica enquanto a garçonete limpava a mesa pegajosa com um pano úmido. Tentei bater um papo informal, mas os olhos de James estavam fixos no tambor posicionado no palco.

Estávamos no Blue Note, o mais famoso clube de jazz de Nova York, para assistir ao show de Dizzy Gillespie depois de passar um longo dia no estúdio. Eu trabalhara lado a lado com meu chefe William nos dois anos anteriores, e agora aqui estava eu em Nova York, representando a L'Oréal na sessão fotográfica que iria lançar a campanha de marketing para nosso mais recente produto, Si Naturelle.

Tínhamos optado por fazer as fotos em Nova York, o lar das modelos mais em alta na época, e por um milagre eu tinha tido permissão para vir no lugar de William. Eu ia trabalhar ao lado de James, o diretor de criação da nossa agência de publicidade. Para economizar e ficar perto do estúdio, tínhamos reservado quartos no famoso Gamercy Park Hotel, que alardeava uma história elegante, de artistas famosos, embora com uma reputação levemente desfavorável. A propriedade tinha entrado em decadência depois dos seus dias de glória na década de 1950, mas permaneceu um baluarte de excelência decadente, mesmo com os tapetes manchados e puídos, e os quartos cheirando a tabaco velho e uísque barato.

Isso não tinha importância para mim: eu estava empolgada por estar tão perto da ação, explorando a criatividade que trazia mágica para os nossos produtos; a maneira como, na linguagem de alguns dos meus colegas mais orientados para os negócios, uma proposição de valor se tornava uma campanha de marketing. Quem melhor do que James para me ensinar os segredos do ofício? A preparação para essa sessão de fotos nos aproximara como colegas e amigos.

James era alto, tinha cerca de um metro e noventa, mas seus ombros se inclinavam para a frente. Eu frequentemente me perguntava se a postura dele transmitia resignação ou descontração. Ele estava prestes a desabar ou era tão seguro de si que não precisava se esforçar para parecer adequado à sua função? Os enormes óculos com aro de tartaruga acentuavam seus olhos azuis protuberantes. Quando entrava em uma sala, parecia estar inclinado para um lado, com um dos longos braços pendendo ao longo do corpo e outro segurando uma grande pasta preta de documentos. Os punhos da camisa listrada Brooks Brothers estavam desgastados nas bordas. Ele vestia uma calça de flanela cinza larga que se acomodava harmoniosamente no seu físico magro. Ele sempre usava uma gravata fina de couro, sua marca registrada, que se destacava na sua aparência sob outros aspectos conservadora. Tudo a respeito de James me fascinava, mas eu me sentia particularmente atraída pelas suas incongruências; ele era ao mesmo tempo distante e presente, permeável e decidido, elegante e desarrumado, visionário e pragmático.

Uma coisa decididamente inequívoca era a paixão de James pelo jazz. Quando não estava me ensinando a avaliar modelos, layouts impressos ou fotografias, ele estava me ensinando a apreciar seus músicos favoritos, de Charles "Bird" Parker a Art Blakey, de Miles Davis a Dizzy Gillespie. Depois de um longo dia de trabalho, com frequência acabávamos ao lado do seu toca-discos, bebendo vinho e falando por cima do clangor dos trompetes, dos guinchos dos saxofones e do zumbido surdo dos tambores de cordas. James escolhia o disco seguinte, retirando-o da capa como se ele fosse feito de um vidro muito frágil, e colocando-o com cuidado no prato do toca-discos profissional. Ele usava um pincel de feltro para limpar cada um dos discos, enfatizando que até mesmo uma minúscula partícula de poeira poderia afetar um sulco único. "Cada disco tem um som individual, quase como um DNA", explicou ele, "de modo que se você comprar um novo, este não vai ser igual ao que você já tem." Ele levantava delicadamente a agulha e, com a mão firme, a colocava na faixa que ele queria que eu escutasse.

James não ouvia apenas; ele deixava que a música o envolvesse. Ele me contava histórias a respeito desses músicos famosos, ocasionalmente parando no meio da frase para dizer: "OK, agora, preste atenção" – e batia no ar com suas baquetas invisíveis, tocava o címbalo invisível, apertava com o pé um pedal imaginário do tambor grave e fazia uma pausa, com os braços levantados, para desacelerar a batida com seus tambores de cordas ilusórios. Às vezes, ele parava completamente de falar e deixava-se levar por um devaneio de jazz. James admirava a destreza técnica dos músicos, mas era o impacto emocional do ritmo deles que o emocionava.

E agora Dizzy estava a poucos metros de nós. Senti na boca a pungência do primeiro gole de gim e um rubor quente nas bochechas. *Bochechas.* As bochechas infladas de Dizzy tinham se tornado sua marca registrada, produzindo um som que nenhum outro tocador de trompete conseguia igualar. Suas interpretações eram estimulantes porque elas nos faziam adivinhar o tempo todo; ele acelerava alegremente, ressoando ruidosas notas em staccato com uma clareza pungente, e depois diminuía o ritmo para um lamento melancólico. Na verdade, foi assim que ele obteve seu apelido, ou seja, não raro ele deixava o público zonzo[5] com acontecimentos imprevistos e estimulantes que suas apresentações produziam. Quando entrou no palco, suas bochechas caíam soltas, vazias. Ele caminhou devagar de um lado para o outro do palco, zombando da sua banda e contando piadas. E em seguida, começou a tocar, com os olhos fechados. As bochechas flácidas logo se reanimaram enquanto a sala se avolumava com "Night in Tunisia".

Eu ouvira várias gravações de "Night in Tunisia", mas alguma coisa que eu não notara antes me impressionou dessa vez. Embora a melodia permanecesse reconhecível, diferentes intérpretes se aventuraram em uma série de solos não-ensaiados, espontaneamente conduzindo a melodia a novas

---

[5] *Dizzy*, em inglês. (N.T.)

e inesperadas direções. Os outros músicos acompanhavam a variação, ajustando sua execução às improvisações do solista. À medida que os *riffs* iam ficando mais frenéticos, era difícil antever como os intérpretes sintonizariam novamente a melodia, mas eles sintonizaram, e em seguida lá iam eles de novo, impetuosos, em algum novo "barato" emocionante. Perguntei a James como isso funcionava. Ele explicou como os músicos haviam dominado seus instrumentos, a música e as técnicas requeridas para tocar com absoluta perfeição. No entanto, a verdadeira mágica, insistiu ele, acontecia quando eles improvisavam e chegavam a conexões não-convencionais que conduziam os intérpretes, e o público, em um passeio por um novo território. A estrutura básica proporcionada pela partitura é importante, declarou James, mas é apenas o ponto de partida. A beleza da experiência ocorre quando eles começam a enfrentar essas formas e convenções musicais para criar um som que pode parecer um pouco turbulento no início, mas que depois se transforma em algo verdadeiramente fascinante.

Dessa maneira, o jazz era como meus amados filmes franceses da New Wave. No fundo, ambas as formas obtinham sua ressonância emocional subvertendo a convenção. Primeiro, Godard dominou a cinematografia; em seguida, ele abalou essas técnicas, oferecendo à audiência um ímpeto emocional que chocava, surpreendia e, não raro, encantava. E agora aqui estavam Dizzy e sua banda usando a subversão para proporcionar ao público sua vitalidade emocional exclusiva. Ambos estavam nos convidando a enxergar e ouvir de maneiras inteiramente diferentes.

Não é isso que todos os grandes artistas fazem? Não é isso, em um certo grau, que o marketing de peso também faz? Ele capta nossa atenção. Ele nos desequilibra. Ele agita as coisas. Um grande profissional de marketing precisa aprender as regras, ler a partitura, por assim dizer, antes de tentar sugerir sua própria variação. Mas o importante, em última análise, é produzir uma variação original. Pergunte aos consumidores o que eles querem, e eles dirão mais ou menos o que você espera ouvir (em outras palavras, algo compatível com os atributos que eles desejam). Mas se você perguntar o que eles desejam ardentemente, eles talvez não saibam a resposta. Os grandes profissionais de marketing oferecem produtos e uma comunicação que possuem um apelo emocional irresistível.

Aliás, se você só decorar a partitura, pode ter certeza de que vai tocar as notas certas, mas alguém vai se lembrar da sua insípida melodia? A centelha criativa depende da paciência, da persistência e da prática, mas você também precisa estar disposto a correr riscos. Para improvisar, você precisa ter o sentimento de aonde deseja ir e depois deixar que essa ressonância emane das suas profundezas, o lugar onde reside o amor pela *sua* expressão exclusiva.

※ ※ ※

Passei dois anos aprendendo as notas certas como profissional de marketing, mas mesmo assim ainda não conseguia seguir o exemplo dos outros *chefs de produits* que, ao cantar, sempre pareciam estar seguindo uma partitura diferente. Eu respeitava sua extraordinária competência, seu manuseio dos gráficos de pizza e acrônimos, mas queria descobrir uma maneira de expressar meu deslumbramento com criatividade e ainda assim me impor como profissional de marketing.

Eu não era uma artista, mas como adorava estar ao lado deles e apreciava muito seus talentos, comecei a desenvolver relacionamentos pessoais com os estilistas e os estúdios de criação, agindo como aliada quando eles precisavam de apoio e orientação. Conversávamos a respeito das suas inspirações na arte, na cultura popular, na moda ou na música, bem como das suas dificuldades criativas quando eles tentavam trabalhar dentro das limitações das nossas especificações de design. Minha principal responsabilidade era definir com precisão os detalhes e garantir que iríamos cumprir os prazos finais, mas eu não queria seguir o exemplo de muitos colegas que, como generais no exército, latiam ordens, brigavam por causa dos prazos finais e se esforçavam para dobrar a vontade dos estilistas às suas ideias preconcebidas (e com frequência sem inspiração) a respeito do que era necessário. Comecei a descobrir como subverter as regras e criar o contexto no qual a equipe de design poderia inventar algo inspirador. Descobri que perguntar a eles em que eles mais acreditavam, realçar o que era belo nos seus designs e pedir a eles que ampliassem *esses componentes* produzia resultados mais positivos e estimulantes. Mas não era exatamente uma situação sem regras: eu ainda tinha que ajudá-los a atingir o equilíbrio adequado entre explorar um novo território e cumprir nossas exigências. Essa se revelaria uma boa prática quando eu me tornei líder da Gap e da Chanel e tive que, simultaneamente, cultivar a criatividade, liderar várias equipes e fazer com que os resultados financeiros dessem certo. Eu tinha que dar espaço aos membros da minha equipe para que fizessem experiências e crescessem, mas, ao mesmo tempo, guiá-los delicadamente quando as metas não eram alcançadas ou quando eles se desviavam demais do nosso propósito original.

Grande parte do tempo, contudo, os administradores da empresa ficavam nervosos com relação a iniciativas não ortodoxas ou não convencionais; avessos ao risco e não raro incertos a respeito da sua própria visão (e da própria carreira), eles inadvertidamente eliminam cada gota de criatividade dos empreendimentos criativos. Eu vi os efeitos negativos dessa dinâmica um sem-número de vezes na minha carreira, mas a primeira foi em uma das reuniões de publicidade da L'Oréal quando os altos executivos enfrentaram a agência externa. Foi nessa ocasião que conheci James.

Essas reuniões geralmente começam com apertos de mão firmes e sérios, gentilezas proferidas através de sorrisos tensos e um bate-papo nervoso. James não prestou atenção enquanto as pessoas se acomodavam nas cadeiras que lhes tinham sido destinadas, porque estava preocupado em formar pilhas perfeitamente alinhadas dos seus modelos, que tinham sido montados em placas pretas para fins de apresentação. Neste caso, a campanha se destinava a relançar uma das marcas de maior venda da L'Oréal. Peter, o chefe da agência, um homem de baixa estatura, parecia um cruzamento entre um buldogue e um *marshmallow*. Ele apresentou uma introdução prolixa e enfática do projeto, destacando o "profundo entendimento" da agência da nossa posição de liderança no setor de tinturas para cabelo, o "compromisso absoluto e inelutável" que eles tinham com os produtos de tintura para cabelo da L'Oréal e seu "desejo inabalável" de respeitar nosso desejo de criar uma campanha que iria ao mesmo tempo proteger e modernizar a marca. Mais à frente, ele entregou as coisas ao olvidável gerente da conta, que nos conduziu por uma reformulação igualmente olvidável do relato que ele fizera. Todos, com exceção de James, ficamos sentados com os braços cruzados no peito, impacientes para ver os modelos que ele estava acariciando.

James se levantou em um movimento fluido, batendo nervosamente, de leve, na pilha que tinha diante de si. Sentindo que a sala não estava automaticamente do seu lado, ele começou a falar, com o queixo contraído e os longos dedos cobrindo a borda da mesa: "Esta campanha se ocupa de trazer à tona a beleza de cada mulher. Não é uma questão de idade, mas sim de brilho e luminosidade. Tentamos mostrar isso por meio de fotos que mostram como um cabelo bonito revela uma bela mulher."

James retirou da pilha a primeira placa preta, revelando-o como se ele fosse uma pintura preciosa que estivesse apresentando a colecionares exigentes prestes a dar um lance.

Os braços permaneceram cruzados. Silêncio.

Ele começou a explicar a abordagem da agência. "Sentimos que mostrá-la em um ângulo levemente de perfil, e não diretamente de frente para a câmera, demonstra como a coloração revela sua beleza."

Ainda nada.

Ele tentou de novo. "Esta cor de cabelo castanho reflete a luz com muita beleza e produz a riqueza de tons de vermelho e laranja."

Silêncio absoluto.

"Jessica Sorrenti é uma jovem modelo americana que está começando, mas achamos que ela tinha exatamente a combinação certa de sofisticação e juventude para esta campanha." Era possível escutar um alfinete cair no chão.

"Ela tem muita presença e adquire vida no papel." Sua voz suave encerrava uma leve trepidação.

As pessoas reunidas se crisparam impacientes, esperando que o *directeur général* (diretor geral) apresentasse um veredicto. Após uma longa pausa, ele falou, levantando a cabeça e apontando o indicador para a foto. "Ela tem o nariz aduncu e o grande espaço bem ali faz com que o cabelo pareça fino demais."

Peter, cuja presença dominara os momentos iniciais da reunião, era agora um camaleão, seu terno cinza se misturava com a parede como se ele tivesse deixado de existir. O gerente de conta olhou de um lado para o outro, como se considerando a possibilidade de disparar em direção à porta. Todos os olhos estavam voltados para James.

As críticas começaram a afluir, cada uma com uma linguagem mais mordaz, cruel e desaprovadora do que a anterior. Quando o diretor geral parou de falar, foi a vez do diretor de marketing. "Esta foto está completamente diferente da do nosso dossiê. Por que a jovem não está sorrindo mais? Nós dissemos explicitamente que queríamos uma moça que expressasse alegria e entusiasmo." Ele abriu de uma vez só a pasta onde convenientemente exibiu seis cópias do dossiê de marketing original para demonstrar que estava certo. "Se vocês não tiverem fotos melhores do que esta, talvez tenhamos que fotografar a campanha de novo. E isso será responsabilidade da agência."

Os ombros de James se curvaram enquanto ele inclinava a cabeça para a pilha de placas, selecionando uma que estava bem embaixo. "Também tiramos algumas fotos com Veronique, por via das dúvidas." Ele se dirigiu então à pilha seguinte e mostrou a foto de uma loura, cujo sorriso amplo, com os dentes bem à mostra, estava diretamente voltado para a câmera. Ninguém poderia negar: era uma foto muito bonita, de uma moça muito bonita com um cabelo muito bonito.

Mais silêncio e, finalmente, "Bem, isso está um pouco mais próximo", anunciou o diretor geral, enquanto estudava a foto. "Esta moça pelo menos dá a impressão de estar mais feliz, e acho que o cabelo louro faz com que ela pareça mais cordial."

Acenos de cabeça positivos começaram a acontecer ao redor da mesa.

"Sim, isso está definitivamente mais próximo do que queremos", concordou rapidamente o diretor de marketing. "Podemos ver outras fotos dela?"

"Claro", respondeu James, e exibiu três ou quatro fotos da loura cujo cabelo soprado pelo vento dava a impressão de ter cada fio suspenso por cordões invisíveis. A equipe de marketing pareceu satisfeita com as fotos e parabenizou a agência pelo bom trabalho. "Concordo plenamente", declarou Peter, que de repente se destacou da parede como um super-herói que tivesse despido o escudo de invisibilidade. Os membros do grupo agora se cumprimentaram por um sucesso tão promissor.

Entretanto, pude perceber que James estava apenas parcialmente satisfeito. Sem dúvida, ele estava aliviado por ter agradado ao cliente, mas eu sabia que ele não achava que tinham escolhido o melhor. A preferência do grupo era uma aposta segura e lógica, mas era a escolha errada. Era a "vivacidade" de Jessica Sorrenti que atraía nosso olhar. Era o fato de ela não ser perfeita demais que a tornava ideal para essa campanha. Percebi o que James queria dizer ao mencionar a presença dela. Senti a integridade dele nesse momento e um desejo sincero de ajudá-lo a expressá-la.

Ao observar James naquela reunião, reconhecendo a pureza da sua intenção, a correção do seu propósito, me fez querer conhecê-lo melhor e aprender como delicadamente incentivá-lo ou guiá-lo em vez de derrubá-lo. Sem saber exatamente como eu poderia vir a trabalhar com ele, comecei simplesmente a me posicionar de uma maneira diferente nas reuniões da agência. Eu queria que os membros da equipe de criação soubessem que eu estava do lado deles, e não apenas no sentido figurado. Sempre que James fazia uma apresentação, eu olhava nos olhos dele para lhe dizer, sem palavras, que eu concordava e gostava das mesmas coisas que ele. Quando a ocasião permitia, eu chamava atenção para alguma coisa bonita a respeito das imagens que ele estava mostrando (uma habilidade que aprendi com as agências de design) – algo que ninguém mais tinha visto, mas que eu sabia que ele poderia apreciar. Em vez de ficar obcecada pelos detalhes e pormenores, eu procurava me concentrar em como a imagem me fazia *sentir*. Eu tentava falar como uma mulher que estivesse efetivamente comprando alguma coisa, imaginando como eu poderia gostar de me sentir quando escolhesse o produto. Esses podem parecer pequenos gestos, e é o que eles eram, mas era minha maneira de incentivar e apoiar James para que ele tivesse a liberdade de nos mostrar aquilo em que verdadeiramente acreditava em vez de apenas se conformar com o trabalho menos interessante embaixo da pilha.

William tinha reparado que eu estava me entrosando bem com James e me pediu para trabalhar diretamente com ele na seleção dos modelos para a nossa sessão de fotos. Ele agora considerava Si Naturelle meu produto e minha responsabilidade, uma marca da confiança que depositava em mim. Eu me encontrava regularmente com James para examinar seus "books" – fotos e retratos da cabeça profissionais – das modelos que poderiam ser escolhidas. Eu não tinha a menor ideia do que deveria procurar, mas ansiava por enxergar através dos olhos dele, de modo que primeiro eu ficava sentada quieta enquanto James virava lenta e metodicamente as páginas, estudando cada uma, os dedos como galhos delicados apoiando o livro enquanto ele avaliava simultaneamente visões contrastantes.

James abraçava um espírito de paradoxo no seu trabalho; ele tinha sua visão estética pessoal, mas também escutava as necessidades do negócio e as integrava às suas reflexões. Às vezes, James corrigia delicadamente minhas opiniões, tocando de leve com os dedos as áreas que poderiam ser problemáticas em uma sessão.

"Não creio que eles irão gostar do queixo dela. É um pouco proeminente, de modo que pode desviar a atenção."

"Eles podem achar que o cabelo dela é fino demais, e como querem que eu use o ventilador, será difícil fazer com que pareça mais grosso sem grandes retoques."

"Como o dossiê pede mulheres jovens e felizes, receio que ela pareça muito séria. Mas está vendo esta moça?", perguntou ele, apontando para uma modelo com um grande espaço entre os dentes cujos olhos brilhavam de alegria. "Ela é bonita. Seu rosto ilumina a foto." Quando perguntei: "Mas e o grande espaço entre os dentes?", ele deu um risinho. "Essa é uma coisas que a torna tão excepcional."

No início, eu me sentia pouco à vontade falando sobre as "meninas" dessa maneira. Quando mencionei meu mal-estar para James, ele fez uma pausa e olhou para mim, algo que fazia com frequência, como se minhas palavras flutuassem em direção a ele. Em seguida, ele riu e disse: "Mesmo? *Mais c'est pas méchant*" (que literalmente se traduz por "Mas isso não é mau", porém, de um jeito mais figurado, quer dizer algo como: "não estou tentando magoar ninguém"). "Este é trabalho delas. Elas ganham muito bem. Você tem que pensar no rosto e no corpo delas como as ferramentas que elas têm para criar uma aspiração."

Ferramentas para criar uma aspiração. Essa frase me fez parar para pensar. Eu sempre pensara nas modelos como moças que estavam sendo usadas pela sua beleza, mas James virou essa ideia pelo avesso. *Elas* usavam sua beleza para criar alguma coisa para os outros – uma visão mais forte e empoderadora das mulheres. Essa ideia ampliada – qual era o propósito do marketing – acabaria moldando minha perspectiva enquanto eu continuava minha jornada no mundo da moda.

Além disso, trabalhar com James me fazia questionar que ferramentas diferenciadas eu poderia usar no meu trabalho – se eu poderia preencher a lacuna entre a parte criativa e o marketing, e se essa não poderia ser a minha contribuição exclusiva para o negócio. Seria minha tarefa reforçar o status quo ou descobrir uma maneira de ser verdadeiramente diferente – de apresentar minha parte excepcional para benefício dos outros? Como os books de James mostravam, havia uma grande quantidade de talento e inteligência no mundo compatível com o dossiê convencional, mas isso não era suficiente se você quisesse fazer sua marca no mundo, oferecer uma visão original ou uma nova opinião.

James estava buscando algo além da lógica. Ele queria despertar sentimentos, criar uma história que agradasse ao observador por meio de uma série de imagens. Quando refletia sobre as qualidades de diferentes modelos, ele falava sobre o que elas "davam" para a câmera e como as feições delas contribuiriam para o sentimento que ele queria evocar, em vez de mencionar se as feições eram "bonitas" ou "feias". Ele explicava como uma moça poderia funcionar melhor porque seu sorriso dava vida a todo o rosto ou como a vibrante sedução de outra se manifestava através dos olhos. James nunca se esquecia de que precisava equilibrar sua opinião artística com uma visão mais racional, voltada para o mercado, mas não deixava que isso o impedisse de se concentrar na história ou emoção, de reposicionar os erros e as imperfeições como marcas registradas de originalidade, beleza e força. Essas eram algumas das incongruências, os atos de subversão, que tinham vindo a distingui-lo como um diretor de arte excepcional.

Na condição de executivos, somos todos bastante versados na linguagem da lógica e da razão porque precisamos explicar nossas estratégias, justificar nossas escolhas e obter a aprovação da diretoria, e, no entanto, nos surpreendemos quando ficamos travados em uma única maneira de ver as coisas. Tendemos a nos preocupar em ticar quadrados do dossiê de design; na realidade, nós formamos uma imagem do que achamos que os clientes vão querer, e não podemos deixar de ficar desapontados e fazer objeções ao trabalho quando ele finalmente se concretiza. Ironicamente, os melhores resultados nunca se parecem com o dossiê. Na verdade, como já disse a muitos colegas ao longo dos anos, devemos tomar cuidado com os nossos desejos: eles podem se tornar realidade, mas quase sempre serão infinitamente menos interessantes do que se tivéssemos deixado a equipe de criação ter liberdade de ação.

Essa estrutura de marketing excessivamente restritiva, quando inclinada em excesso na direção do analítico e do racional, perde o igualmente valioso quociente emocional. O bom marketing permite que nos concentremos em uma mensagem ou ponto de vista enfatizando os nítidos fatores diferenciadores dos nossos produtos e criando todo um ecossistema de imagens, embalagens e narrativa que estimulam o ímpeto emocional que estamos tentando criar, por mais efêmero que seja.

Nada é fixo. Nossas ideias do que é belo, interessante ou cativante estão em constante mudança. E o mesmo é verdade com relação às nossas ideias sobre o que são as "regras" e como elas podem ser subvertidas. O que chocava patronos da arte no século XIX (impressionismo) parecia equilibrado em meados do século XX quando os cubistas ficaram em evidência. Se alguém tivesse mostrado um Picasso para um homem que vivia no início do século XIX, este certamente não teria dito que o quadro era "bonito". Mas era escandalosamente novo; estimulava novas conversas, deixando sua marca em gerações futuras e, de uma maneira não tão surpreendente, criou um novo conjunto de regras que precisariam ser quebradas por outra pessoa mais à frente.

Subverter a convenção não é apenas relevante nas artes. Também é fundamental para as empresas de bens consumo, onde a escolha é motivada mais pelo desejo e aspiração do que pela lógica e pela realidade. Abdicar de expectativas definidas, ou pelo estar disposto a interrompê-las por algum tempo, proporciona a possibilidade de um ato de criação que nos surpreenda, que nos deixe zonzos com a emoção de descobrir uma coisa nova que, de algum modo, pareça perfeita, como se estivéssemos o tempo todo esperando por ela.

※ ※ ※

NA MANHÃ DA SESSÃO DE FOTOS, James e eu pegamos o elevador de carga até o último andar de um armazém industrial situado a alguns quarteirões do nosso hotel. Quando saímos do elevador, fomos recebidos por

"Some Girls" dos Rolling Stones. O espaço do estúdio ocupava uma vasta área aberta que fora deixada no estado bruto. A maioria das janelas fora pintada com tinta preta e todo o resto, exceto o chão cinza de concreto derramado, fora pintado de branco, até mesmo a tubulação exposta no alto. Não estávamos sozinhos. Vários homens, vestindo jeans de cintura baixa, camiseta branca, cinto preto grosso e correntes e mosquetões variados pendurados nas alças do cós, andavam de um lado para o outro, carregando equipamentos de iluminação e ajustando as pernas de tripés de vários tamanhos em volta do palco. Dois trabalhadores estavam em cima de escadas fixando um grande pedaço de papel branco em uma estrutura de metal com um clipe gigante, ao mesmo tempo que outros dois verificavam a iluminação com monitores portáteis enquanto contornavam o espaço. Um enorme ventilador de metal preto zumbia no canto, lançando um vento poderoso sobre cada pessoa que passava. Todos pareciam excepcionalmente ocupados e apressados, embora fossem apenas oito horas da manhã.

Jovens vestindo *leggings* Flash Dance, calças de moletom folgadas e camisetas amassadas, o cabelo preso em um coque desarrumado ou rabo de cavalo se agrupavam livremente à nossa volta – todas incrivelmente altas e magras, mas sob outros aspectos desinteressantes, a não ser pela pele surpreendentemente manchada. (Mais tarde, eu soube que isso era normal devido à natureza oleosa da base usada nas sessões de fotos e que podíamos "nos livrar disso depois, retocando as fotos".) Eu não conseguia imaginar como essas jovens iriam ser transformadas nas mulheres glamourosas que se destinavam a decorar nossas embalagens até que entramos na pequena sala onde algumas das moças estavam se arrumando. Uma delas estava "aumentando o cabelo" e tinha rolos gigantescos na cabeça. Fazendo um sinal com a cabeça na direção de um homem que empunhava uma lata de spray para cabelo, James sussurrou que Alessandro era um dos cabeleireiros mais famosos da França. "Ele pode fazer milagres", confidenciou James. Ele parecia ter a lata dourada soldada na mão esquerda, sua varinha mágica que podia fazer o cabelo fino parecer grosso e praticamente qualquer estilo parecer natural apesar de usar uma lata por dia desse material. Eu já conseguia sentir na garganta o gosto do aerossol pegajoso.

Fizemos hora durante o que pareceram horas até que Dan, o fotógrafo, ficou pronto para mostrar a iluminação para James. A assistente de produção (a única mulher além de mim que estava trabalhando no set, sem contar as modelos) pousou descalça sobre o papel branco enquanto um técnico de iluminação fez uma leitura e Dan disparou uma Polaroid e a entregou a James. Eu me perguntei como seria para essa mulher comum de trinta e poucos anos vestindo um cardigã amorfo estar ao redor dessas lindas jovens. Ninguém reparou no rosto dela, apenas a reação da luz na foto. Eu me consolei lembrando como James descrevera a beleza das moças como ferramenta para criar uma imagem, e não como uma espécie de avaliação ou julgamento definitivo do valor pessoal delas. James soprou delicadamente a Polaroid até ela secar e depois a trouxe para perto do negatoscópio. Ele chamou Dan para sugerir que ele diminuísse o tom do verde; "você sabe como eles são sensíveis aos meios-tons verdes".

Quando ficamos prontos para fotografar a primeira moça, o volume da música foi aumentado em cerca de cinquenta decibéis e a assistente de produção trouxe a jovem para o espaço branco. Eu mal reconheci a adolescente desalinhada do elevador. Até mesmo o jeito de andar dela mudou de girafa para gazela. A pele estava tão pura quanto porcelana chinesa; os cílios preto-azeviche eram longos o bastante para matar uma mosca. Os lábios, cheios e bem vermelhos, brilhavam nas luzes fortes. Eu esperava que o resultado não ficasse vulgar – jamais gostei de muita maquilagem – mas James me tranquilizou, dizendo que o que vemos na vida real não é o que câmera capta.

Observei enquanto a modelo se mexia para trás e para a frente, balançava a cabeça, punha as mãos no cabelo e girava os ombros, o tempo todo lançando um largo sorriso na direção da câmera. Deve ser exaustivo, pensei, ter que sustentar esse sorriso por tanto tempo, especialmente porque o vento forte do ventilador devia estar incomodando seus olhos. Depois de várias poses, um dos técnicos foi correndo pegar uma mesa para a modelo usar como apoio para algumas fotos. O resto do dia prosseguiu mais ou menos do mesmo jeito, com cada moça fazendo várias poses: com o ventilador ligado, com o ventilador desligado, com a mesa, sem a mesa, o cabelo escovado, o cabelo mais solto, girando, saltando, apoiada, sentada.

Fiquei surpresa com a técnica envolvida na sessão de fotos e com o fato de todos trabalharem tão arduamente para torná-la possível. Ver cada detalhe do processo me proporcionou um entendimento mais claro do que é necessário para produzir imagens tão bonitas, mas eu nunca poderia imaginar que estaria tão envolvida em todas as minúcias envolvidas na preparação de uma campanha. O que *eu* realmente apreciava e onde residia *meu* talento, como eu estava agora descobrindo, era decidir *aonde* queríamos ir, identificar que tipo de expressão precisávamos ter, selecionar as melhores escolhas e depois cultivar o resultado final. Eu era menos hábil em determinar *como* poderíamos chegar lá, mas meu dom de adaptar a perspectiva de um artista acabou se revelando o talento adaptador de regras que fez com que eu me destacasse. Minha capacidade de transpor ambos os mundos e perspectivas – o marketing e o criativo, o racional e o emocional – já estava começando a moldar a maneira como eu trabalhava e minhas escolhas profissionais. Com o tempo, essa capacidade de pensar como um artista sem ter que ser artista – de falar mais do que uma linguagem de negócios – se tornaria uma das minhas marcas registradas como profissional de marketing, porém mais ainda mais tarde como merchandiser quando eu precisaria seguir as instruções de Mickey Drexler, CEO da Gap: "Compre do jeito que você gosta." Os números e a análise de dados podem ser importantes, mas a maneira como você se sentia a respeito de um produto determinava seus investimentos e geralmente conduzia aos resultados mais extraordinários.

Então, qual é sua marca registrada? Como você pode adaptar as regras para criar algo mais cativante? Que características e talentos você poderia ser capaz de usar para definir o sucesso nas suas próprias condições? Que "música" entra na sua alma e faz cócegas no seu coração, ansiando para ser chamada e aplicada no seu trabalho? Qual a sua parte que cria sua identidade singular que você pode levar para o trabalho? E através dos olhos de quem você pode olhar para ampliar sua capacidade de enxergar e encontrar essas coisas? Que paixões o deixam zonzo de emoção e expectativa? Vamos ouvir você improvisar nelas.

SEIS
Um Tênue Limite

O almoço sempre foi um momento muito importante na França, e mais ainda na L'Oréal, onde *la cantine* não era um refeitório qualquer, mas sim uma cantina que só servia refeições quentes com opções como *poulet rôti* (galinha assada), *onglet de boeuf à l'échalote* (*bife* com chalota), ou *saumon à l'oseille* (salmão com molho de azedinha), todas acompanhadas por purê de batata cremoso ou *pommes frites* cortadas na hora (algo inteiramente diferente das batatas fritas que você encontra no McDonald's). Ninguém seguia a vulgar tradição americana de comer um sanduíche ou salada na mesa de trabalho. Uma refeição completa com dois pratos e sobremesa era obrigatória, sempre feita na companhia de amigos e colegas, e temperada com fofocas e conversa sobre os planos para o fim de semana. O assunto das conversas nunca era o trabalho e sim quem estava saindo com quem, o executivo que talvez estivesse de olho na nova estagiária como um possível novo alvo de sedução e quando seria a próxima festa.

"*Le poulet, s'il vous plaît*", disse eu ao garçom. A galinha assada na França tinha um sabor e textura diferentes do frango grelhado que minha mãe costumava fazer. Eu achei que essa deveria ser a opção mais leve até que a pessoa que servia as refeições colocou uma generosa porção de purê de batata no meu prato despejou o molho grosso sobre todo a comida. "Não vou comer sobremesa", pensei, dando as costas para a *mousse au chocolat*, fatias de *clafoutis* e torta de limão, três tipos de iogurte e *fromage blanc* com purê de framboesa. Quase todo mundo bebia vinho no almoço. E se você não tomasse, particularmente se fosse convidado para um almoço de negócios (*déjeuner à l'extérieur*, que se traduz literalmente por "almoço do lado de fora"), você era considerado mal-educado. Apesar do meu programa de imersão "tudo francês, não consegui ir tão longe. Peguei uma garrafa de Perrier e acompanhei meus amigos enquanto caminhávamos entre o labirinto de mesas no restaurante lotado, esquivando-me de vez em quando de mãos que gesticulavam segurando um pão. Concentrei-me em equilibrar minha bandeja para evitar os olhares mais atrevidos. Por ser uma mulher jovem em uma empresa focada na beleza, administrada principalmente por executivos mais velhos do sexo masculino, era difícil evitar o escrutínio deles.

Foi então que eu vi *Antoine*.

Foi como se o retinir dos talheres e o barulho das conversas de repente parasse. Na verdade, foi como se toda a cantina parasse. Ele olhou para mim. Eu olhei para ele. Na verdade, nossos olhares só se cruzaram por um instante, mas o dele pareceu diferente. Não era igual aos olhares paqueradores e desejosos que eu e as outras mulheres estávamos acostumadas a receber durante o dia de trabalho. Ele parecia estar olhando além do óbvio, solicitando uma conexão mais profunda do que eu tivera com qualquer rapaz até esse momento na minha vida. Era como se ele quisesse me conhecer e *me* ver, e não apenas avaliar as pernas debaixo da minha saia rosa. Eu nem poderia imaginar que esse homem, Antoine, se tornaria meu marido e parceiro em uma nova vida.

Quando eu trabalhava na L'Oréal, o ambiente de namoro em Paris não me era estranho. Eu continuara a acompanhar Fleur a várias festas, jantares e clubes, e saíra com um número considerável de rapazes apropriados que tinham o que poderiam parecer qualificações perfeitamente adequadas. Um nome nobre que começasse por "de" que indicava que sua família costumava ser proprietária de terras. Uma casa de férias na costa da Normandia perto de Deauville, um dos locais preferidos da alta sociedade parisiense. Muito bem barbeados, cabelo repartido para o lado, lenços coloridos no bolso, *loafers* Weston e um toque de água-de-colônia Hermes. Inteligentes, refinados e bem-educados, eles não eram maus rapazes (pelo menos a maioria), mas todos se encaixavam no mesmo molde. Nunca senti que algum deles tivesse interesse em saber muito mais a meu respeito do que o que havia debaixo da minha blusa de seda.

Embora sua aparência fosse suficientemente elegante, Antoine não era um verdadeiro "L'Oréalian". Ele tinha ombros largos, mas a cintura era fina; o paletó do seu terno se ajustava firmemente em cima, mas era largo no meio. O primeiro botão da camisa com colarinho estava aberto para acomodar o pescoço forte e os ombros ligeiramente arredondados (ele jogou polo aquático durante anos na seleção nacional francesa). Ele se inclinava para a frente com os cotovelos na mesa, algo inaceitável segundo as regras de etiqueta na França. Eu logo descobriria que, assim como eu, Antoine abominava esse tipo de regra. Ele tinha no prato uma porção avantajada de *fromage blanc*, um cruzamento de iogurte e queijo cottage, no qual ele estivera mergulhando (que horror) uma banana parcialmente comida e que agora estava suspensa no ar enquanto ele ria a respeito de alguma coisa com os amigos.

A trajetória profissional de Antoine tinha se afastado das opções convencionais. Ele acabara de retornar da sua *Coopé* de dois anos (uma abreviação de *Coopération*) na Tailândia. A *Coopération* era uma maneira de fazer o serviço militar obrigatório na França trabalhando no setor privado. Esses postos eram muito procurados porque eram mais agradáveis e exóticos do que o exaustivo treinamento físico do serviço militar regular; e como havia poucas vagas disponíveis, muitos jovens conseguiam essas posições por meio de conexões da família. Este não foi o caso de Antoine. Ele desprezava o que considerava um sistema injusto e tinha orgulho de ter conseguido sua *coopé* e também seu emprego na L'Oréal sem qualquer ajuda da família ou de amigos. Ele me disse que adorava a Tailândia, por considerar o estilo de vida do país livre e liberado, e as pessoas abertas e gentis. As cúpulas entalhadas dos *wats* (templos) sobre o rio, a visão dos monges humildes vestidos de laranja, o ar úmido, as casas de bambu, o zumbido dos ventiladores de teto, a cor e o aroma das frutas tropicais vendidas no mercado flutuante, e até mesmo os locais mais decaídos de Patpong calavam profundamente nele. Até mesmo agora, dois anos depois de já estar trabalhando na L'Oréal, ele sonhava em voltar para a Tailândia. Esse fora o motivo pelo qual pedira para trabalhar na divisão de exportação da empresa em vez de na área "global", mais cobiçada (o chamado caminho real, que recebia mais atenção das pessoas importantes), por preferir as viagens e a exploração. Mas cada vez que voltava para

Paris, se sentia sufocado pelas regras excessivamente rigorosas, às vezes veladas, e pela mentalidade mais rígida e fechada de muitos dos seus colegas de marketing. Ele dissera ao seu chefe que gostaria de residir em qualquer país asiático, caso surgisse uma oportunidade.

Eu chegara à conclusão de que nosso primeiro encontro certamente fora um acaso feliz ou apenas um pensamento ilusório da minha parte porque meses se passaram até que eu visse Antoine novamente. Foi então que, certa noite, ele decidiu acompanhar nosso amigo comum, Ravi, que tinha concordado em dar algumas dicas para mim e Fleur sobre a Índia, onde iríamos passar um período de férias. Quando Antoine passou a maior parte da noite flertando – não apenas comigo, mas, às vezes, com Fleur – eu me convenci de que havia interpretado erroneamente aquele primeiro olhar; talvez ele fosse como os outros caras que eu tinha conhecido. No entanto, mais tarde nessa mesma noite, depois que tínhamos nos dispersado, ele me telefonou para pedir desculpas – em inglês, para ter certeza de que somente eu poderia entender quando Fleur e eu atendemos o telefone ao mesmo tempo. Ele implorou para me ver de novo. Quando recusei, ele persistiu, telefonando todos dias durante várias semanas, às vezes apenas para dizer olá e, com frequência, para garantir que eu era seu único interesse romântico. Finalmente, cerca de três semanas depois, ele telefonou com outro objetivo. Sua voz estava rouca e soturna.

"Ela faleceu", sussurrou ele no telefone. Apesar das minhas recusas, eu começara a esperar com prazer e apreciar nossas breves conversas telefônicas. Mas desta vez, seu tom de voz estava diferentes. "Preciso ver você. Não contei para mais ninguém. Não sei por que, mas quero falar com você a respeito dela. Ela é minha tia, minha madrinha. Uma das pessoas mais importantes na minha vida. Ela era uma mulher forte, como você. Por favor, concorde em se encontrar comigo. Isso seria muito importante para mim." Algo na ternura da sua voz, a confiança que ele demonstrou em me contar o ocorrido e a vulnerabilidade que ele exibiu dissolveram minha determinação.

Aceitei me encontrar com ele somente uma vez, e apenas como amigos, em La Closerie des Lilas, uma famosa *brasserie*,[6] frequentada por todos os

---

[6] Pequeno restaurante que serve também cerveja e vinho. (N.T.)

grandes escritores, artistas e intelectuais, na periferia do 5º *arrondissement*. Nós nos sentamos na mesa de Ernest Hemingway, gravada com o nome de antigos fregueses e marcada com uma plaquinha de ouro com o nome do escritor. Enquanto Antoine contava histórias da sua infância e de momentos carinhosos e profundos com sua tia, eu me senti atraída por ele da mesma maneira como me sentira na primeira vez que nossos olhos se cruzaram. Ele se inclinou para me beijar e, dessa vez, eu deixei.

No decorrer do ano e meio seguinte, nós nos apaixonamos e começamos a viver juntos, embora discretamente. A L'Oréal se opunha aos relacionamentos dentro da empresa apesar dos namoros abertos e visíveis paqueras para os quais todos faziam vista grossa.

Certa noite, Antoine chegou em casa do trabalho com o rosto branco e os lábios descoloridos. Temi que alguma terrível tragédia tivesse acontecido.

"*Je suis pas bien*" ("não estou me sentindo bem"), disse ele, com o olhar vidrado. Imediatamente pus a mão na sua testa, aliviada porque ele poderia estar apenas doente. Não havia febre.

"O que? O que aconteceu?" Meu coração batia forte enquanto eu me preparava para o pior.

"Eles me ofereceram um cargo. Uma promoção." Ele ficou em silêncio novamente e afastou os olhos.

"*Mais, c'est genial!*" ("Mas isso é maravilhoso"). Inclinei a cabeça, olhando nos olhos dele para tentar entender.

"É em Jacarta", disse ele, levantando rapidamente os olhos para mim, a cabeça abaixada como se envergonhado pela notícia. "O cargo é de diretor de marketing na Indonésia."

Tive a impressão de que meu coração tinha parado de bater. Eu não sabia o que dizer. Ele pegou minha mão. Pude perceber que ele não conseguia falar. Ambos estávamos quase chorando.

"Quero dizer, isso é ótimo", murmurei de novo, mal formando as palavras. "É... É o que você queria", gaguejei, achando que não era nada ótimo, mas sem saber qual seria o comentário correto.

"O que nós vamos fazer?", perguntou finalmente Antoine, em um tom suave. "Eu amo você e não quero deixá-la."

"Eu também o amo, mas não posso ir para Jacarta. O que eu faria lá?" Eu não sabia absolutamente nada a respeito da Indonésia e não conseguia me ver parando de trabalhar para segui-lo. Ele estava tendo a oportunidade da sua vida de ir morar no lugar que mais amava. Eu queria seguir minha carreira e sabia que isso não ia acontecer se eu me mudasse para lá.

"Não sei. Preciso pensar. Preciso de tempo", disse ele, apertando minha mão e me abraçando bem apertado.

Sem saber de onde estavam vindo minhas palavras ou o que elas significavam, eu disse o seguinte: "Veja bem, estou apaixonada por você. Eu sei que você é o único cara que serve para mim, mas não posso tentar influenciá-lo de um jeito ou de outro, caso contrário ambos poderemos nos arrepender. Você tem que fazer o que é melhor para você. Se você achar que é uma excelente oportunidade e que é isso que você quer..." O resto da frase ficou preso na minha garganta. "Mas eu não posso ir para a Indonésia. Simplesmente não acho que seria uma boa ideia." Na realidade, eu queria gritar e dizer que ele não fosse, mas sabia que não poderia lhe pedir que rejeitasse essa oferta.

Uma semana depois, depois de muita deliberação, preocupação e consultas à família, Antoine informou à L'Oréal que não ia aceitar o cargo. Ele teria que deixar a empresa, uma vez que não queria comprometer sua integridade, já que tinha inicialmente pedido para ir morar no exterior e agora sua solicitação tinha sido atendida. Ele sentia que seu futuro era comigo, e por mais que ainda estivesse fascinado pela Ásia, Antoine queria construir uma vida comigo. Ele também compreendia que eu queria e precisava trabalhar. Ele já estava nos vendo como parceiros iguais, criando em conjunto nosso relacionamento, em vez de partir do princípio que eu poderia deixar de seguir minha carreira para acompanhá-lo, como tantas mulheres na época prontamente faziam. Eu nunca sentira um amor assim da parte de nenhum dos rapazes com quem saíra. Isso ia além do amor; era a mais pura forma de respeito. Já nessa ocasião, senti que compartilhávamos um raro vínculo, um laço que possibilitaria que perseguíssemos nossas ambições e apoiássemos um ao outro enquanto tentávamos alcançá-las, fosse qual fosse a forma que elas assumissem.

Eu agora tinha que fazer uma escolha. Antoine pedira que, da minha parte, eu deixasse a L'Oréal para que pudéssemos nos mudar da França, começar uma vida juntos e mergulhar em uma nova cultura. De muitas maneiras, era uma escolha entre os dois grandes amores da minha vida até então. Eu estava profundamente apaixonada por Antoine e sem dúvida seduzida pela ideia de uma nova aventura, mas continuava enfeitiçada por Paris. Eu estava me saindo muito bem no meu trabalho, recebendo um excelente treinamento e ainda tinha muito que aprender e espaço para crescer. Pela primeira vez, tive que pensar no meu futuro de longo prazo, porque apesar de tudo estar indo bem, eu tinha algumas preocupações a respeito da minha trajetória profissional. Ao olhar em volta, eu via muitas mulheres com instrução superior trabalhando no mesmo nível que eu, mas elas não pareciam avançar muito mais na carreira, pelo menos não com a mesma frequência ou rapidez que seus colegas do gênero masculino. Obviamente, as coisas estão muito diferentes hoje em dia na L'Oréal; a empresa é considerada líder na promoção de mulheres executivas por meio de múltiplas iniciativas internas e externas. No entanto, em meados da década de 1980, as chances de uma mulher avançar além de um determinado nível pareciam bastante remotas. Eu não havia planejado deixar a empresa de imediato quando surgiu a promoção de Antoine, mas vários outros incidentes me persuadiram de que estava na hora de eu fazer outra coisa.

O primeiro foi durante o lançamento do Si Naturelle. Eu estava pronta para apresentar o novo produto com todos os seus complementos de marketing para duzentos representantes de vendas (predominantemente do sexo masculino). Era a primeira vez que eu ia falar em um grande local público, e ainda por cima em francês, de modo que, naturalmente, eu estava morta de medo. Eu relutara em usar um teleprompter por achar que ler o que estava escrito em uma tela reduziria o impacto do discurso, mas o técnico, em um tom de voz com laivos de sedução, me tranquilizou dizendo que, de qualquer modo, o foco não estaria no que eu estivesse dizendo. Como esse tipo de comentário era comum, eu o desconsiderei, esperando provar que ele estava errado ao cativar o público com minha apresentação e não com minha aparência. No dia do lançamento, subi à tribuna, esperando que o texto do meu discurso aparecesse na tela diante de mim. Respirando profundamente três vezes para me acalmar, comecei a repetir as palavras que iam rolando no teleprompter.

Duas frases depois, a tela ficou vazia. Ocorrera uma falha técnica. Fiquei sozinha no palco, calada, com a boca seca e um suor frio gotejando pelas minhas costas. Justo quando eu estava prestes a ir pegar as páginas do discurso que eu escondera debaixo de uma cadeira nos bastidores, o técnico entrou a toda no palco para me salvar, só que suas tentativas pioraram infinitamente as coisas. Enquanto ele e um colega se ajoelhavam perto do meu joelho na tribuna para localizar o problema elétrico, risos abafados e comentários sarcásticos se propagavam pelo grupo de representantes de vendas. A partir de onde eles estavam, parecia que os técnicos não estavam tentando resolver um problema técnico, mas sim olhando embaixo da minha saia. Humilhada e agora mais decidida do que nunca, peguei as páginas do meu discurso, expulsei os homens do palco e li minhas páginas da melhor maneira possível. Fui bastante cumprimentada quando terminei, mas não pude deixar de notar que a maior parte da audiência continuara a sussurrar e rir enquanto eu me esforçava para ler o material. Obviamente, a pequena confusão no palco era infinitamente mais divertida do que minha apresentação do lançamento detalhadamente preparada. Ninguém parecia dar a mínima para o que eu dissera.

Perguntei a muitas colegas como elas lidavam com toda a óbvia atenção que prestavam à sua aparência e não ao seu trabalho. Algumas gostavam dos elogios, aceitando-os ao pé da letra, enquanto outras, como minha colega de sala Caroline, ficavam ofendidas mas achavam melhor desconsiderar o que acontecia e seguir adiante com o trabalho. Foi exatamente o que ela recomendou que eu fizesse quando, subitamente, fui convidada para um importante almoço executivo com um certo Monsieur X, um homem poderoso da alta esfera da companhia. Eu recebera um envelope muito bonito pelo correio. Senti cócegas nos dedos enquanto deslizava a mão pelo papel de carta com uma textura dispendiosa. Meu nome estava delineado na frente em uma caligrafia primorosamente escrita à mão, e os dizeres no cartão dobrado dentro do envelope eram em um francês formal, usado para grandes ocasiões como casamentos ou batismos.

Inicialmente, fiquei orgulhosa por ter sido escolhida para comparecer a esse almoço, mas em seguida fiquei confusa. Por que ele iria requisitar minha companhia? Perguntei a Caroline o que o convite significava. Ela vibrou os lábios com um ruído sibilante, resignado, como se retirando ar de um pneu – um gesto que os franceses usam quando as circunstâncias desafiam as soluções fáceis. É a versão deles de "seja como for" ou "tanto faz".

Ela bateu o cigarro no cinzeiro e exibiu um meio sorriso malicioso. "Ah, *ma chérie*, você é de fato um pouco ingênua. Por que *você* acha que foi convidada? *De toute façon, c'est comme ça. Il ne vá pas te mordre.*" "De qualquer modo, é assim que as coisas são. Ele não vai mordê-la.") O sarcasmo de Caroline me incomodou, mas sua resignação às circunstâncias me feriu ainda mais.

Duvido de que ela visse as coisas dessa maneira, mas sua indiferença exemplificou um tom que eu começara a notar em muitas das minhas interações com colegas e executivos, tanto homens quanto mulheres. Ser percebida como pouco mais do que uma companhia atraente ou me tornar o alvo de uma brincadeira vulgar era inofensivo e nada com que eu devesse me aborrecer, pelo menos desde que isso não ultrapassasse uma linha invisível e se tornasse um completo assédio. Esse era o raciocínio corrente. Mas onde exatamente está essa linha? Quando sua aparência chama mais atenção do que o seu trabalho, que tipo de sinal estão enviando para você a respeito do que realmente importa? Uma coisa é ser respeitosamente apreciada pela sua aparência ou feminilidade, mas quando essas são as únicas condições nas quais você é julgada, o efeito pode ser sufocante e até mesmo debilitante. Fiquei grata pelo feedback positivo que recebera pelo meu trabalho, e talvez as intenções do Monsieur X fossem inocentes, mas eu simplesmente não era capaz de aceitar passivamente que as coisas eram assim, ou tinham que ser, enquanto eu continuava a seguir minha carreira. Pensei na conversa que eu tivera com James quando avaliávamos as possíveis modelos para a nossa sessão de fotos: senti que estava *sendo usada* pela minha beleza, mas incapaz *de usar* minha "beleza" – meus verdadeiros recursos (inteligência, caráter, discernimento e bom gosto) – para fazer uma contribuição.

No meu caso, e desconfio que no caso de muitas mulheres, esse tratamento produz um efeito duplamente prejudicial: eu sentia que teria que trabalhar mais arduamente do que a maioria dos homens para ser reconhecida pelas minhas realizações e merecer um lugar na mesa. Além disso, eu precisava ficar vigilante com relação à minha atratividade física, para que ela não depreciasse minha credibilidade profissional. Eu tinha que, de fato, andar na corda bamba, a mesma na qual tantas mulheres ainda precisam se equilibrar até hoje: permanecer aberta e cordial, reconhecendo e talvez até mesmo aceitando a atenção galantadora (para não ser vista como hostil ou arrogante), mas demonstrar um foco infalivelmente sério e aguçado. Nada simples.

Os efeitos verdadeiramente perniciosos desse perigoso exercício de equilíbrio realmente me atingiram com mais força ainda em outro evento profissional, realizado no famoso Hôtel de Paris, um palácio e cassino em Monte Carlo. Eu estava parabenizando um dos meus colegas pela esplêndida apresentação que ele acabara de fazer. Depois de uma pausa, sua mão tocou de leve o meu ombro, "*Tu viens avec moi au casino ce soir?*" ("Você vem comigo ao casino esta noite?") Talvez fosse apenas um jeito francês de falar, mas notei na pergunta uma suposição implícita, o "*est-ce que*" sendo eliminado, como se não fosse realmente uma pergunta mas algo que eu estivesse destinada a fazer. Ainda assim, eu delicadamente me desculpei, dizendo que não poderia ir.

Ele então se aproximou mais de mim, agora colocando a mão sobre a minha e me puxando levemente. Antes que eu me desse conta do que estava acontecendo, ele começou a me guiar através da multidão. Fiquei tentando me convencer de que éramos apenas amigos e que ele só queria me mostrar as imensas salas de jogo, as mulheres de vestidos longos, os homens em traje a rigor e os candelabros cintilantes. Mas quando entramos no cassino, ele pôs a mão na parte inferior das minhas costas e em seguida abraçou minha cintura até que seu corpo começou a pressionar o meu. Senti o hálito dele no meu pescoço enquanto ele puxava meu cabelo para trás para me beijar.

Eu parei onde estava. "Você sabe que eu tenho namorado. Não vou beijar você. Eu sabia que não deveria ter vindo."

"Ah, vamos lá", sussurrou ele. "Você é tão bonita. Eu sempre quis convidá-la para sair."

"Isto não está certo. Estamos aqui a trabalho e eu tenho namorado."

"É só uma noite. Ninguém vai saber. Eu sei que você sente atração por mim. Existe claramente alguma coisa entre nós; eu notei." Ele continuava inquietantemente próximo.

Eu me afastei, disse que estava na hora de ir me deitar e que eu não tinha o menor interesse em ter qualquer relacionamento romântico com ele. Ele finalmente cedeu e me deu os clássicos dois beijos franceses, só que, além disso, segurou meu rosto com a mão e disse: "*Tu es trop mignonne.*" ("Você é uma gracinha.") Surpreendentemente, minha rejeição só o havia dissuadido em parte. Ele continuou: "Bem, se você mudar de ideia, estou no quarto 701. Eu realmente adoraria passar a noite com você. Poderíamos ter momentos incríveis."

Eu me libertei e fui para o meu quarto, aliviada por me achar sozinha naquele espaço frio e silencioso. Quando estava me despindo e me preparando para deitar, o telefone tocou.

"Você pensou melhor?", perguntou a voz do outro lado da linha. Eu não tinha a menor ideia de como ele havia descoberto o número do meu quarto. Comecei a me sentir novamente incomodada.

"Não, vou me deitar agora. Vejo você amanhã." E desliguei.

A princípio, tentei seguir o conselho da minha colega de escritório Caroline. Eu simplesmente não faria disso um caso, considerando que aquilo simplesmente era uma consequência de trabalhar na empresa. *Acontecia o tempo todo.* Além disso, eu disse aos meus botões que meu colega não estava tentando me magoar ou me ofender, que ele não iria obstruir minha carreira ou me retaliar depois daquela noite. Ao mesmo tempo, eu o tinha acompanhado até o cassino por vontade própria. Eu o afastara, é verdade, mas fiquei um pouco lisonjeada pela atenção dele. Nada muito importante, certo?

Sentada sozinha naquela noite no quarto do hotel, algo começou a me atormentar. Eu não me sujeitei às tentativas de aproximação dele, mas, de algum modo, parecia que era eu que tinha feito alguma coisa errada. Comecei a me preocupar com a possibilidade de ter dado a entender algo que eu não queria. O meu vestido seria sexy demais, o meu salto muito alto ou minha maquiagem seria excessivamente sedutora? Naquele ponto, percebi que estava fazendo o jogo do próprio sistema que eu repugnava. O problema não era o fato de ele ter tentado me seduzir, mas sim de ele ter partido do princípio de que eu obviamente queria a mesma coisa. Como aqueles atos de sedução eram considerados normais e legítimos, comecei a encarar minha própria feminilidade como vergonhosa, até mesmo perigosa, algo que eu deveria esconder ou encobrir. Ela me fazia sentir menos, e não mais, poderosa, porque atraía uma atenção indesejada que, por sua vez, reduzia minha competência e minha autoestima.

Antoine me mostrara uma alternativa. Ele apreciava minha aparência *e* minha inteligência; ele me via como uma pessoa completa, pontos fracos e fortes lado a lado. Ele aceitava quem eu era, inteira, e apoiava a contribuição que eu queria fazer. Sua disposição de considerar minha carreira tão importante quanto a sua me incentivou a almejar e esperar algo diferente, não apenas no meu relacionamento romântico, mas também no meu ambiente de trabalho.

A perspectiva de deixar a cidade dos meus sonhos e o meu emprego ainda era difícil de compreender, e muitas pessoas na empresa consideravam irracional, até mesmo temerário, pedir demissão tão cedo do meu cobiçado cargo. A L'Oréal era uma empresa de primeira linha; eu tinha uma função excelente na melhor divisão, em uma área que eu realmente adorava. Nos três anos que passara lá, eu recebera um treinamento excepcional em marketing e aprendera com os melhores da indústria a criar os produtos de mais alta qualidade, além de ter sido iniciada na requintada arte de motivar as mulheres no mundo inteiro. Eu captara a importância de ouvir e responder a uma consumidora, não apenas por meio da análise de dados e da pesquisa de mercado, mas também por intermédio de um sentimento intuitivo, a capacidade de me colocar no lugar dela, de inventar uma coisa que talvez a impressione. A experiência me oferecera ferramentas práticas, mas também iluminara quem eu era e o que era fundamental para mim. Sim, eu precisava estar perto da criatividade, tinha que trabalhar em um lugar que valorizasse a beleza, mas também precisava ser valorizada por quem eu era e pela minha capacidade de fazer um trabalho importante – uma lição à qual eu voltaria muitas outras vezes na minha carreira. Apesar de tudo, escolher partir com Antoine não foi tão difícil.

※ ※ ※

As situações e circunstâncias instigantes são, com frequência, excelentes mestres, visto que requerem que nos aproximemos ao máximo daquilo com que fundamentalmente nos importamos. Na realidade, se isso ainda não aconteceu em alguma ocasião, é provável que você vá se defrontar com um momento em que irá sentir que não é plenamente valorizada, não é respeitada o suficiente por quem você é ou pelas contribuições que poderia fazer. Esses momentos de esclarecimento podem ser assustadores, o que significa que você precisa prestar ainda mais atenção a eles em vez tentar justificá-los ou se esconder do seu próprio mal-estar. Às vezes, eles lhe dirão que está na hora de seguir em frente. Em outras ocasiões, eles a orientarão a perseverar, a reivindicar o que é seu por direito e criar valor no emprego que você tem.

Esses tipos de decisões se tornam infinitamente mais difíceis mais tarde na vida, quando elas afetam não apenas você, mas, possivelmente, seus funcionários ou sua família. Talvez você não esteja sendo seduzida por outra pessoa, mas por outro emprego, uma nova empresa, em um diferente local ou área que acena para você. Ou, quem sabe, você pode se sentir lisonjeada pela atenção prestada pelos motivos errados. Você terá que decidir o que é mais importante para você. Aprender a refletir sobre *seus* valores essenciais no início da sua carreira ajuda a desenvolver o músculo que você vai precisar mais tarde quando as decisões são mais importantes e as soluções menos óbvias.

Com vinte e cinco anos e sem uma família para sustentar, essa escolha foi relativamente simples, mas à medida que fui avançando na minha carreira, as consequências e ramificações desse tipo de ponto de decisão se tornaram mais cruciais, particularmente quando eu estava fazendo outra escolha – como seria minha vida depois da Gap. Aprendi que a coisa mais importante não era a decisão que eu estava tomando, e sim minha capacidade de refletir sobre o que estava motivando aquela decisão.

Com os documentos de trabalho sendo nossa única limitação, Antoine e eu recolhemos nossas pequenas economias e pegamos um avião para os Estados Unidos, onde nos casamos e compramos um carro. As nossas linhas do coração estavam nos conduzindo a São Francisco.

※ ※ ※

Chegamos em julho, antes da estação dos nevoeiros; o céu azul revigorante e as coloridas casas geminadas reluziam com a promessa de novas aventuras. Mas as coisas não iam ser *tão* fáceis. Com economias suficientes para sobreviver apenas alguns meses, não pudemos comprar nada além de uma cama e, com o tempo, uma mesa de camping, que usávamos alternadamente para comer pizza congelada, passar camisas a ferro e aprimorar nossos currículos. Não tínhamos nos dado ao trabalho de pesquisar os tipos de empresas que tinham sede em São Francisco antes de nos mudarmos, e agora percebemos que havia poucas escolhas na área de bens de consumo não-duráveis. Convencida de que encontrara minha vocação como profissional de marketing, fiz uma entrevista na Clorox, embora não estivesse terrivelmente entusiasmada a respeito de sessões de fotos de esfregões e privadas. Isso não teve importância. Eles não me contrataram porque, sem um MBA ou um treinamento no estilo americano, eu não me encaixava no critério deles.

Eu estava começando a me perguntar se não teríamos cometido um enorme erro quando, ao caminhar pela Market Street, avistei um cartaz em preto e branco que me fez parar abruptamente: Miles Davis, com a cabeça entre as mãos, um olhar triste e comovente, em uma camiseta preta. A imagem estava assinada "Gap" e era uma de muitas fotos, todas artisticamente tiradas em preto e branco, de pessoas famosas expressando seu estilo e personalidade. Além de tornar descoladas as camisetas com bolso, a campanha comunicava que a Gap era um lugar que respeitava a individualidade e trazia à tona o melhor nas pessoas. Talvez eu pudesse "comercializar" a Gap"!

Depois de conseguir uma entrevista com a chefe de RH, fiquei sabendo que a Gap não tinha marketing, apenas publicidade, e que "eu seria uma perfeita 'merchant'". Eu jurara que nunca mais iria trabalhar como vendedora depois do verão que trabalhei no balcão de perfumes, e a palavra "merchant" soava excessivamente próxima da atividade de vendedora. Ainda assim, aqueles belos cartazes e as roupas mais atrativas que eu vira ao me preparar para a entrevista permaneceram comigo. Uma semana depois, voltei para minha primeira entrevista com Millard (Mickey) Drexler, o CEO.

Não estou bem certa do que esperava quando entrei na sala dele, mas decididamente não era o que vi. Nenhum terno listrado ou gravata com um belo estampado. Vestindo jeans desbotado e camisa branca bem passada, com colarinho americano, para fora da calça, Mickey girava de um lado para o outro na cadeira enquanto falava ao telefone, segurando de leve o fio do aparelho com uma das mãos enquanto folheava um catálogo com a outra. Ele usava a barba primorosamente aparada, o que o fazia parecer mais um aluno de pós-graduação descolado do que um CEO (não que eu tivesse muita experiência com CEOs naquela época). De vez em quando, ele deixava escapar expressões animadas como "Não acredito! Você está brincando!", e seus olhos ficavam mais brilhantes. Fiquei na porta, sem querer perturbá-lo, embora a conversa não parecesse muito séria. Nenhuma grandiloquência, apenas uma linguagem prática e realista. Eu não estava acostumada a ouvir as pessoas importantes falando com tanta simplicidade e descontração. Ele acenou para que eu entrasse, como se já nos conhecêssemos havia muito tempo.

Mickey continuou a falar no telefone durante alguns minutos enquanto eu admirava os belos objetos da sua sala. Um globo antigo desbotado, um complexo modelo em escala de um veleiro e fotografias em preto e branco emolduradas. Antes de colocar o fone no gancho, ele se levantou e estendeu cordialmente a mão. "Olá, sou Mickey." E assim começou uma das melhores entrevistas que já tive.

As perguntas dele me deixaram sem fôlego. "Onde você gosta de fazer compras?" "Por que quer trabalhar aqui?" "O que você acha que deveríamos mudar?" "O que você faria se a contratássemos?" "Quais são suas marcas favoritas?" "Que concorrente você acha que se destaca?" Eu mal conseguia formular minhas respostas antes que a pergunta seguinte fosse lançado na minha direção, como um delicioso doce. Seu ritmo era impressionante, mas eu estava ainda mais impressionada com o quanto ele se importava com a minha opinião.

"Você gostava de morar em Paris? Já comeu naquele bistrô, o Chez Georges? Eu diria que é a melhor batata frita que existe." Uau, ele realmente queria me conhecer.

"Adorei Paris." Tentei acompanhá-lo com frases espirituosas para sustentar o interesse dele, mas não estava certa com relação ao que poderia vir em seguida. "Estive lá pela primeira vez quando tinha dezesseis anos e sempre soube que voltaria." Parei no meio da ideia. Ele ainda estava esperando minha resposta sobre o bistrô, que parecia interessá-lo mais.

"Não, não conheci esse. Gosto de um pequeno local na margem esquerda chamado Le Sergent Recruteur."

"Oh, conheço esse lugar. Não é lá que eles servem cestas com linguiça e outras coisas? Fica na Île Saint-Louis perto daquela grande sorveteria onde as pessoas fazem fila... como se chama mesmo o lugar?" Ele estalou alto os dedos. Eu passaria a apreciar as várias permutações daquele estalar de dedos nos meus anos como merchandiser. No caso de Mickey, era geralmente um sinal de que ele estava adorando o que a pessoa estava mostrando ou dizendo. Ele parecia envolvido.

"Então, por que você deseja trabalhar aqui?"

Tive que pensar rápido e tornar minhas explicações suficientemente sucintas para acompanhar o ritmo rápido da conversa de Mickey. "Quando fui para Paris há três anos, a Gap estava vendendo roupas de aparência barata, toneladas de marcas e discos. Voltei, e agora as roupas parecem descoladas. Tenho a impressão de que algo novo está acontecendo. E a campanha publicitária realmente está excelente." Eu me senti uma idiota. *Descolado? Excelente?* Eu gostaria de ter tido mais tempo para pensar em uma resposta melhor.

Ele estalou os dedos. Acho que mesmo assim gostou da minha resposta. "Siga-me", pediu.

Antes que eu pudesse perguntar aonde íamos, Mickey já estava dizendo a Stephanie, sua assistente, que ele estaria na sala de reuniões do BR (seja já o que isso fosse) se alguém telefonasse. Ela deveria informar ao DMM (outra série de letras desconhecidas) que ele ia examinar as novas coleções de bolsas. Mickey avançou pelo local com ambiente aberto, vivamente iluminado, levantando a mão para dizer alguma coisa para o ocupante de cada cubículo. "Ei, como você está?" "O que está acontecendo?" "Johnny, meu caro, o que você anda fazendo?" Ele sabia o nome de todo mundo e, de vez em quando, fazia uma pausa e aguardava uma resposta. Ele não esperava respostas prolongadas, mas descobri naquele dia que o clássico "nada" era inaceitável – porque para Mickey sempre havia algo novo a ser aprendido. Ele estava eternamente ávido e curioso para obter a vibração do que poderia estar funcionando ou não funcionando. E a opinião de todo mundo era levada em conta.

"O que você quer dizer com nada?", perguntou ele ao ocupante de um dos cubículos. "Alguma coisa tem que estar acontecendo". O rapaz, nervoso, olhou para Mickey por cima do topo da divisória bege do seu cubículo e imediatamente proferiu algo como: "Vendemos quarenta e cinco mil camisetas com bolso ontem. O azul-petróleo está duas semanas na *mão*." Eu não tinha a menor ideia do que essa linguagem desconhecida significava. Mickey mordeu o lábio inferior, fez um sinal de positivo com o polegar, mas em seguida se conteve e disse: "Você não comprou o suficiente. Quando pode conseguir mais?" Quando a resposta foi dada, já estávamos bem mais à frente no corredor.

No elevador, com as mãos nos bolsos, o pé apoiado na parede do fundo, Mickey disse o seguinte: "Vamos ver algumas bolsas novas para a Banana Republic. Quero que você me diga o que acha delas." Ele saltou para fora do elevador enquanto eu, vestindo um tailleur, tentava acompanhá-lo, equilibrando-me nos scarpins pretos. Quase todo mundo usava jeans com blusas e suéteres elegantes, embora algumas mulheres ainda vestissem saias em cores neutras com detalhes simples. E absolutamente ninguém usava salto alto.

Quando Mickey abriu a porta da sala de reuniões, as cinco ou seis pessoas que estavam batendo papo e arrumando as bolsas sobre as mesas pararam abruptamente o que estavam fazendo e voltaram para ele sorrisos largos e nervosos.

"Ei, como estão as coisas? Max, cara, como vai?"

"Ótimo, Mickey, você viu como a nova jaqueta safari está se saindo? Bombando, duas semanas na mão." (Mais tarde aprendi que "bombando" significava vendendo rápido, e "semanas na mão" se referia a níveis de estoque.) Fluente nessa linguagem especial, Max respondeu a Mickey como um especialista.

Mickey estalou os dedos. "Puxa, que legal! Quero ver."

Max fez um sinal para uma das outras pessoas na sala. "Vá pegar a Jaqueta Kruger Park." O rapaz saiu a toda pela porta.

Mickey se voltou para mim. "OK, Maureen, isto é um teste. Diga-me que grupo de bolsas você gosta mais. Não há uma resposta certa. Bem, talvez haja, porque estou seguro de que um deles tem uma aparência melhor do que os outros. Mas você pode me dizer de qual gosta mais. E não se preocupe se acha que pode ofender esses caras. Eles são legais. Podem aceitar o feedback."

Não há uma resposta certa? E devo escolher um produto apenas com base na aparência dele, sem informações de mercado? Agora ele estava falando uma linguagem que eu apreciava e era capaz de entender.

Max se aproximou e começou a explicar: "Chamamos este grupo de Expedição à Floresta Tropical. O tecido é completamente impermeável. A bolsa grande de *duffle* tem vários bolsos." Ele começou a abrir o zíper da bolsa para me mostrar a parte interna.

Mickey o interrompeu no meio da frase. "Pare. Pare. Pare. Nada de tentar vender, Max. A cliente nem sempre vai ter alguém ao lado dela para lhe dizer o que a bolsa faz ou deixa de fazer."

"OK. Eu só queria mostrar os componentes", disse Max, enquanto sorria, afastava-se das bolsas e cruzava os braços de um jeito relaxado.

Dei uma olhada nas opções. Havia três conjuntos de bolsas de diferentes tamanhos. Cada um deles estava harmoniosamente exposto em displays, as alças longas dobradas com perfeição sobre as bolsas. Eu me aproximei de cada grupo e os examinei atentamente. "Posso tocar nelas?"

"Claro, vá em frente", disse Max.

Senti o olhar de todos sobre mim enquanto eu inspecionava cada peça. Desliei a mão pelo tecido de cada bolsa, abri os zíperes e os bolsos, e coloquei no ombro algumas delas. Joguei por cima do ombro uma mochila menor do grupo das bolsas de lona e perguntei se havia um espelho.

"Oh, claro, bem ali", respondeu Max, conduzindo-me até ele.

A sala estava em silêncio, aguardando um veredicto. Coloquei a bolsa de volta no display e olhei para Mickey. Até ele estava quieto.

Para mim, a escolha era óbvia. "Gosto destas bolsas", declarei, apontando para o grupo de lona.

"Por quê?", perguntou Mickey.

"Não sei exatamente. Elas simplesmente dão a impressão de ser mais caras. O couro nas outras parece barato e acho o náilon muito escorregadio. A lona desta bolsa parece resistente e ela tem uma aparência mais descolada. Também gosto dos bolsos. E ela não é muito cheia de detalhes."

Tropecei nas palavras, já que não conseguia expressar exatamente o que eu queria dizer. "Não sei. Mas eu compraria esta bolsa", concluí, apontando para a mochila que eu experimentara.

"Legal." Ele não estalou os dedos, mas a palavra "legal" funcionou como uma alternativa satisfatória. No fim das contas, eu já estava sentindo que poderia gostar e até mesmo florescer naquele negócio de merchandising.

"Ouçam. Vocês ouviram o que *ela* acha. Ela é sua próxima cliente. Vocês tomam a decisão, mas não existe comparação. Reparem como estas são muitos mais descoladas." Mickey tinha na mão as bolsas de lona pesadas e claramente admirava o peso e a sensação do *duffle* de lona.

Antes que eu pudesse assimilar o que acabara de acontecer, Mickey já estava a caminho da porta. "Tudo bem, falo com vocês depois. Me avisem o que decidirem." Justo quando estávamos indo embora, o rapaz que tinha ido buscar a Jaqueta Kruger Park quase deu um encontrão em Mickey enquanto entrava a toda na sala.

"Aqui está ela. A Jaqueta Kruger Park", disse ele, tomando fôlego.

Inacreditável. Linda jaqueta", disse Mickey, pegando o tecido na mão por um segundo. "OK, obrigado. Falo depois com vocês. Me avisem o que decidirem."

A entrevista tinha acabado. Eu estava prestes a me tornar a mais nova merchandiser da Gap e acabara de conhecer um dos mais importantes mentores da minha vida.

Estava na hora de me livrar do meu tailleur rosa e vestir minha camiseta básica da Gap para ver quem eu poderia me tornar.

SETE
Como se Destacar

Eu estava bastante segura de que meu emprego na Gap estava garantido e que eu iria assumir de imediato a responsabilidade por um dos departamentos de moda feminina. Afinal de contas, Mickey parecera impressionado com a minha capacidade de reconhecer uma tendência.

Imagine então o meu choque quando, no meu primeiro dia de trabalho, fui informada do título do meu novo cargo: estagiária de merchandising de Meias e Cintos. Tendo em vista minha experiência e treinamento em uma empresa de primeira linha, eu já era, pelo menos na minha cabeça, uma funcionária experiente que merecia uma função muito mais elevada e, certamente, um cargo com um título bem melhor. *Estagiária? E a minha aguçada noção da moda? O que esperam que eu faça com meias e cintos?* Não foi a entrada triunfal que eu prenunciara.

Minha primeira responsabilidade como estagiária foi a gloriosa tarefa de limpar e organizar o closet de amostras, a sala de estocagem onde os merchandisers guardavam vários produtos e acessórios como referência de temporadas anteriores. (Quem iria saber que eu colocaria em prática esse treinamento mais de vinte e cinco anos depois quando estava expurgando meu closet pessoal do meu guarda-roupa Chanel?) Ironicamente, ser capaz de me refugiar no closet de amostras enquanto aprendia os rudimentos do merchandising não foi um lugar tão ruim para começar. A maioria dos meus novos colegas tinha uma experiência muito mais relevante, por ter trabalhado em lojas da Gap como assistentes de venda, frequentado algum dos programas de treinamento da grande loja de departamentos ou se formado em escolas como a FIT (Fashion Institute of Technology). Eles conheciam o jargão, a maneira como o setor de varejo era administrado e, mesmo que tivessem apenas começado a trabalhar na Gap, entendiam os relatórios e os princípios básicos de comprar e obter produtos.

Mas não eu. Eu nunca ouvira falar do programa de treinamento da Macy's, achava que somente agricultores "trabalhavam no campo" (expressão que significa "ser um assistente de vendas") e tinha dificuldade em pregar os botões que caíam das milhas blusas. Minhas ideias preconcebidas a respeito desse emprego – que eu iria ficar à toa e dizer aos outros que produtos deveriam comprar – desapareceram rapidamente, como a gola rulê campeã de vendas da temporada anterior. (Logo aprendi que um merchandiser é tão competente quanto sua última temporada.) Eu não sabia absolutamente nada a respeito do que *realmente* acontecia nos bastidores do merchandising – como os produtos apareciam, como iam parar nas lojas e o que acontecia depois que isso acontecia. A linguagem era inteiramente nova, enfeitada por acrônimos e estranhas expressões: OTB, PO, WOH, BOM, *virada* (referindo-se à rapidez da venda de um produto), *vendedor* (querendo dizer fornecedor; não vendedor de loja), *bombando* (querendo dizer vendendo bem), *queima de estoque* (querendo dizer venda rápida; não que algo está em chamas). Ninguém mencionava pesquisa de mercado ou fatia de mercado, maquetes ou modelos, ou datas de lançamento – o dialeto de marketing que eu falava na L'Oréal. É claro que os clientes não eram desconsiderados, mas os estilistas e os merchandisers faziam escolhas *na expectativa* dos desejos deles usando uma coisa que todos chamam de intuição. E não havia um lançamento de produto a cada três anos; milhares de novos produtos – itens de estoque – eram enviados para as lojas todos os meses.

Dois meses depois de ter sido admitida, eu ainda estava passando um tempo considerável no closet de amostras, tentando criar ordem a partir do caos do sortimento dos dois anos anteriores para que pudéssemos efetivamente utilizar aqueles preciosos arquivos. Esse closet particular lembrava o dia seguinte da festa de aniversário de uma criança de quatro anos. Examinei velhas pilhas de meias coloridas abandonadas como bolas esvaziadas, e cintos enrolados e torcidos no chão. Dobrei os lenços de pescoço que estavam amontoados como papel de embrulho jogado fora.

Justo quando eu estava organizando bolsas desarrumadas de todos os formatos, tamanhos e cores espalhadas pelas prateleiras, ouvi um chamado fraco porém reconhecível: "Maureen, venha à sala de Damon... AGORA!" Damon era o gerente geral de merchandise da Divisão Feminina e, quando ele chamava, você parava imediatamente o que quer que estivesse fazendo e atendia ao chamado.

Os andares de merchandising da Gap pareciam aquários bidirecionais. Salas com janelas se estendiam pelos perímetros do espaço branco bem iluminado, de modo que você podia ver os merchandisers, três ou quatro em cada sala, enquanto caminhava pelos corredores. Todos sabiam o que todos estavam fazendo praticamente a qualquer hora do dia. Da minha sala, eu frequentemente podia ver o rosto empalidecido de outros estagiários quando eles ficavam visíveis depois de ter concluído um dos numerosos itens da lista de Damon. Em outras ocasiões, eu desviava os olhos quando colegas estagiários voltavam com os olhos inchados e o rosto vermelho que indicavam que não tinham conseguido satisfazer suas exigências. Agora era minha vez.

Todos os olhares me acompanharam enquanto eu seguia apressada em direção à sala dele.

"Olá Damon, você me chamou?", perguntei, agindo da maneira mais alegre e cordial possível, embora eu soubesse que ele geralmente não nos convocava para uma troca de gentilezas. Ele estava sentado atrás de uma mesa de tamanho desproporcionado que funcionava como um baluarte entre ele e seus merchandisers. "Onde está a mochila Paisley? A esta altura ela já deveria ter sido despachada! Ela deveria ter tocado o chão em quatro-oito!", disparou ele. (A maioria dos meros mortais poderia dizer: "chegado na loja em quatro de agosto". Eu tive que parar para pensar no que "tocar o chão" significava e contar para descobrir qual era o mês oito. Eu claramente precisava acelerar minha capacidade de falar a língua do merchandising.)

"Vou verificar, Damon, e assim que souber eu lhe informo." Eu já tinha aprendido o suficiente para saber que era melhor fazer meu trabalho de casa do que dar uma resposta aleatória, especialmente porque Damon provavelmente já tinha essa informação e estava me testando para ver como eu estava fazendo o acompanhamento das mercadorias.

"Estarei na minha sala esperando." E me dispensou.

Por mais humilhante que possa ter sido a tarefa do closet de amostras, ela empalidecia em comparação com manter a OTB. Trata-se da open-to-buy, a ferramenta de controlar o estoque, que todos os estagiários precisam dominar caso tenham alguma esperança de um dia deixar o closet de amostras. Como uma antiga runa, a OTB revelava os segredos do gerenciamento do estoque; acontece que saber onde seus produtos estão em todos os momentos é um dos elementos básicos do merchandising. E agora, como minha supervisora imediata estava de licença-maternidade, eu era responsável por toda a OTB do departamento de Acessórios.

Passei o resto do dia vasculhando cada relatório que consegui encontrar. Se as bolsas não tivessem sido despachadas, perderíamos a janela da entrega, o que significava que elas poderiam chegar às lojas *depois* da época apropriada para vendê-las. Apesar da minha busca exaustiva, eu ainda não tinha conseguido descobrir a localização exata das mochilas. Reuni coragem e voltei à sala de Damon.

Pigarreei e disse: "Vim lhe dar uma satisfação sobre as bolsas Paisley. Examinei todos os relatórios e entrei em contato com o centro de distribuição. Não sei mais onde poderia encontrá-las. Preciso de ajuda." Transmiti minha derrota em uma voz apenas alguns decibéis acima de um sussurro.

Fui recebida por uma pausa, que durou vários incômodos minutos, até que Damon levantou os olhos, com a caneta erguida como uma arma. "O que você quer, Maureen? Não consegue ver que estou do meio de uma coisa importante?" Ele proferiu cuidadosamente cada palavra, como se eu fosse surda e precisasse ler os lábios dele. Eu não tinha a menor ideia de como responder.

O silêncio reinou entre nós durante mais alguns segundos, e em seguida ele em dispensou com um leve suspiro: "Ouça, eu realmente tenho outras coisas para fazer aqui. Não tenho tempo para ensiná-la a gerenciar uma OTB ou encontrar suas mercadorias. Sugiro que você volte para a sua sala e venha me ver quando tiver solucionado o problema." Dito isso, ele se debruçou novamente sobre o trabalho. Comecei a gaguejar alguma coisa e ele levantou novamente os olhos. "Que parte do que eu falei você não entendeu? Volte quando tiver resolvido o problema."

Ao sair da sala dele, consegui sentir as lágrimas aquecendo meus olhos. Tentei ao máximo contê-las até chegar em segurança à minha sala.

Eu não costumava chorar com frequência, mas quando chorava, era difícil parar. Naquele ponto, fiz o que qualquer jovem executiva qualificada e experiente faria. Telefonei para minha mãe.

"Oi, mãe." Droga, pude sentir mais lágrimas brotando apenas ao dizer o nome dela.

"Oi, querida, como você está? Como anda o trabalho?"

"As coisas não andam muito bem. Não sou muito competente neste novo emprego. Levei uma bronca do gerente geral da divisão porque não consegui descobrir onde estava um determinado item do estoque. E isso não é fácil. Eles não explicam completamente as coisas e esperam que você saiba tudo." Eu estava choramingando enquanto me esforçava para falar. "É muito difícil. Estou trabalhando muito, mas não pareço estar conseguindo caminhar rápido o bastante. Além disso, tenho que fazer todo o trabalho pesado, como limpar os closets e digitar os pedidos; eu sei que preciso fazer isso, mas é muito frustrante. É como ter que começar tudo de novo. E agora o chefe da divisão acha que sou totalmente incompetente. Ele basicamente me expulsou da sala dele porque eu não soube responder a uma pergunta." Gorgolejei através das minhas lágrimas enquanto contava o resto da história.

Minha mãe emitiu um som solidário e, de vez em quando, dizia "Oh, querida". Finalmente, ela declarou: "Ouça, Maureen, talvez esse não o emprego certo para você. Tenho a impressão de que você está trabalhando demais. Detesto vê-la tão infeliz. Você não acha que poderia pedir demissão e procurar outro lugar onde talvez se sinta mais à vontade?" Seu tom de voz ficou mais alto enquanto ela suplicava que eu reconsiderasse minha posição.

"Não posso, mamãe. Já procurei em toda a área da Baía de São Francisco um emprego no qual eu possa estar perto da criatividade. Não há mais nada que eu *queira* fazer aqui. E realmente *gosto* de merchandising. É uma atividade legal depois que conseguimos chegar aos níveis superiores. Trabalhamos com estilistas e selecionamos todos os estilos e as cores certas para as lojas. Vamos a Hong King para obter todo o material e descobrir onde fabricar tudo. A parte financeira nem mesmo me incomoda, porque os números mostram exatamente o que estamos vendendo, de modo que é como um boletim escolar que informa a sua competência ao escolher e investir nos produtos. Ainda não posso pedir demissão."

Comecei lentamente a recuperar o controle emocional, relacionando todas as razões pelas quais eu deveria ficar. Eu não dia deixar de um chefe durão atrapalhasse o que poderia ser minha futura carreira. Eu não gostava do jeito dele, mas ele não estava errado com relação a quanto eu precisava aprender. Contar para minha mãe o que eu estava sentindo e depois defender minha escolha de permanecer na Gap fortaleceu minha resolução determinação. Ao me expor à única alternativa que eu tinha – pedir demissão – minha mãe na verdade me ajudou a esclarecer minha determinação de ser bem-sucedida.

E aquelas mochilas? Bem, acontece que encontrá-las não exigiu um trabalho de detetive tão grande. Engoli meu orgulho e telefonei para minha supervisora em licença-maternidade e pedi ajuda a ela. (Nota para o eu: na dúvida, pedir ajuda à pessoa certa economiza tempo e lágrimas.) Ela explicou, de bom grado, o problema: às vezes, um item do estoque deixava a fábrica sem aparecer de imediato nos nossos relatórios. Um ou dois dias depois, os itens apareceriam no sistema. E quanto à open-to-buy? Logo nos tornaríamos grandes amigas. Os cálculos não envolviam mais do que álgebra básica, e uma vez que aprendi o novo vocabulário e a logística, tornei-me tão fluente quanto meus colegas.

Com uma renovada sensação se força, comecei a aproveitar ao máximo o meu tempo, dentro e fora do closet de amostras, e a descobrir como tornar Meias e Cintos um estrondoso sucesso.

※ ※ ※

Depois do meu período de seis meses como estagiária e mais um ano como assistente, finalmente me tornei parte do "clube" de merchandisers, o que quer dizer que fui promovida a merchandiser assistente (infelizmente, ainda em Meias e Cintos) e poderia agora confraternizar com os gerentes de merchandising, falar a respeito de que quantidade eu poderia comprar de uma ou outra mercadoria, reclamar a respeito de carregar minhas amostras de um lugar para outro, e compartilhar ansiedade com relação à apavorante OTB, mesmo que minha área de responsabilidade parecesse um pouco, digamos, aleatória.

Na condição de merchandiser, não havia como escapar da necessidade de mergulhar inteiramente no processo de produção e conhecer cada detalhe da sua categoria de produto. Embora o conhecimento de um merchandiser individual dependesse em grande medida da categoria em que ele se encontrava, era esperado que *todos* os merchandisers da Gap conhecessem as origens e especificações dos seus materiais brutos, a maneira como cada item era feito e como sua mercadoria era terminada. Se você fosse um merchandiser de tecelagem, você se informaria a respeito da "urdidura" e da "trama". Você compreenderia os custos por metro e seria capaz de calcular um preço justo de "corte e costura", dependendo dos custos de mão de obra onde as mercadorias eram produzidas. Na condição de merchandiser de artigos de malha ou suéteres, você se tornaria especialista em medidas, contagem de fios e técnicas de fiação. Um guru do tecido jeans poderia descrever o processo exato de jateamento de areia e reconheceria um tipo de tecido apenas pela ourela. Na ocasião, eu achava bobagem aprender tantos detalhes cansativos. Não poderíamos apenas acreditar que nossos fornecedores nos proveriam de tudo o que precisássemos? Eles não poderiam pegar os protótipos e copiá-los? Na L'Oréal, tínhamos laboratórios, e embora dedicássemos algum tempo ao aprendizado das fórmulas, não era requerido que tivéssemos diplomas de doutorado em química. No entanto, na Gap, a intimidade com cada influência possível no processo – desde as especificações do design à chegada do artigo nas lojas – era considerada crucial para administração do negócio; isso significava visitas regulares aos países e fábricas que produziam nossos produtos.

Eu já estivera antevendo uma visita a lugares exóticos como Hong Kong, para onde muitos colegas meus viajavam para encontrar nossos parceiros comerciais. Mas meu destino? High Point, na Carolina do Norte, lar das fábricas de meias, dos fabricantes de mobília e do frango semipronto (empanado e assado, apenas a um passo de frito). Eu seria responsável por verificar a produção das meias *crew socks* que eu encomendara e garantir que a nossa "parede de meias" – a nossa valiosa propriedade imobiliária logo atrás da caixa registradora de todas as lojas Gap – estivesse repleta das cores e quantidades certas.

Meias *crew socks*: inicialmente, eu não conseguia entender por que vendíamos tantas delas, mas aparentemente alguém gostava delas... muito. Na ocasião, essas meias representavam quase 60% da nossa linha de meias. Muitos clientes pegavam um ou dois pares para combinar com as camisetas com bolso, seduzidos pelos vendedores que eram treinados para perguntar a cada cliente: "Você gostaria de levar algumas meias *crew socks* com as camisetas?" Era a nossa versão da tática "você gostaria de fritas com seu pedido?" – uma compra adicional que, por custar U$2,50 o par, tornava fácil para os clientes concordarem.

Jimmy, natural de Long Island e representante da fábrica na Costa Leste, me acompanhou na primeira visita que fiz ao local na Carolina do Norte. Ele me informou que além de fazer uma turnê nas instalações, eu também precisaria salvar uma donzela em perigo chamada Amaryllis – ou seja, a cor rosa vivo na qual tínhamos depositado nossas esperanças para "destacar a parede" (tornar bonita a apresentação da parede de meias) e que certamente iria "bombar". As meias tingidas de *amaryllis* estavam sendo reprovadas nos nossos testes de controle de qualidade, e a fábrica queria decidir se iria despachar as meias ou cancelar o pedido.

"Está soltando tinta, Mo", Jimmy me informou. Não me chamavam de Mo desde que eu terminara a faculdade, mas resolvi deixar para lá. "Não está tão mal assim. Eu obtive um 2,5 mas o mínimo de vocês é 2,0. Decididamente deixaríamos passar para outras marcas, mas sabemos como vocês são difíceis." A pronúncia de Jimmy tinha adquirido um sotaque sulista não muito sutil depois que o avião aterrissou na Carolina do Norte. "Os técnicos tingiram um novo lote. Dê uma olhada quando estivermos no chão-de-fábrica e veja se você gosta mais da nova cor ou se prefere aceitar a outra que está soltando um pouco de tinta já que está apenas levemente abaixo do padrão. Eu sei que vocês não vão comprometer a qualidade, mas você terá que decidir o que vamos fazer. Estamos segurando uma enorme quantidade do material cru, aguardando o tingimento."

"Soltar tinta" seria um enorme problema. Significava que a cor nas meias passaria para qualquer tecido que tocasse, gerando grandes queixas dos clientes. Mas aprovar uma nova amostra com um tom levemente modificado apresentava seus próprios riscos. Na realidade, a Gap tinha uma "especialista em cores", Sally, cujo única função era comparar amostras de impressão pré-produção, amostras de tecidos, linhas, fios, etc., com a nossa paleta aprovada. Sally era a onipotente Deusa da Cor da Gap. Normalmente, a fábrica teria que submeter a amostra com a nova cor *amaryllis* a Sally, mas não tínhamos tempo para isso agora. Eu teria que tomar a decisão de imediato. Era minha primeira viagem a trabalho sozinha e eu já tinha que tomar uma importante decisão, decisão essa que, na minha cabeça, deixava minha carreira em suspenso.

Eu me agarrei ao corrimão enquanto Jimmy e eu descemos ao chão-de-fábrica. Fileiras de gigantescas máquinas cilíndricas produziam cliques e pancadas rítmicas, cujo som percussor poderia sido o de centenas de máquinas de escrever. Passamos por uma estação de trabalho onde dezenas de mulheres estavam costurando à mão as costuras das meias para que ficassem niveladas. "Examinamos os olhos dessas mulheres para ter certeza de que elas enxergam bem o bastante para unir os minúsculos fios", disse-me Jimmy. Comecei a adquirir uma nova admiração pela enganadoramente simples meia *crew sock* da Gap. Ela era, na verdade, produto do tempo, atenção e qualificação de muitas pessoas – que mereciam mais respeito do que eu imaginara.

Passamos pela área de tingimento onde grandes sacos plásticos com meias estavam em carrinhos aguardando para ser despejadas em tanques de cor antes de serem lavadas, verificadas novamente, e depois etiquetadas e embaladas. Finalmente, nos dirigimos a uma sala de vidro fechada cheia de balanças, provetas e mais parafernália técnica, como um laboratório de química do ensino médio em miniatura. Dois homens vestindo jaleco branco, boné com rede azul e luvas de látex iam de máquina em máquina, medindo, escrutinando e avaliando pedaços de linha e retalhos de tecido de malha. Jimmy fez sinal para que entrássemos para que eu pudesse dar uma olhada nas amostras de *amaryllis* que tinham ficado aquém dos nossos padrões de qualidade.

Inspecionei cuidadosamente as partes manchadas de rosa, tentando me colocar literalmente no lugar do cliente. *Se eu estivesse usando tênis brancos com meias cor-de-rosa e um pouco de rosa vazasse na borda, isso afetaria minha opinião sobre a qualidade da Gap? Ou então, como seria se eu me sentasse em um sofá branco com minhas novas meias cor-de-rosa e o tecido do sofá ficasse manchado de rosa?* O risco era grande demais.

"Eu sei que o resultado dos testes está apenas um pouco abaixo do nosso padrão, mas receio não poder aceitar o *amaryllis* nessas condições", declarei com firmeza. As mãos dos técnicos do laboratório pararam no ar.

"Mo!", protestou Jimmy. "A parte que solta tinta mal está visível. Vamos dar uma olhada no lote que foi retingido, mas sinceramente, tenho certeza de que ninguém vai ter algum problema com isso. Quero dizer, não se esqueça de que as pessoas não esfregam a meia nas coisas do jeito que os testes do seu Departamento de Qualidade fazem. De qualquer modo, dê uma olhada nestes", disse ele enquanto indicava as amostras retingidas. "Eu sei que a cor está levemente fora do padrão, mas não estão soltando tinta." Os dois técnicos colocaram as novas amostras de *amaryllis* debaixo do foco de luz.

Jimmy ficou olhando por cima do meu ombro, mal me dando um segundo antes de entrar no argumento seguinte. "Cá entre nós, eu aceitaria as cores retingidas. São apenas trinta mil unidades. Se não vender, não vendeu. Não é o fim do mundo. Temos coisas mais importantes para fazer. A fábrica precisa despachar a mercadoria; caso contrário, tudo vai se acumular. Mas veja bem, se você não puder aceitar, você não aceita, mas vamos ter um problema sério." Eu admirava Jimmy porque ele dizia as coisas como elas eram. Embora sempre acatasse minha opinião, seu pragmatismo me transmitia a confiança necessária para que eu tomasse as decisões adequadas.

Precisávamos dessa cor. Ela era uma das principais manifestações da moda da temporada, e Jenny Ming (na ocasião, a gerente de merchandising em *activewear* tinha comprado a mesma cor para a camiseta com bolso). Deveria eu correr o risco de enfurecer meus chefes por ter autorizado a cor modificada sem sua explícita aprovação ou deveria seguir minha intuição? Eu passara um bom tempo aprendendo todos os detalhes técnicos da confecção de meias. Conseguia perceber que as novas amostras estavam um pouco amarelas demais de acordo com o nosso padrão, mas aceitar o lote anterior, com o problema de soltar tinta, correria o risco de desagradar os clientes. E deixar de tomar uma decisão naquele momento também atrasaria o restante dos nossos pedidos. Estava na hora de colocar em prática o meu treinamento; estava na hora de tomar uma posição.

"OK, Jimmy. Vamos usar a nova amostra, mas da próxima vez não me coloque contra a parede com esse tipo de decisão." Minha escolha acabou sendo boa. Expliquei tudo para Sally e meu chefe, e eles elogiaram minha impecável abordagem. Por menos importante que aquela pequena meia *amaryllis* possa ter parecido no contexto geral, seu lugar na parede de meias estava agora garantido, e eu começara também a conquistar meu lugar na Gap. Eu estava começando a compreender o impacto que uma série de pequenas decisões poderiam ter no negócio e o impacto, por menor que fosse meu papel, que eu também poderia causar. Tudo o que eu estava aprendendo, até os mínimos detalhes, desenvolveram minha capacidade e confiança de reivindicar o que era meu por direito, e, quando necessário, fazer escolhas levemente contrárias ao que era esperado ou considerado normal. Se eu não desejava ficar limpando closets pelo resto da vida, eu precisaria fazer muito mais do que superar o sistema OTB – teria também que ficar atenta a novas oportunidades de desenvolver o negócio de maneiras que não fossem sempre imediatamente óbvias. Eu teria que me tornar criativa.

Em uma palavra: *cintos*.

Ninguém realmente tinha prestado muito atenção aos cintos antes de eu começar a trabalhar no departamento de Acessórios. Os negócios tinham lentamente encolhido e praticamente desaparecido, porque o que oferecíamos era simplesmente medíocre. Tiras finas feitas de "couro legítimo" (denominação imprópria, porque ele era terceira categoria) ou "couro reconstituído" (fragmentos que foram moídos juntos, colados e receberam um novo revestimento – quase tão ruim quando o vinil) pendiam sem vida de fivelas brilhantes de falso metal. Na maioria das vezes, a "parede de cintos" da loja, escondida em um canto escuro, estava quase vazia; quase todos os artigos tinham sido remarcados para que fossem vendidos a preço de custo ou até por menos.

Quando comecei a trabalhar no departamento de Acessórios, adorava explorar nossa mesa de cintos. Esfregava as tiras entre os dedos para ver se o couro mudaria de cor por causa do óleo da minha pele ou, quando eu tinha graxa à mão, eu a passava na superfície para sentir o brilho. Eu erguia instintivamente a tira para sentir o estranho cheiro do curtume, da mesma maneira como observara meu pai inspirar o buquê das diferentes vindimas. Eu sabia que tinha essa mesma afinidade para produtos de couro. Além disso, eu começara a notar que, em toda parte, as pessoas elegantes e descontraídas estavam vestindo jeans com cintos descolados para complementar seu visual. *Pessoalmente*, eu também queria adquirir acessórios para meu florescente sortimento de jeans. Na condição de merchandiser, eu tinha que tomar cuidado para não depender demais do meu gosto ou estilo pessoal para escolher produtos, mas não podia desconsiderar o fato de que o nosso setor de Jeans Femininos estava "pegando fogo" – usando o jargão de merchandising – e eu estava convencida de que, assim como eu, a maioria das mulheres não se via em um cinto trançado (nosso estilo icônico, de qualidade melhor e o único que fazia sucesso na ocasião). Elas queriam algo diferente. Meu palpite era que se tivéssemos o produto certo, se melhorássemos a qualidade e o estilo, poderíamos vender muitos cintos.

Chamei Gentry, o representante de vendas, gerente de produção, "estilista" e pau para toda obra do nosso principal fornecedor de cintos para verificar se poderíamos melhorar a qualidade do nosso couro e confeccionar cintos condizentes com as novas tendências. Com sua camisa de flanela e botas de caminhada, ele parecia mais um modelo da capa de uma revista de caça e pesca do que um fornecedor de cintos da Gap.

Retirou da bolsa recheada dezenas de amostras de couro presas em grandes aros de metal, separadas de acordo com vários processos de curtimento e acabamentos. Ele tinha me avisado de antemão que nenhuma delas se enquadraria nos nossos níveis de preço, que giravam em torno de 9,99 dólares depois de grandes descontos. Mesmo assim, eu o convenci a me mostrar tudo e, de imediato, detectei um tipo de couro que tinha a aparência perfeita. A cor era suficientemente irregular para conferir ao material a ideia de um leve desgaste. A superfície não era nem fosca nem brilhante, tendo uma espécie de lustre que trazia à tona a textura couro. Decidi desconsiderar o comentário dele sobre o preço naquele momento, imaginando que se pudéssemos melhorar a aparência e os estilos, conseguiríamos vender os cintos por um preço muito mais elevado e, portanto, ter condições de comprar um couro de melhor qualidade.

Em seguida, a fivela. Quase todas eram do estilo masculino de "arreio", atrativas, mas não o que eu tinha em mente para mulheres. Meu olhar se fixou em uma fivela grande em forma de C confeccionada com metal pesado. Este tinha uma aparência vintage, de algo que ficara confortável com o uso. Eu a segurei na mão. O seu peso indicava que era de boa qualidade. A forma arredondada parecia mais feminina do que qualquer coisa que já tínhamos vendido antes. Apoiei minha cobiçada amostra na fivela e fui até o espelho na minha sala onde coloquei o cinto improvisado sobre o botão superior do meu jeans para ver como ele ficaria. A aparência da fivela e a cor sutilmente irregular do couro funcionaram em perfeita harmonia. *Eu usaria este cinto,* pensei. Tive a sensação de que ele seria um campeão de vendas.

Para convencer Damon a aprovar esse investimento significativo em um cinto mais caro, eu teria que respaldar meus instintos com alguns números. Pus então mão à obra e comecei a calcular quantos eu achava que conseguiria vender, quanto mais volume (um termo Gap para "vendas") poderíamos ter, quantos conseguiríamos vender a um preço normal, sem desconto e qual o acréscimo que poderíamos ter na margem de lucro. Visitei meus amigos no departamento de Jeans para obter algumas estatísticas sobre as vendas de Jeans Femininos. Minhas aulas de matemática de varejo finalmente estavam entrando em ação. Damon aprovou minha proposta para o "C Buckle Belt" [Cintos com Fivela em C], e nossa fábrica local começou a trabalhar, transformando meu palpite em realidade.

Acompanhei, ansiosa, nossos famosos "C Buckle Belts" da fábrica aos centros de distribuição e, finalmente, até as lojas. A OTB e eu estávamos agora muito íntimas. Todos os dias eu verificava, nervosa, minha tendência de vendas para verificar quando ela os cintos iriam "aparecer", querendo dizer, quando começariam a vender. Os merchandisers eram como os pais que querem que os filhos sejam artistas de sucesso, esperançosos de que nossos produtos logo alcançassem o estrelato. Desenvolvíamos um relacionamento íntimo e emocional com esses objetos inanimados, talvez porque passássemos tanto tempo com eles desde o começo. Escolher os componentes, fazer o *sourcing*, negociar o preço e decidir quanto comprar de cada item de estoque era semelhante a criar os filhos, educá-los e finalmente enviá-los para o palco para sua apresentação de estreia. A primeira coisa que qualquer merchandiser competente fazia de manhã era examinar a "tendência", um relatório diário volumoso que mostrava as vendas e a "virada" de cada item. Éramos todos viciados em feedback e checávamos incessantemente para ver se os clientes estavam gostando dos nossos produtos mais preciosos.

Abri o relatório alguns dias depois de os cintos chegarem às lojas e proferi um "CONSEGUI"! Os dados indicavam que, naquele ritmo de vendas, em quatro semanas os cintos estariam esgotados. O primeiro pedido de "C Buckle Belts" estava bombando! Damon, claro, já tinha visto o relatório de tendências, de modo que quando corri para sua sala com a boa notícia, ele me olhou por cima dos óculos com um sorriso: "Parabéns, Maureen. Parece que você conseguiu, mas" – acrescentou de imediato – "você comprou menos do que deveria! Você sabe quando poderemos receber mais? Você deve ligar agora mesmo para a fábrica para providenciar a reposição."

O "C Buckle Belt" estabeleceu minha credibilidade em merchandising. A partir daquele momento, eu me tornei conhecida pelo meu talento em "escolher cintos" (se é que tal coisa efetivamente existe). Recebi elogios dos outros merchandisers por começar a recuperar uma bela adormecida.

Eu ainda não era nenhum Dizzy Gillespie, ou, na realidade, um Miles Davis, mas agora que tinha os elementos básicos no meu currículo – tendo dominado os closets de amostras, conquistado a OTB e desmistificado o processo de produção – pude aceitar mais desafios. Sim, eu era a merchandiser assistente de Cintos e Meias. Comecei a usar o título com orgulho porque eu o conquistara.

※ ※ ※

E SURTIU EFEITO. Eu também ganhara minha primeira passagem para Hong Kong. (Este é um desses casos de "cuidado com o que você deseja". Vários anos depois, ao fazer o check-in no Shangri-La Hotel, ganhei de presente uma camisa polo especial para comemorar minha quinquagésima visita.) Essas viagens eram lendárias. Os "gerentes de merchandising" e assistentes iam à Ásia quatro ou cinco vezes por ano e faziam questão de reclamar ruidosamente e com frequência das longas reuniões destinadas à escolha de produtos, das intermináveis negociações com os fornecedores e dos jantares tarde da noite. Inicialmente, achei que as reclamações eram uma ostentação velada destinada a demonstrar o privilégio que eles tinham se esforçado tanto para conseguir. Logo aprendi a verdadeira responsabilidade daquele privilégio.

Era domingo à noite, já bem tarde. Estávamos comprimidos em uma das melhores salas executivas no vigésimo primeiro andar de um dos numerosos prédios insípidos com janelas de vidro escuro que se estendiam pela rua principal em uma área de Hong Kong chamada Kowloon. Muito antes de as marcas de luxo tragarem cada último centímetro de propriedade imobiliária no início da década de 2000, Canton Road e as ruas circundantes ofereciam uma miscelânea colorida de decrépitos restaurantes, hotéis e fachadas de loja. Kentucky Fried Chicken tinha seu negócio ao lado de minúsculas lojas de artigos eletrônicos. Patos de Pequim brilhavam na vitrine de pequenos restaurantes na entrada de centros comerciais revestidos de mármore. Recipientes com poderosas ervas chinesas transbordavam nas ruas perto de relojoarias sem licença com letreiros luminosos ofuscantes. No final da rua, situava-se o terminal da Star Ferry, a balsa que transportava turistas e moradores do local de ida e volta para Central, o centro comercial de Hong Kong. Todos os dias, nós, merchandisers, saíamos do nosso hotel e nos arrastávamos através de multidões de pessoas, avançávamos dando voltas ao redor dos andaimes de bambu que encerravam os prédios altos que subiam rapidamente e nos esquivávamos dos vendedores de comida ambulantes para chegar ao prédio do nosso escritório. Trabalhávamos até a noite, com o ar condicionado ligado para eliminar o calor e a umidade e com o cheiro das sobras do almoço de alguém às vezes penetrando na sala para nos lembrar de que estávamos famintos enquanto as reuniões se arrastavam. Estávamos lá para rever e completar nosso plano de compras com Damon, que insistia em escrutinar a cor da linha de cada botão e o custo de cada compra até a última casa decimal.

Nós nos sentávamos em um semicírculo, como discípulos obedientes, enquanto Damon deslizava os dedos sobre as amostras de tecido dispostas no chão. Enquanto ele defendia as virtudes de comprar 52.000 e não 52.500 unidades de uma camiseta canelada de cor centáurea-azul, Timothy, o chefe dos nossos escritórios em Hong Kong, irrompeu na sala. Seu inglês era imperfeito, mas o que ele disse naquela noite foi perfeitamente claro: "Alguém deixou um pacote no elevador. Eles não sabem o que é, mas querem que evacuemos o local."

Damon levantou a cabeça, como se ofendido com o fato de alguém ter ousado interromper nossa bênção de domingo à noite. "O que você está dizendo, Timothy? Não está fazendo sentido."

Timothy repetiu o que dissera, um pouco mais alto dessa vez, talvez por pânico ou talvez na esperança de que o volume mais elevado tornaria o sentido do seu apelo mais claro. Ele acrescentou: "Se não formos embora logo, vamos ficar presos. Eles vão desligar os elevadores."

Damon desviou o olhar para o chão, voltando a se ocupar da camiseta como se tivesse trocado a estação do rádio para não ouvir um anúncio irritante. Mas Timothy não se mexeu. Ele estava esperando que nos mobilizássemos. Damon ergueu novamente a cabeça, a voz encharcada de raiva controlada. "Timothy. Você pode ir. Vamos ficar. Estou certo de que está tudo bem no elevador. Você não consegue ver que estamos trabalhando aqui?"

Olhamos uns para os outros, perplexos. Quinhentas unidades de camisetas de cor centáurea-azul eram *tão* importantes? E se houvesse realmente alguma coisa naquele pacote? Onde está o vão da escada? Além disso, por que Damon está insistindo em ficar quando já passam das oito horas da noite de um domingo? Uma imagem surgiu na minha cabeça. A do meu marido, Antoine, na nossa casa nova em Mill Valley, do futuro que estávamos planejando juntos. Por que eu estava calada? Por que todos estavam calados? Repentinamente, ouvi as palavras escaparem da minha boca. "Damon, estou pensando o seguinte. Considerando a remota possibilidade de que haja alguma coisa perigosa naquele pacote, por que devemos nos arriscar? Quero dizer, você está certo, não sabemos o que ele contém, mas por que tentar descobrir? Não deveríamos simplesmente ir embora?"

A sala ficou em silêncio. Ninguém ousava se mexer um centímetro ou mesmo levantar os olhos do chão. No entanto, pude sentir um sentimento de alívio e apoio da parte dos meus colegas. Eu expressara o que todos estavam sentindo. Damon me lançou um olhar furioso, como se eu tivesse colocado o pacote no elevador, e depois voltou à realidade, lembrando ao grupo que era ele quem estava no comando: "Vamos todos embora. Agora!" Enquanto marchávamos para fora em fila indiana, algumas pessoas tocaram no meu ombro, demonstrando gratidão por eu ter me manifestado.

Assim que chegamos ao elevador, Damon ordenou que Timothy fizesse uma busca no andar inteiro para garantir que todos os funcionários chegassem em segurança ao elevador enquanto mantinha provocadoramente a porta aberta, recusando-se a ir embora enquanto todos não estivessem lá dentro. De repente, ele passou a ser nosso valente protetor. Fiquei quieta no canto, satisfeita por ter expressado minha opinião, mas ao mesmo tempo receosa das possíveis represálias às minhas ações.

Naquela noite, de volta ao hotel, cada merchandiser me agradeceu e enalteceu minha coragem. Embora Damon tenha ficado sem falar comigo durante várias semanas, meus colegas (muitos dos quais estavam em um nível acima do meu) agora estavam me tratando de uma maneira inteiramente diferente. Eu não obtivera a aprovação do chefe, mas ganhara o respeito daqueles colegas – não apenas porque demonstrara minha determinação como merchandiser, mas porque mostrara que eu tinha uma perspectiva saudável com relação ao que realmente importava e não importava, e estava disposta a arriscar meu prestígio em prol do que eu acreditava. E essa habilidade se tornaria ainda mais importante à medida que fui me tornando uma líder. Damon acabou deixando a empresa alguns anos depois, e quando assumi o comando do merchandising da Old Navy[7] em 1998, algumas das pessoas que estavam naquela sala no domingo à noite se tornaram meus subordinados diretos.

✳ ✳ ✳

ENTÃO FOI CORAGEM? Visto de fora, pode dar essa impressão, mas creio que foi algo diferente. Coragem parece ser uma coisa de que precisamos para reunir força para produzir um efeito externo. Nesse caso, eu não tive tempo para pensar – eu apenas soube o que era necessário e tomei uma posição. Nunca fui uma pessoa conhecida por elevar o tom de voz ou resistir à autoridade sem uma boa razão. Na verdade, ao longo dos

---

[7] A Old Navy é uma empresa de varejo de propriedade da Gap Inc. (N.T.)

anos, meus colegas me disseram que apreciam o fato de eu só me expressar quando tenho algo significativo para dizer. Em retrospecto, acredito que eu tenha enfrentado Damon porque tinha confiança no lugar que eu ocupava na empresa. Sabia que meu setor e eu tínhamos aproveitado bem minha pequena oportunidade como estagiária, e isso permitia que eu defendesse minha posição. Expressar uma opinião, defender uma posição, fazer uma reivindicação – não são uma questão de desafiar a autoridade para demonstrar que temos razão. Fazer uma reivindicação só importa quando temos algo valioso para oferecer – uma perspectiva diferente, uma nova visão ou uma maneira de explorar novos recursos em busca de ideias inovadoras. Naturalmente, a ocasião mais importante para expressar uma opinião e defender uma posição é aquela em que alguma coisa está em jogo para você pessoalmente (como sua vida!) e para sua situação. Tampouco é uma questão de receber aplausos ou ser um herói. Caso contrário, você estará apenas fazendo barulho e, com frequência, fazendo com que outros silenciem a própria voz.

Tristemente, muitos de nós tivemos que aturar chefes ou colegas como Damon – pessoas que usam a autoridade como uma forma de intimidação, aqueles que fazem questão de que você saiba que eles são mais inteligentes e poderosos, pessoas com quem não é prazeroso trabalhar. Quando se defrontam com esse tipo de chefe ou parceiro de negócios, algumas pessoas abaixam a cabeça e entregam os pontos; outras fincam o pé e entram em conflito. Nenhum dos dois enfoques parece funcionar muito bem. Há uma maneira melhor? Aprendi a extrair das pessoas difíceis o melhor que elas têm a oferecer; procuro reconhecer o que elas têm a ensinar, sem ser sugada pelo vórtice da sua desaprovação. Do mesmo modo, toda área profissional tem o equivalente de "estagiário de Meias e Cintos". Aproveitar ao máximo até mesmo as tarefas mais humildes o ajuda a estabelecer a credibilidade que você precisará ao assumir mais tarde cargos mais importantes e equipes maiores.

Ao longo dos vinte e cinco anos seguintes, assumi várias funções na Gap e, mais tarde, na Chanel, algumas das quais podem ter parecido insignificantes ou menos prestigiosas do que aquelas que eu esperara a princípio. No entanto, ao olhar além do rótulo – o que inclui os títulos dos cargos e o organograma – com frequência fui capaz de me distinguir.

Tive a sorte de ter tido principalmente bons chefes depois de Damon, mas nem sempre colegas cooperativos. Na Gap, fui de Acessórios para Jeans e, com o tempo, passei a supervisionar um dos nossos mais importantes departamentos, a categoria com a designação infausta de Women's Bottoms. (Acho graça enquanto digito o nome desse departamento; na ocasião ninguém na Gap exibia qualquer reação.) Foi nesse papel que fui capaz de convencer os detentores do poder a permitir que eu lançasse as pantalonas, junto com uma série de novas formas e tamanhos que expandiram nossas ofertas além das clássicas calças cáqui com pregas.

Alguns anos depois, tive a oportunidade de assumir uma nova função em uma divisão que a Gap estava lançando – que logo viria a se chamar Old Navy. Tive que decidir se permaneceria no meu lugar na divisão principal ou se saltaria em direção ao desconhecido. Por sorte, eu ainda estava disposta a viver novas aventuras e tinha aprendido a seguir minha intuição. Se eu não tivesse sido capaz de enxergar o diamante bruto, a beleza da determinação na vida real, eu nunca teria ido para a Old Navy. E se eu não tivesse estado disposta a correr o risco de me envolver com aquele novo conceito moderno voltado para pessoas "pra frente" que não tinham condições de comprar as roupas da Gap, eu nunca teria chegado à presidência da Banana Republic (uma empresa da Gap) e tampouco teria recebido uma proposta de trabalho da Chanel. Ainda assim, aceitei a posição intermediária de presidente da Chanel, Inc., a divisão americana, por um período de dois anos, antes de alcançar meu cargo final. Como eu procedia de uma unidade de negócios maior na Banana Republic, eu me perguntei se aquele cargo não estaria aquém da minha capacidade. No entanto, ao que se revelou, o fato de eu ter me distinguido na divisão americana me preparou para que eu me tornasse a CEO da empresa internacional quando assumi o cargo.

Para abreviar a história: nenhuma oportunidade é pequena demais para lhe mostrar o que você pode realizar, e nenhum chefe é desprezível demais a ponto de você não conseguir aprender nada, mesmo que seja apenas como não liderar. Se você mantiver os olhos abertos, se estiver disposto a redefinir e reformular o que estiver vendo – exatamente, a ir além do rótulo – encontrará bastante matéria-prima para ajudá-lo a justificar sua posição.

OITO
Assumindo o Comando

As "Reuniões com Mickey" eram a essência da tradição na Gap. Seu propósito era obter a aprovação de Mickey nos sortimentos de produtos finais e planos de compras. O tom dessas reuniões variava de um frenético entusiasmo a um desespero quase catastrófico, incluindo todas as nuances entre eles, e dependia em grande medida da reação de Mickey (e, consequentemente, de todas as outras pessoas) aos produtos e displays visuais. Os investidores e financistas de Wall Street chamavam Mickey de "o príncipe do merchandising"; ele tinha uma média de acertos quase perfeita quando se tratava de escolher os campeões de vendas. Como resultado, a maioria dos merchandisers ficava sentada em formigueiros aguardando a opinião criteriosa de Mickey. Os cronogramas eram invariavelmente apertados, e as decisões nessas reuniões podiam ser cruciais para as entregas de uma temporada. Os merchandisers e as equipes de merchandising visual frequentemente passavam a noite em claro preparando suas apresentações, reajustando trajes, ventilando as cores das camisetas e organizando o visual de cada parede para contar a história das tendências mais em alta da temporada. Exaustos, prendíamos então a respiração na ansiosa expectativa daquele inevitável momento em que nossos planos mais bem traçados seriam despedaçados.

Praticamente sem avisar, Mickey entrava de repente na sala, espalhando poeira como o demônio-da-tasmânia, e em seguida ia rapidamente de display em display, pegando roupas na parede. "INCRÍVEL!", dizia ele esfregando o tecido entre os dedos. "Que quantidade você comprou?", gritava ele, entusiasmado. "NÃO É SUFICIENTE, DE JEITO ALGUM!

Quantos por loja? Quantos você vai vender por semana? Você vai ficar quebrado [sem ter alguns tamanhos] em um dia!" Ele continuava a olhar os displays e, sem fazer uma pausa, arremetia sobre o artigo seguinte antes mesmo de o pobre merchandiser poder responder. "O QUÊ?!? Quem compraria isto? Vinte mil unidades significa um excesso de vinte mil unidades!" Com isso, o refugo era jogado no chão segundos depois do início da reunião.

A quantidade de planejamento que fazíamos para preparar-nos para essas reuniões era irrelevante, porque nunca conseguíamos prever o que Mickey poderia perguntar. Assim que achávamos que tínhamos solucionado tudo, ele mudava as regras. E com razão; no negócio da moda, se não mudamos, morremos. E coitados dos merchandisers que obstinadamente defendem uma má escolha ou uma aquisição fraca. Mickey acabava com os seus argumentos cuidadosamente construídos de uma só tacada, indicando diretamente o que os clientes iriam querer e por que não era aquilo, enquanto apontava para uma das "pérolas" que eles tinham cuidadosamente escolhido.

Apesar da pressão, aprendi muito com as Reuniões com Mickey. Quando declarávamos: "Adoro esta calça", ele testava nossa convicção, evidenciava as oportunidades perdidas e nos convencia a correr um risco ainda maior. Eu sempre ficava impressionada com a quantidade de merchandisers que recorriam a uma imensa quantidade de informações e comparações com as vendas de artigos semelhantes dos anos anteriores. Mickey detestava essas comparações. "O ano passado acabou", dizia ele. "Você não pode prever o futuro com base no passado!" E se tínhamos uma sensação boa a respeito da aparência de um artigo mas sabíamos que o potencial de venda dele era limitado, Mickey nos fazia calcular nossa "estratégia de saída" – como preservar a maior margem de lucro possível caso a mercadoria fosse um completo desastre. Ao nos desafiar continuamente a pensar como um cliente, a seguir o que pregamos e a proteger as apostas que estivéssemos fazendo, Mickey nos ajudou a tornar-nos melhores merchandisers.

Agora que eu era a gerente de merchandise de Jeans Femininos, um dos esteios da nossa empresa, eu era a próxima da fila. Além disso, eu estava grávida de sete meses da minha primeira filha e quase doze quilos mais pesada do que de costume, de modo que a ideia de improvisar rapidamente era impossível. De qualquer modo, peguei um rack com rodinhas e, como uma pata-choca tentando andar depressa, bamboleei pelo corredor em direção à sala de reuniões, organizando minhas amostras da melhor maneira possível. Coloquei os cabides em forma de cascata, organizados por modelo, e rapidamente prendi aos jeans as amostras de acabamentos correspondentes. Eu não tinha tido tempo de testar cada um dos acabamentos no modelo correto, o que eu sabia que seria uma desvantagem. Azar. Teria que servir.

Mickey estava reclinado na cadeira com os lábios apertados, como se não estivesse inteiramente satisfeito com o que quer que tivesse acontecido antes de eu entrar. "Entre, Maureen", disse ele. "Sente-se."

A tensão se propagou no ar. "Mostre-nos o que é novo e estimulante. Quero ver tudo, até mesmo aquelas coisas que você não comprou muito, especialmente as coisas que você não comprou muito." Consegui ler nas entrelinhas. Ele quis dizer: "Eu sei que vocês, merchandisers, não correm muitos riscos, de modo que quero ver as coisas que vocês estão com medo de correr atrás porque essas serão nossas campeãs de vendas."

Vou mostrar a ele que não tenho medo dos riscos, pensei. Eu estava prestes a soltar o que eu esperava que fosse ser nossa arma secreta – um novo tecido fantástico em um novo modelo descolado. Nosso jeans campeão de vendas era o Modelo Clássico, que tinha a cintura alta e uma perna reta que afunilava em direção à boca. Pessoalmente, eu achava que o modelo não era nada lisonjeiro, e suas vendas declinantes indicavam que eu talvez não fosse a única a ter essa opinião. Comecei a notar que as calças modelos *wide leg*, *stovepipe* e até mesmo *flare* estavam voltando a ficar na moda.

"Temos este jeans incrível do Japão", anunciei. "É mais leve do que o nosso Cone [um tecido de fabricação nacional], de modo que a queda dele é incrível. E podemos fazer isso com este acabamento claro, jateado, que eu acho que tem uma aparência muito legal." Desconsiderei o fato de que Mickey geralmente detestava quando tentávamos vender nossos produtos para ele, enquanto prosseguia com a minha apresentação.

"Oh, esta não é a amostra correta. Eu só a tenho no Modelo Clássico no momento, mas vamos colocá-la em um estilo mais descolado." Meu comentário foi recebido por um olhar inexpressivo de Mickey. Um choque nervoso de adrenalina percorreu minhas veias; o bebê se contorceu debaixo do meu suéter.

"A fábrica diz que só vendeu quantidades limitadas para fabricantes de jeans topo de linha, de modo que seríamos a primeira grande marca a ter qualquer coisa parecida", afirmei. Minha voz estava falhando? "Também acho que ele vai ficar bem neste novo estilo. Nosso Modelo Clássico está sofrendo perdas hoje em dia. Acho que as pessoas descoladas não estão mais querendo usar calças afuniladas. Este jeans *stovepipe* veio de Nova York [o que significava que tinha vindo da nossa equipe de criação, fato que eu esperava que lhe conferisse alguma credibilidade]. Eles o adoram e..."

"Dá um tempo! Dá um tempo!" exclamou Mickey, interrompendo-me no meio da frase enquanto se inclinava para a frente na cadeira e me pedia que lhe entregasse o tecido. "Este acabamento é muito legal. Que quantidade você comprou?"

Ah, pensei. *Ele vai ver que não sou frouxa.* "Cem mil unidades de jeans *stovepipe*, nosso novo modelo", respondi, orgulhosa. "É uma calça com a cintura mais baixa do que o Modelo Clássico, as pernas não afunilam e ela cai reta desde a cintura." Agora eu estava me repetindo, enquanto me virava para pegar a amostra no rack e segurá-la contra minha enorme barriga para que ele pudesse imaginar o feitio. Em retrospecto, essa medida provavelmente não ajudou a vender o pobre jeans. "Oh, este está no tecido errado, mas é o modelo correto", acrescentei rapidamente. Mickey me olhou com os olhos semicerrados, sobrancelhas franzidas e a boca retorcida, o que só pude interpretar como desagrado. Entreguei-lhe o jeans, que ele segurou por menos de um segundo antes de amarrotá-lo sobre a mesa.

"Não, não. Estou perguntando que quantidade você comprou deste jeans", disse ele, enquanto segurava a amostra do Modelo Clássico e começava a sacudi-lo. "Que quantidade do *Modelo Clássico* você comprou no novo acabamento?"

Oh, não. Eu não tinha comprado *nenhuma* quantidade do jeans no Modelo Clássico no novo acabamento, e a metragem do *stovepipe* já tinha sido encomendada e estava a caminho da fábrica para ser cortada. "Não achamos que esse acabamento ficaria bem no Modelo Clássico, de modo que só o compramos no *stovepipe*. Acho que ele vai ficar muito mais legal no novo feitio, que é o que todo mundo quer usar neste momento." Não hesitei ao dar minha resposta. Com certeza Mickey seria sensível à nova tendência e ficaria satisfeito com o fato de eu estar correndo um risco com uma novidade.

Mas eu estava errada. "Como é que é? Pare. O quê?!? Você não comprou a sua calça campeã de vendas no seu novo e maravilhoso acabamento? Isso não faz o menor sentido!"

Eu só estava havia alguns meses na chefia do departamento de Jeans Femininos, mas queria mostrar a ele que sabia o que estava fazendo, de modo que prossegui energicamente, apesar dos pesares. "O Modelo Clássico está caindo de moda e realmente parece errado. As mulheres não querem jeans que afunilam no tornozelo. Não é muito atraente..."

"É claro que está caindo de moda!", interrompeu Mickey, vigorosamente. "E o fato de você continuar a colocar tecidos mais baratos e mais feios nele não vai ajudar a vendê-lo." Sem parar para respirar, ele perguntou: "Quantos você está vendendo do Modelo Clássico?", disparou ele. "Quantos você vendeu até agora nesta semana?"

"Humm..." Eu me atrapalhei enquanto examinava meu relatório de tendências. "Espere um segundo. Deixe-me dar uma olhada." Mickey geralmente não se importava quando não obtinha uma resposta, mas pude sentir os olhos deles me perfurando. "Humm, 24.500 unidades esta semana", guinchei em resposta.

"Muito bem. Agora, quanto você está vendendo do seu segundo melhor jeans?" Sua voz estava agora vários decibéis mais alta. A resposta estava implícita na pergunta. Muito menos. Era óbvio.

Não consegui resistir ao impulso de explicar, mais uma vez, meu ponto de vista. Mickey não parecia entender minha perspectiva. "Estamos vendendo quatro mil unidades do jeans *wide leg*, mas estamos 'quebrados' [sem estoque] e ainda não recebemos a reposição. Além disso, só compramos esse feitio em dois acabamentos e temos o Modelo Clássico em quatro. Eu realmente acho que o *stovepipe* vai bombar. O Modelo Clássico está velho demais..."

Mickey se levantou, enfurecido. Traços de saliva se formavam nos cantos da sua boca. Todos os merchandisers sabiam que esse era um sinal muito, muito ruim. Sua voz agora ribombou. "Quatro mil unidades? E você está vendendo vinte e cinco mil do Modelo Clássico, mais do que seis vezes? Mesmo? Ouça, Maureen, tenho que lhe dizer uma coisa. Não vou ficar aqui em pé discutindo este assunto. Você não está me escutando. Precisa comprar o Modelo Clássico com este acabamento e parar de perder tempo com esta outra coisa", disse ele, atirando longe o *stovepipe* e saindo furioso da sala. "Tenho que ir a uma reunião agora."

Mortificada, reuni minhas coisas e andei pesadamente até minha sala, certa de que Mickey ia me demitir. Pus a cabeça entre as mãos e comecei a imaginar como contaria a Antoine que tinha perdido meu emprego. De repente, o telefone tocou.

"Maureen, Mickey." Lá vai, pensei. "Maureen, você tem potencial. Poderia ser uma merchandiser incrível. Sei que você tem bom gosto e é capaz de escolher campeões de venda..." Mickey fez uma pausa. Prendi a respiração, esperando o que obviamente viria em seguida. "Mas você precisa aprender a escutar. Você passou a reunião inteira tentando me convencer de que estava certa. Você não ouviu uma palavra que eu disse!"

"Eu sei, Mickey. Sinto muito. Você estava certo", gorgolejei, ainda tentando manter a tranquilidade.

"Não", disse ele. "Não se trata de eu estar certo. E não é porque sou o CEO. Estou simplesmente pedindo que você pare, abra os ouvidos e ouça o que as pessoas têm a dizer. Se não fizer isso, nunca será uma grande merchandiser. Eu não tinha a intenção de ser tão duro com você, mas acho que você tem muito potencial. Você só precisa ouvir melhor. Certo?"

"Obrigada, Mickey", declarei suavemente, compreendendo de repente a grandeza do telefonema dele. Ele não precisava pegar o telefone ou perder tempo para me explicar o que eu já deveria saber. Ele era uma pessoa ocupada, o CEO de uma das mais bem-sucedidas empresas de varejo americanas. No entanto, ele se importou o bastante para me ensinar uma das lições mais importantes que eu aprenderia. Ele me ensinou a ouvir. A escutar profundamente.

Naquele momento, compreendi que para ter sucesso, não apenas como merchandiser, mas na vida, eu teria que praticar a arte de ouvir; não apenas algumas vezes, mas o tempo todo. Eu teria que escutar não apenas a ele, mas minhas equipes, meus clientes e outras pessoas interessadas. Mais concessões mútuas e menos atitudes defensivas – essas eram as habilidades que eu precisaria desenvolver se quisesse continuar a me destacar. Agora que eu tinha alguns subordinados diretos e dependia da contribuição e das ideias deles tanto quanto das minhas, ou até mesmo mais, eu teria que afrouxar as rédeas e me tornar menos focada em provar minha capacidade e meus argumentos e mais voltada para os outros. A competência agressiva e o *know-how* não eram suficientes.

Comecei também a compreender algo fundamental a respeito de mim mesma. Até esse momento na minha vida, eu triunfara em grande medida porque fora competente em fazer o que esperavam de mim; eu era boa em obter aprovação – fosse dos meus pais, dos meus professores ou dos meus chefes. Essa era uma maneira de mostrar o meu valor, de me destacar dos meus colegas e de demonstrar que compreendia as regras do jogo – e que era capaz de jogar melhor do que os outros. Mas eu ainda não tinha visto o lado mais sombrio dessa determinação obstinada: o fato de que ELA me mantinha em uma postura reativa e podia me desligar das perspectivas e experiências das outras pessoas. Minha sede de demonstrar meu valor estava ofuscando tudo o mais, inclusive minha capacidade de me distinguir na função que eu ocupava.

❋ ❋ ❋

UMA SOMBRA. Todos temos uma sombra que muda de forma com as nossas ações. Às vezes, ela se torna alongada e sinistra; outras, encolhe e fica amorfa. Mas nunca desaparece inteiramente. Os psicoterapeutas e *coaches* se referem à sombra como o lado oculto da nossa personalidade, os impulsos e desejos inconscientes que mesmo assim inspiram nossas escolhas conscientes. As advertências de Mickey tinham iluminado um aspecto da minha sombra e me ajudado a entender que eu precisaria mantê-lo sob controle. À medida que continuei a ser promovida durante os anos seguintes, também aprendi a lidar com aqueles perigosas Reuniões com Mickey com mais elegância (e sucesso), ao encará-las como conversas e oportunidades produtivas de aprender com sua grande experiência em vez de provas que eu precisava vencer. Tentei me preocupar menos em ser perfeita e obter aprovação e mais com a maneira como poderíamos pensar no melhor sortimento. Fui capaz de levar a sério muitas das suas boas ideias da mesma maneira como eu começara a abrir os ouvidos para os assistentes e colegas que administravam segmentos do negócio dos meus departamentos. Por mais anti-intuitivo que possa parecer, afrouxar um pouco as rédeas na verdade melhorou a opinião que ele e outras pessoas tinham de mim. Em pouco tempo, passei a ser respeitada pela minha capacidade de treinar novos funcionários e liderar pequenas equipes.

No entanto, alguns anos depois, quando eu já era vice-presidente executiva da Old Navy e comandava uma equipe de duzentas pessoas, minha sombra começou novamente a assomar ameaçadora.

❋ ❋ ❋

POR SER UMA EMPRESA PROGRESSISTA, a Gap estava ansiosa para treinar uma nova geração de líderes que iriam se tornar presidentes das suas divisões (Gap, Banana Republic e Old Navy), de modo que decidiram dar a alguns dos seus "altos potenciais" a oportunidade de trabalhar com *coaches* executivos. Tive a sorte de ter sido um dos escolhidos para fazer parte dessa iniciativa, embora na ocasião eu não tivesse certeza de estar me sentindo tão afortunada. Eu sempre pensara que um *coach* era designado quando um líder estava cometendo erros e precisava de uma correção, como quando um treinador era usado para corrigir um cachorro desobediente. Mas como minha chefe, Jenny Ming, presidente da Old Navy, explicou, "O *coach* a ajudará a perceber o que falta em você para que você se torne uma presidente." Faltando? Aquilo soava como outro teste desagradável no qual eu tinha que passar para demonstrar meu valor.

Quando Devé, minha nova *coach*, entrou na minha sala, a última coisa que passou pela minha cabeça foi que ela poderia me preparar para meu próximo cargo importante. Ela parecia ter cerca de 25 anos, quase dez menos do que eu. Sua constituição atlética e pele bronzeada indicava que ela provavelmente seria uma melhor instrutora de surf do que guia de liderança. *O que poderia ela me ensinar que eu ainda não soubesse?*

Nosso primeiro encontro me pareceu bastante inócuo. Ela realizou alguns testes de personalidade, bem parecidos com os dos questionários que preenchi no departamento de orientação vocacional. (Eu certamente esperava que estes fossem mais úteis.) De acordo com Myers-Briggs, o primeiro teste que fiz, eu era extremamente introvertida. Até aí nenhuma surpresa. Eu tinha me esforçado muito para "administrar" minha timidez ao longo dos anos, colocando-me em novas situações e me fazendo presente quando necessário. Era exaustivo, mas presumi que aquele era o preço que eu tinha que pagar para alcançar meus objetivos. Devé me mostrou uma maneira inteiramente diferente de encarar o que eu considerava uma desvantagem. Ser introvertida não era ruim, explicou. Na verdade, muitos CEOs se encaixavam naquela categoria. Significava apenas que eu obtinha minha energia quando estava sozinha ou em pequenos grupos. Então era por isso que eu sempre ficava tão exausta depois das grandes reuniões. Devé me encorajou a criar tempo e espaço para mim mesma para evitar essa sensação de esgotamento. *OK, o coaching não era tão ruim se tudo que eu tivesse que fazer fosse cuidar melhor de mim mesma.*

Em seguida veio o teste de valores, onde examinei pilhas de cartões para apontar para o que era mais importante para mim. Devé fez uma "leitura". *Essas eram cartas do Tarô de Liderança?*, me perguntei. Um cartão sobressaiu entre os outros – Integridade. "OK, vamos lá. Eu soube a vida inteira que a integridade é importante para mim, Devé. Diga-me alguma coisa que eu não sei."

"Maureen, é a coisa mais importante para você", enfatizou ela. Pensei na minha decisão de deixar a L'Oréal com Antoine e a reação que tive quando Damon se recusou a cumprir a ordem de evacuação em Hong Kong. Em ambas as situações (e em muitas outras mais tarde) notei que defender o que eu acreditava, tinha-me sido útil. Mas também conseguia me lembrar de ocasiões em que eu desconsiderara meu discernimento e tivera que corrigir o rumo depois. Como tinha muitos colegas na minha faixa etária, naturalmente eu fizera amizade com alguns dos meus subordinados diretos. Em um dos casos, eu havia erroneamente expandido a responsabilidade de um amigo que trabalhava na minha divisão, e pouco depois ele não conseguiu mais controlar o âmbito da sua função. Sua equipe começou a reclamar de falta de orientação e seu segmento começou a ter dificuldades. Embora eu soubesse que tinha que lidar com a questão, hesitei, por recear que nossa amizade pudesse sofrer e ele fosse ficar ressentido comigo. Eu tinha ficado fora de sincronia com meu sentimento do que era melhor para ele, o segmento e a equipe. Mais à frente, eu o transferi para uma área na qual ele poderia usar melhor suas habilidades; ele vicejou e, na verdade, me agradeceu por eu ter tomado aquela medida. Devé explicou que se eu conseguisse ficar mais em sintonia com meus valores, poderia me tornar mais autoconsciente em situações como essas que os ameaçavam; poderia aprender a lidar com essas situações mais deliberadamente – sem me tornar de imediato mais reativa ou defensiva. *Até aqui, tudo bem.*

Foi aí que eu tive o choque. A Gap queria que eu fizesse uma Avaliação 360 Graus para identificar as lacunas na minha liderança. Ela se chama 360 graus porque solicita feedback do círculo completo de pessoas com quem você interage – subordinados diretos, colegas e chefes. É difícil esconder nossas fraquezas quando estamos sendo avaliados a partir de todos os ângulos, que é o intuito do exercício. Nós nos vemos de uma determinada maneira; os outros nos veem de outra. Mas eu desejava realmente saber como os outros me viam?

Eu queria que Devé acreditasse que eu estava aberta a todo e qualquer feedback, mas as palmas das minhas mãos estavam suadas quando ela pegou meus resultados em uma pasta. "Antes de começarmos", disse ela, fazendo uma pausa, "quero dizer o seguinte: meus parabéns! As pessoas realmente a admiram e a respeitam nesta empresa. Em geral, você é vista como uma líder brilhante, eloquente, estratégica e entusiasmada. Praticamente todos os seus subordinados diretos e colegas a consideram um grande exemplo de uma pessoa comprometida com a empresa e incrivelmente esforçada."

"Ótimo, isso é maravilhoso", comentei, embora eu mal tivesse prestado atenção ao que ela estava dizendo.

Eu sabia que o "mas" ainda estava por vir.

"Estou falando sério, mesmo. É importante que você ouça esta parte", implorou Devé. Ela conseguia perceber que eu estava apenas prendendo a respiração. "Suas habilidades estão muito bem equilibradas – um olho muito bom, um verdadeiro dom para escolher produtos e também excelentes habilidades analíticas. Você observa as oportunidades e sabe como explorá-las." Permaneci em silêncio, tentando apreender todas as coisas agradáveis que ela estava dizendo, mas, de algum modo, ainda incapaz de absorvê-las. "Você é flexível e capaz de corrigir o rumo quando comete um erro. Maureen, tudo isto é realmente excelente."

Foi aí que Devé deixou cair a bomba. "Há apenas algumas coisas que eu acho que a tornariam muito mais eficaz. Quero dizer, não se trata de um 'mau comportamento'. São apenas pequenos pontos que devem ser refinados para que você continue a crescer." Agora, eu me inclinei mais para a frente.

"Houve alguns comentários da sua equipe a respeito de como você os conduz." Engoli em seco. Eu temia que isso fosse acontecer. Devé explicou que embora alguns sentissem que eu era "rápida e perspicaz", também sentiam que eu não passava um tempo suficiente considerando o ponto de vista deles. "Eles adoram aprender com você e entender sua perspectiva, mas ficariam ainda mais entusiasmados se você pudesse pedir a opinião deles e talvez desacelerar um pouco para apreciar o ponto de vista deles." Ai. Isso estava começando a incomodar um pouco.

"Você tem padrões realmente elevados, Maureen, e a equipe adora isso. Mas às vezes eles sentem que você pressiona um pouco demais. Eles sabem que você reconhece o quanto eles trabalham, mas gostariam que você demonstrasse mais isso."

Uau. Devé apresentara o feedback o mais delicadamente possível, mas mesmo assim eu fiquei arrasada. Por quê? Porque era *verdade*. Desde que eu assumira mais responsabilidade com uma abrangência mais ampla e uma equipe muito maior, não pude mais controlar tudo sozinha, o que me deixava estressada com relação a apresentar resultados perfeitos. Além disso, eu estava tendo dificuldade para não o demonstrar. Embora eu tivesse jurado que nunca iria falar rispidamente com as pessoas, porque não gostava dessa atitude em outros gerentes, houve ocasiões em que eu perdera a paciência e intervirá com uma resposta antes que os membros da minha equipe pudessem encontrar sozinhos a solução correta. Eu sabia o quanto podia ser exigente, especialmente imediatamente antes das Reuniões com Mickey, quando eu queria estar absolutamente segura de que todos nossos produtos estariam com uma ótima aparência e nossos resultados financeiros garantiam nossas compras. Eu tinha muita dificuldade em entregar os pontos e estava sempre exigindo a perfeição quando sabia que havia uma maneira melhor de fazer alguma coisa. Eu achava que tinha dito "obrigada" um número suficiente de vezes, mas minhas ações nem sempre eram compatíveis com minhas palavras. Eu não podia discutir com os resultados, mas ainda assim não tinha a menor ideia de como corrigir esses problemas.

Devé ficou sentada calmamente enquanto eu me esforçava para processar essa crítica punitiva. "Escute", disse ela. "Quero que você reconheça o que você faz bem. Essas críticas? São oportunidades de melhorar, de desenvolver suas habilidades. Pense nelas como o lado da sombra de um dos seus talentos. Você é motivada para ter êxito e definir padrões elevados. O inconveniente é que você exerce pressão sobre si mesma e sua equipe. Agora que você percebe essa sombra, os comportamentos que sua equipe talvez não aprecie, você pode controlá-los, certo? Na verdade, trata-se apenas de enxergar a si mesma a partir de uma diferente perspectiva, a partir de como os outros talvez a vejam, de maneira a refinar seu comportamento para ser uma líder melhor." *Ver a mim mesma partir da perspectiva de outra pessoa.* Claro que isso fazia sentido. Quantas vezes eu não desejara que Damon pudesse enxergar a si mesmo a partir da minha perspectiva? Agora que eu sabia como minha equipe me via, eu poderia trabalhar para mudar meu comportamento e ser uma chefe melhor.

Finalmente, senti uma onda de alívio; eu não era um fracasso total ou, pior, um bicho-papão que pressionava minha equipe em excesso. Minha perseverança e determinação não eram coisas ruins – elas simplesmente existiam. Eram parte da minha personalidade – com qualidades positivas e negativas, algo a ser reconhecido e valorizado, mas também algo que eu precisaria observar com atenção se quisesse que minha equipe me acompanhasse. Receber esse tipo de feedback se revelou um evento decisivo para mim. Antes, eu sempre tivera medo das críticas, preocupada com a possibilidade de que elas revelassem alguma falha de caráter grave e irreparável. Eu evitara me colocar em posições que poderiam expor ao mundo minhas possíveis fraquezas, e esse medo havia me refreado.

No decorrer dos dias seguintes, desenvolvi um respeito saudável pela minha sombra sem deixar que ela me dominasse. E isso causou uma visível diferença na maneira como eu era vista pela minha equipe e meus colegas. Esse respeito me conferiu ainda mais controle, e não menos, no gerenciamento do meu setor. Aprendi a motivar os outros fazendo perguntas e deixando que eles descobrissem soluções ainda melhores do que aquelas que eu poderia propor. As pessoas se esforçavam mais e, em última análise, apresentavam melhores resultados quando se sentiam empoderadas. Eu me tornei uma líder mais forte ao admitir que nem sempre estava certa e ao deixar claro que eu não tinha todas as respostas e que isso era perfeitamente aceitável. Essa abordagem me distinguiu como líder na empresa, fazendo finalmente com que Mickey e o conselho diretor se sentissem seguros para me nomear presidente da Banana Republic.

No entanto, em nenhum outro lugar essa habilidade se tornou mais crucial do que quando comecei na Chanel e me pediram que, antes de assumir qualquer responsabilidade, eu não fizesse nada além de escutar. *Durante um ano inteiro.* Exatamente. Como eu não estava familiarizada com o setor de luxo e a empresa, os donos da Chanel pediram que eu me mudasse para Paris, conhecesse as equipes, aprendesse a cultura e, basicamente, fechasse a boca com um zíper durante um ano sem expressar sequer uma opinião trivial. E isso foi uma bênção. Minha disposição de abrir mão da minha necessidade de mostrar minha capacidade e abraçar esse período silencioso como uma oportunidade de aprender (embora, às vezes, frustrante) me ajudou a conquistar a confiança dos membros da minha nova equipe cuja experiência e *know-how* eram muito mais profundos do que os meus.

Mas se ao menos as coisas fossem tão simples. Três anos depois de eu ter sido nomeada CEO internacional, enfrentei outra forma da minha sombra. Senti que alguns membros da minha equipe ainda abrigavam reservas, especialmente com relação à necessidade de que todos deveríamos desenvolver melhores habilidades de liderança. Eles compreendiam e endossavam as mudanças culturais que precisávamos fazer, mas mudar a si mesmos? Nesse aspecto eles estavam em dúvida, até mesmo um pouco desconfiados, já que eram executivos experientes com um tempo de empresa considerável. Por ter levado a sério aquelas antigas lições na Gap, eu me condicionara a ficar altamente sintonizada com a necessidades e críticas de todos à minha volta. Eu passara um longo tempo procurando resolver desentendimentos de longa data, tentando acalmar egos feridos e escutando enquanto pessoa após pessoa se sentia compelida a compartilhar comigo suas preocupações e queixas.

As coisas chegaram a um ponto crítico em um retiro fora da empresa que eu organizara. Tínhamos nos reunido para uma semana de exercícios de *team building* em um belo resort na Indonésia, e eu tentara planejar a semana com precisão para garantir que todos se sentiriam seguros e valorizados, e que os exercícios que faríamos juntos iriam inspirar o tipo de mudança e de nova energia que eu sabia que precisávamos.

De uma estranha maneira, eu estava me sentindo como em uma daquelas Reuniões com Mickey. Aqui estava eu novamente em uma posição difícil, tendo que mostrar minha capacidade, precisando ter pensado muito bem em todas as eventualidades e possíveis perguntas a fim de provar o meu valor. Eu estava mais do que consciente das reações e necessidades de todos. A sala estava quente demais? Aquela pessoa saiu no meio de uma sessão porque estava entediada? A careta daquela outra pessoa foi de repulsa? Senti como se tivesse minúsculos sensores na pele que me enviavam um constante feedback a respeito das menores mudanças na disposição de ânimo, tom e expressão facial. E era apenas o primeiro dia de um retiro de três dias.

Ao cair da noite, fui dar um passeio com nossa facilitadora, Scilla Elworthy, renomada promotora da paz e três vezes indicada ao Prêmio Nobel da Paz. Eu estava pegajosa por causa da densidade do ar e tentava matar uma mosca que esvoaçava em volta do meu rosto e da minha nuca. À medida que a agitação das atividades do dia ia sumindo, percebi que estava exausta, como se o ar estivesse vazando dos meus pneus. Inspirei longa e profundamente, e tentei recapitular o exercício do dia na voz mais animada que consegui, mas minhas palavras soaram desanimadas.

"Para ser sincera, foi intenso. Foi muito difícil participar, porque eu estava me esforçando muito para garantir que todos ficassem bem. Não consegui deixar de me preocupar com os exercícios de amanhã. Eu realmente desejo que todos se sintam bem a respeito da maneira como se abriram uns para os outros mais cedo.

Naquele momento, senti um toque suave no ombro. "Você tem um crítico interior muito poderoso, não é mesmo?", perguntou Scilla.

Parei de repente, percebendo como Scilla conseguira me enxergar com clareza através do verniz que eu estava exibindo. Eu estivera carregando uma carga de responsabilidade cada vez mais pesada, como líder dessa equipe – tentando incentivar todo mundo enquanto me dilapidava todas as vezes que surgia um problema, por menor que fosse.

Eu sempre achara que ser dura comigo mesma era um atributo positivo, mas suportar o fardo de tentar agradar a todos estava me exaurindo e me obrigando a questionar cada decisão que eu tomava – e, em última análise, prejudicando minha capacidade de liderar. Por eu ter um desejo muito forte de conquistar o apoio dos membros da minha equipe e conseguir o apoio deles, minha sombra oscilara demais na outra direção: eu estava ouvindo demais todas as outras pessoas e, como consequência, não estivera escutando suficientemente a mim mesma, o que me deixara me sentindo desligada da visão e dos valores que eu sabia que precisávamos para seguir em frente. Minha equipe também pôde percebê-lo – minha insegurança e a confiança em declínio – e isso só pode semear mais dúvidas entre eles. Eu me concentrara tanto em sentir empatia pelos outros que corri o risco de ficar perdida como líder deles.

Por sorte, logo conheci um *coach* muito pouco ortodoxo que me ensinou a manter o equilíbrio entre aprender a ouvir e aprender a liderar.

※ ※ ※

Eu ouvira falar no "encantamento de cavalos" em *Finding Your Way in a Wild New World*, best-seller da autora e *coach* de vida Martha Beck. O livro explica que os cavalos são animais de rebanho e que, para se proteger dos predadores, buscam um líder que seja calmo, confiante, autoconsciente e claro com relação aonde deseja ir. De acordo com Koelle Simpson, parceira comercial e *coach* de equitação, os cavalos reagem aos seres humanos de uma maneira pura e intuitiva. Ela explica o seguinte: "Eles refletem o que manifestamos. Mais de oitenta por cento da nossa comunicação é não verbal, de modo que essas criaturas não verbais podem refletir exatamente o que está acontecendo conosco, se confiam na nossa presença e se seguirão nossa orientação." Aparentemente, eles também poderiam expor nossa sombra se estivéssemos dispostos a trabalhar com eles. Uma vez que você passasse a interagir, liderar ou pastorear um cavalo, teria aprendido "no seu corpo" a se manifestar de uma maneira diferente, a se sintonizar com os outros sem perder o contato consigo mesmo ou seus objetivos. Decidi ir até à fazenda de Martha e Koelle para descobrir por mim mesma.

Martha, que tem um diploma de doutorado em sociologia de Harvard, é uma mulher esguia com uma constituição física resistente. Possui uma energia dinâmica, e sua voz crepita com observações inteligentes e brilhantes. Em contrapartida, Koelle, que tem pouco mais de trinta anos, parece delicada, quase afável e tímida... a princípio. Sua aparência juvenil encobre 15 anos de experiência em *coaching* equino; sua força emana de uma posição de quietude e tranquilidade, bem como do seu entendimento profundamente intuitivo do comportamento equino *e* humano.

A fazenda está cercada por uma floresta de árvores decíduas. Assim que pisei na terra, meus sentidos se intensificaram. Meu nariz titilou com o cheiro da matéria orgânica. A brisa suave trazia o som de relinchos de um pasto distante. Contemplei cada ramo e folha de relva como se estivesse enxergando pela primeira vez. Senti que algo importante poderia acontecer.

No primeiro dia, observei Koelle trabalhar com um dos cavalos no picadeiro. No momento em que ela entrou, o cavalo ergueu a cabeça e ficou imóvel. Com isso, ela demonstrou o que significa estar em sintonia com os outros e, ao mesmo tempo, liderar com confiança. Koelle deslizou o braço em torno do pescoço do animal, afagou seu nariz, deu um beijo nele e começou a andar como se fosse cumprir uma missão importante. Sem hesitar, o cavalo a seguiu. Agora, era minha vez de entrar no picadeiro. "Faça simplesmente o que tiver vontade", insistiu Koelle. Essas foram suas instruções completas.

Permanecendo o mais imóvel possível, fixei o olhar na ponta do nariz do cavalo; jatos de vapor emanavam das suas narinas úmidas e flutuavam por uma fração de segundo. *Permaneça calma, concentrada. Aja com naturalidade*, disse aos meus botões, inspirando o aroma terreno do orvalho da manhã e da serragem úmida. Eu lera que os cavalos sentem a falta de autenticidade assim que uma pessoa pisa no picadeiro e geralmente não dão atenção a essas almas deploráveis, de modo que eu queria mostrar ao cavalo que estava me sentindo muito à vontade e que ele nada tinha a temer, que minhas intenções eram as melhores possíveis. Imaginei que se ele pudesse se acostumar à minha presença, deixaria que eu me aproximasse e, segundo eu esperava, deixaria que eu o conduzisse. *Está vendo, eu sou paciente, gentil e amável. Não vou incomodá-lo. Pode confiar em mim. Eu garanto.* Era isso o que eu queria que meu corpo transmitisse a ele, mas apesar do ar frio, eu conseguia sentir uma pequena gota de suor escorrer pela minha coluna. Agarrei a corda guia com força, como se ela fosse meu último amigo no mundo; minhas mãos estavam começando a ficar entorpecidas e os nós dos dedos, brancos. Estremeci sonoramente e vi a orelha dele se crispar de leve. *Bom sinal*, pensei. Avancei lentamente, com o coração na mão enquanto me preparava para tocar sua crina.

Quando me aproximei, ele curvou a cabeça como se fazendo um sinal para que eu demonstrasse algum afeto. *Ah, então você gosta mim*, pensei. *Vamos ser ótimos amigos.* Sentindo-me mais corajosa, imitei o gesto de Koelle, envolvendo o braço ao redor do seu pescoço e puxando sua cabeça para perto do meu rosto. Ou o cavalo realmente gostou da minha atenção ou estava usando meu rosto para coçar a lateral da sua cara, porque começou a me empurrar com o focinho e se esfregar contra mim um pouco mais agressivamente do que eu previra. Tentei manter o equilíbrio, acariciando seu focinho com a outra mão, sussurrando doces bobagens no seu ouvido. Ele continuou a empurrar o nariz molhado no meu pescoço. Fingi desconsiderar a saliva da sua boca que agora estava manchando minha jaqueta nobuck beije escuro. Eu achei que foi agradável... até certo ponto. Na verdade, eu estava começando a ficar um pouco nervosa com o vigor dele e comecei a me afastar.

"Excelente, Maureen. Ele está realmente à vontade com você." O incentivo de Koelle veio das arquibancadas acima do picadeiro. "Agora, por que você não tenta conduzi-lo um pouco? Apenas decida aonde deseja ir e comece a avançar nessa direção."

Dei alguns passos e, para minha surpresa, o cavalo me seguiu, tão de perto que pude sentir seu hálito quente no meu pescoço. Acelerei um pouco o passo para criar um espaço muito necessário entre nós, mas os pelos do seu nariz agora estavam fazendo cócegas na minha nuca. Continuei a andar, radiante, por ser capaz de conduzir essa gracinha na primeira tentativa. *Devo ser uma excelente líder*, declarei para mim mesma. *Até mesmo o cavalo sabe disso.*

Uma pancada. Fui jogada um pouco para a frente. *Outra pancada.* O cavalo estava me empurrando com o focinho. Saí do caminho e emiti um gritinho; eu estava com medo de que ele me derrubasse. Algo não estava certo.

"Maureen, Maureen". Lá estava a voz doce novamente. "É isso que você quer que o cavalo faça?"

"Hum... na verdade, não", respondi, me esquivando do cavalo que avançava. "Quero dizer, acho que ele gosta de mim, mas está chegando perto demais. O que posso fazer para ele parar de me empurrar?" Eu estava alternando entre me curvar, me esquivar e cautelosamente empurrar a cabeça do cavalo para longe de mim.

"Diga a ele o que você quer que ele faça." Eu sabia que o cavalo não reagiria a sugestões verbais. *Então que diabo devo fazer... mímica?*

Comecei a andar de novo, dessa vez determinada a manter o cavalo afastado. Quando sentia que ele estava se aproximando demais, eu instintivamente levantava a mão em um sinal de parada e ele recuava. Quatro ou cinco passos... sinal de parada. Ele permanecia perto, mas mantinha uma distância satisfatória. Continuamos a caminhar. Mais quatro ou cinco passos, ele começava a chegar muito perto e eu fazia o sinal de parada. Prosseguimos. Isso durou quase uma volta completa ao redor do picadeiro. Comecei a recuperar a confiança; eu descobrira o truque.

"Ótimo, Maureen. É isso mesmo. Muito bom." A voz de Koelle ainda era encorajadora, porém firme. "Agora, quero que você faça a mesma coisa sem usar a mão." *Pelo amor de Deus,* pensei. *Finalmente estou conseguindo dominar a coisa. Por que ela tem que mudar as regras?*

Levantei os olhos para as arquibancadas com um olhar inquisitivo. "Mostre para ele com o corpo o que você quer", explicou Koelle. "Diga a ele com sua postura que você está no comando e é capaz de conduzi-lo. Mostre que você sabe aonde quer ir."

Inspirei profundamente, endireitei os ombros e pisei com firmeza no chão. Olhei diretamente em frente e comecei a andar. Como antes, o cavalo me seguiu, mas dessa vez, quando ele começava a invadir meu espaço, eu sentia que ficava um pouco mais alta. Em vez de sair do caminho, eu mantinha minha posição, olhando na direção dele para lhe mostrar onde estavam meus limites para que ele não me cutucasse com o focinho. Embora meus movimentos carecessem da sutileza dos de Koelle, eu encontrara minha própria maneira de conduzir o cavalo. Eu não a estava imitando ou copiando ninguém, e tampouco estava pensando demais ou analisando em excesso cada passo, como eu tinha feito algumas vezes como líder. Eu estava apenas fazendo o que parecia certo – e estava funcionando.

"Foi excelente", disse Koelle depois de eu ter dado algumas voltas no picadeiro. "Como você se sentiu nessa última vez, depois que conseguiu que o cavalo se mantivesse afastado?"

Eu estava sem fôlego. Meu coração batia forte. "Foi muito legal, estimulante", declarei, agitada, enquanto me sentava no banco.

"Então, o que você aprendeu?" Os olhos azuis de Martha tinham me fitado o tempo todo, embora Koelle tivesse falado a maior parte do tempo. "Parece que, às vezes, você pode ter problemas para estabelecer limites, certo? Você achou que o comportamento do cavalo pode ter sido parecido com o de algumas pessoas que você dirige?"

Droga. Como ela pôde ter captado isso apenas me observando junto com o cavalo? Tinha me ocorrido no picadeiro que meu problema com o cavalo poderia refletir alguns dos problemas que eu estava tendo como líder. Por estar tão preocupada em ser aceita e admirada, eu às vezes tinha dificuldade em manter meu espaço. Escutar tinha me ajudado a desenvolver relacionamentos profundos, mas, às vezes, como naquele retiro fora da empresa na Indonésia, deixei que todo o feedback me oprimisse e me esqueci de ouvir a mim mesma.

"Você está certa, foi exatamente o que achei", respondi, concordando com ela.

"Então agora saberá o que fazer quando isso acontecer. Você efetivamente sentiu o que acaba de acontecer no picadeiro, não é mesmo? Conseguiu *sentir* o que aconteceu no seu corpo quando se conscientizou do seu estado, focou em se estabilizar e se aprumou? Tudo mudou para você, e o cavalo também sentiu. E ele respondeu ao seu poder."

Pensei nas primeiras reuniões e interações que tive com minha equipe na Chanel. Elas haviam sido um pouco como essa primeira experiência no picadeiro – o cavalo respirando no meu pescoço enquanto eu tentava conduzi-lo para a frente. Foi somente nas ocasiões em que fui capaz de conceder a mim mesma um momento para decidir o que *eu* achava que estava certo, aonde *eu* achava que precisávamos ir, que as queixas e pedidos dos membros da minha equipe diminuíram e eles se mostraram dispostos a participar. Eu tinha tido que reajustar a dinâmica daquele relacionamento e aprender a acreditar que meus instintos me diriam o que parecia ser certo. Quanto mais eu fiz isso, mais sucesso nós alcançamos.

Posteriormente, levei dois grupos de executivos da Chanel à fazenda de Martha e Koelle para que compartilhassem essa extraordinária experiência. Notei que cada pessoa tinha uma diferente abordagem, reação e relacionamento com o cavalo que refletia o estilo e os desafios dela. Quando alguém tentava imitar os movimentos bem-sucedidos de outra pessoa, o cavalo sentia imediatamente a falta de autenticidade e parava de interagir. Independentemente de quem somos, o cavalo nos ensina a agir a partir de uma posição na qual estamos centrados e firmes na nossa autêntica maneira de ser.

✳ ✳ ✳

Quando começamos a nossa carreira, é fácil pensar que a liderança consiste em ser destemidos, resoluto e dar as ordens. Mas uma vez que efetivamente assumimos o comando, percebemos que a função é um empreendimento complexo e profundamente humano. O poder do cargo e os títulos – ocupar a melhor sala da empresa – só nos conduzem até um certo ponto. A verdadeira autoridade ocorre quando somos capazes de atingir o equilíbrio correto entre sentir empatia pelas necessidades e desejos daqueles que nos seguem e ter a confiança necessária para definir as condições e o tom para que as coisas sejam feitas. Pode ser difícil resistir à tentação de despender nosso tempo tentando fazer com que todos gostem de nós, especialmente no caso das mulheres, mas isso não é sustentável – e tampouco é o objetivo. A fim de liderar – e levar qualquer outra pessoa a nos seguir – precisamos realmente ouvir os outros... muito. Mas também precisamos estar em sintonia com nós mesmos – nossos anseios, nossos impulsos e nossa gota d'água. Em outras palavras, temos que controlar a nós mesmos a fim de liderar os outros.

Você não precisa participar de um retiro na Indonésia ou treinar um cavalo para escutar mais profundamente ou buscar feedback. Você pode cultivar essas duas coisas sozinho e com aqueles em quem você confia e que poderão lhe proporcionar um espelho adequado. E quanto a conhecer suas intenções e senso de direção: descobri que parar por um momento e se afastar das circunstâncias em que possa sentir pressão ou provocação – e perguntar a si mesmo o que é mais importante para você debaixo da superfície – ajuda a restaurar o equilíbrio.

Sua sombra pode não ser igual à minha. Como disse Devé, a nossa sombra é, com frequência, o outro lado das nossas forças aperfeiçoadas. Então, o que você faz bem e como esse talento especial manifesta o lado sombrio dele? O que isso poderia significar para a maneira como você se comporta no seu emprego ou na sua vida, e como você pode se ajustar ou melhorar? Quando é possível que você esteja passando dos limites e perdendo o rumo?

As sombras nunca desaparecem realmente, mas não precisam afetar tudo o que você faz. Podemos praticar novas maneiras de ser e deixar para trás antigos padrões que nos impedem de alcançar o que realmente queremos. Somos todos, sempre, um trabalho em andamento.

NOVE
Como Ter Tudo

"Olá, papai. Preciso de um conselho." Tinham acabado de me oferecer uma promoção para gerente de merchandise de divisão de uma nova companhia que a Gap estava formando (que viria a se tornar a Old Navy), e eu não tinha certeza se deveria aceitar. Eu estava pronta para ter mais responsabilidades, e não havia cargos disponíveis na Gap, de modo que ingressar nessa start-up oferecia o lado mais positivo. Naturalmente, o risco era que se o novo empreendimento fracassasse, eu ficaria desempregada. "Parece interessante", respondeu meu pai. Ele era um homem de poucas palavras. Mas quando falava, seus comentários sempre pareciam chegar ao xis da questão.

Quando eu era criança, costumava observar meu pai jogar *gin rummy* sozinho. Ele se deitava na cama e dava as cartas para duas pessoas, deixando as cartas de uma das pessoas voltadas para baixo e depois ia mudando de lado para jogar por cada uma delas. Na condição de advogado, meu pai se sentia à vontade com a contradição e com emoções e motivações conflitantes, e seu método de levar em consideração todos os aspectos de uma situação foi inestimável para mim sempre que enfrentei decisões importantes na minha vida.

Era um hábito que eu adquirira na adolescência, quando o procurava para que me ajudasse com os trabalhos de casa. Eu entrava no seu quarto à noite e passava através da fumaça do seu charuto para lhe fazer perguntas enquanto ele simultaneamente assistia aos The Cardinals na televisão, ouvia outro jogo de beisebol pelo rádio e fazia as palavras cruzadas do *New York Times*, com a caneta em uma das mãos e o charuto na outra.

Meu pai possuía uma atmosfera de mistério fora do comum. Detestava conversa fiada, mas nos coquetéis podia ser frequentemente encontrado em um canto, onde um pequeno grupo de pessoas tinha sido atraído para ele. Elas procuravam a opinião dele sobre vários assuntos da época, a qual ele oferecia escrupulosa e moderadamente. Ele estava mais interessado em absorver o mundo à sua volta do que em fazer declarações a respeito dele, e ainda estou assombrada até hoje com a amplitude do seu conhecimento e interesses. Quando eu lhe perguntava como sabia tanta coisa, ele apenas dava de ombros, baixava as pesadas pálpebras e dizia "sei lá".

Mas não eram apenas *coisas* que ele sabia. Ele também tinha um jeito misterioso de explorar e trazer à tona as motivações íntimas das pessoas, quer essas motivações estivessem profundamente enterradas ou elevadas acima das ondas de rádio da conversa normal. E quando ele finalmente falava – depois de ter escutado atentamente nossas respostas às suas perguntas incisivas – nós nos sentíamos privilegiados ao ouvir suas respostas fundamentadas e moduladas com precisão. Sentada ao lado dele na cama, eu ouvia atentamente cada palavra, esperando um dia poder ser como ele, ponderada e desembaraçada. Nesse ínterim, eu tinha a sorte de poder pedir novamente seu conselho enquanto avaliava o passo seguinte que daria na minha carreira.

Minha mãe oferecia um tipo diferente de apoio, que foi igualmente importante nos momentos cruciais da minha vida. Quando eu era criança, ela se dedicou de uma maneira completa e inequívoca a mim e às minhas irmãs. Ela passava todos os momentos em que estava acordada nos mantendo limpas e bem alimentadas, e também nos cobrindo de afeto e compaixão infinitos enquanto explorávamos nossos sonhos. Ela organizou minhas aulas de violão e piano, levava-me incansavelmente de carro para a casa das minhas amigas, ia comigo comprar roupas da última moda e preparava uma refeição completa à noite. Ela me ajudava quando eu chorava desconsolada por causa de alguma briga com o namorado e me encorajou irrestritamente no meu difícil primeiro ano na Burroughs. Quando entrei em trabalho de parto, ela voou de Saint Louis para ficar comigo. E em cada pequena crise, eu ligava para minha mãe, apenas para ouvir aquele reconfortante "Ah, querida".

Meus pais pareciam adorar o emprego que tinham e o papel que desempenhavam para mim e minhas irmãs. Poderíamos dizer que minha criação parecia bastante tradicional – seguramente paras as décadas de 1960 e 1970 – com meu pai trabalhando e minha mãe cuidando da casa e dos filhos. Meu pai se deleitava com sua atividade de advogado, e ainda, hoje, aos 82 anos, ela ainda lhe proporciona um grande prazer. E minha mãe está orgulhosa e satisfeita com seu "investimento" na criação das filhas enquanto desfruta uma vibrante vida social repleta de jogos de tênis, peças de teatro e torneios de bridge. Nunca pretendi reproduzir esse modelo na minha vida com Antoine, mas fui capaz de aproveitar algumas páginas da abordagem deles. Ver meu pai envolvido com seu trabalho influenciou meu desejo de seguir uma carreira e, com o tempo, me tornar uma líder. Nunca passou pela minha cabeça que eu poderia não trabalhar. Na realidade, sempre me pareceu óbvio que eu proveria meu sustento e contribuiria para sustentar minha família. Mas também sempre parti do princípio que teria filhos que iria criá-los. O prazer e a satisfação da minha mãe ao nos ver vicejar, o amor e a ternura dela ao nos ajudar a crescer, me inspiraram a desejar fazer o mesmo para meus filhos um dia.

Nunca questionei que eu poderia "ter tudo", pelo menos não até ter que enfrentar a realidade do que efetivamente significa ter tudo – em outras palavras, ter a experiência de ter tudo de repente.

※ ※ ※

Para abreviar a história, acabei aceitando o cargo na Old Navy, quando a empresa ainda era apenas uma ideia concebida por uma pequena equipe que tentava descobrir como fazê-la funcionar. Cerca de um ano e meio depois do início das atividades, os negócios estavam bombando. Os clientes nas nossas 150 lojas clamavam por mais – de tudo. Nossos famosos "Artigos da Semana" – camisetas, shorts e camisetas regata – desapareciam poucos dias depois de chegar às prateleiras, e o mesmo acontecia com nossos casacos de moletom esportivos e as calças de pintor. Desesperados pelas nossas roupas elegantes e baratas, os clientes pegavam as embalagens, embaladas a vácuo como filés de supermercado, da traseira das camionetes Chevrolet estacionadas na frente das lojas. Eles formavam longas filas em ziguezague nos largos corredores, com as cestinhas cheias até em cima com nossos estilos descolados e baratos. Éramos insustáveis, o que também significava que não havia como parar a incrível carga de trabalho necessária para manter o ritmo. Na condição de vice-presidente da Divisão Feminina, eu estava com uma falta enorme de pessoal e mal conseguia evitar afundar nas minhas novas e cada vez mais desafiantes responsabilidades gerenciais. Além disso, eu estava grávida pela segunda vez. Nossa primeira filha, Pauline, estava com pouco mais de dois anos, naquela idade em que o mais insignificante incidente poderia criar a tormenta do século. Eu tentava freneticamente chegar em casa à noite antes de ela ir para a cama para poder ver suas mais recentes cambalhotas, observar enquanto ela "fingia ler" seu livro predileto e sufocá-la de beijos.

Até esse ponto, Antoine e eu vínhamos dividindo os deveres parentais. O emprego dele em uma empresa de refrigerantes e, mais tarde, como consultor, não exigia que ele viajasse tanto ou ficasse até tarde no trabalho como o meu requeria, de modo que ele podia estar presente em casa quando eu não podia, o que possibilitava que minimizássemos o uso da creche e as horas da *babysitter*. Eu ainda conseguir executar algumas das tarefas domésticas como cozinhar – que não era a favorita de Antoine – mas, de modo geral, tínhamos encontrado uma rotina que funcionava e que me conferia a segurança e paz de espírito para poder me envolver de corpo e alma com o trabalho.

Tendo engordado mais de 13 quilos durante a gravidez de Pauline, estava determinada a permanecer mais em forma dessa vez, de modo que além da minha frenética agenda de trabalho, eu começava as manhãs por volta das seis horas no Bay Club, nadando 1.600 metros ou treinando em algum instrumento de tortura como o simulador de escalada ou de escada, com frequência desconsiderando a recomendação do meu obstetra para que eu mantivesse a frequência cardíaca abaixo de 125 batimentos por minuto. Eu chegava ao escritório por volta das oito e meia ou nove horas e comia um prato de cereais enquanto estudava as informações do relatório de tendências semanal antes de começar a reunião com a equipe. O que estava vendendo bem? O que estava vendendo pouco? O que deveríamos perseguir? O que não estava vendendo nada e estava pronto para ser remarcado? Depois das reuniões com as equipes, eu dava seguimento ao meu dia: primeiro, ia a um encontro na área repleta de cubículos na frente da sala de Jenny Ming, em seguida a uma reunião de campões de venda, depois a uma reunião sobre planos de venda, a seguir a um acompanhamento de merchandising visual, a uma reunião de publicidade, a uma Reunião com Mickey e, finalmente, a uma reunião do Artigo da Semana. Os dias se passavam em uma velocidade incrível. Eu tinha sorte quando conseguia comer uma salada encharcada enquanto analisava o sortimento de algum produto com um ou mais dos meus merchandisers. Por volta das sete ou oito horas da noite, eu me arrastava até em casa, exausta e esgotada, ainda em tempo de pôr Pauline na cama, grelhar um filé de peixe ou de frango sem graça para meu jantar com Antoine e em seguida desabar na cama às nove horas, assistindo a antigas séries na televisão que me ajudavam a pegar no sono. Era exaustivo, mas foi uma época estimulante. Quando eu parava para pensar a respeito do que estávamos conseguindo na Old Navy – começando uma start-up do zero e conduzindo-a a um sucesso acelerado em um período de poucos anos – era difícil não querer dar tudo de mim.

Em um check-up de rotina no sétimo mês de gravidez, meu médico sugeriu que eu fizesse uma ultrassonografia porque eu não estava engordando com a rapidez necessária (isso não era nenhuma surpresa, considerando minha rígida rotina de exercícios e hábitos alimentares descuidados durante os meus dias de trabalho alimentados a adrenalina). O obstetra e eu batemos um papo informal enquanto ele deslizava o bastão sobre minha barriga untada de gel. Ele ficou em silêncio enquanto girava repetidamente o bastão sobre a mesma parte do meu abdômen.

"Bem, o bebê parece saudável, mas você está perdendo líquido amniótico", concluiu ele, de uma maneira direta e objetiva. "Normalmente, seus níveis deveriam estar muito mais elevados."

Fiquei ligeiramente em pânico. Eu sabia que não andava cuidando bem de mim mesma, mas eu não era bastante forte para não ter problemas *de verdade*?

"Por ora, está tudo bem", disse ele, "mas você vai precisar fazer uma ultrassonografia todas as semanas até o final da gravidez. Beba bastante água, não fique muito tempo em pé e descanse mais. Caso contrário, você estará colocando o bebê em risco".

Essa última frase me fez parar para pensar. Pela primeira vez eu estava compreendendo que poderia haver consequências se prosseguisse no meu rigoroso regime de exercícios e continuasse a trabalhar longas horas e ter estressantes dias de trabalho. Mesmo assim, olhei para o relógio, esperando conseguir voltar ao escritório antes do anoitecer e me perguntando como eu encaixaria as consultas semanais com o médico na minha programação congestionada. Eu ainda não tinha enxergado a gravidade da questão, achando que eu poderia controlar meu corpo e o estresse do trabalho não afetaria minha condição física.

Nas três semanas seguintes, eu me obriguei a ir às consultas marcadas com o obstetra. Na quarta visita, não houve um bate papo informal. "Você precisa ter este bebê imediatamente", declarou ele, de um jeito tão frio e sério que me senti como se tivesse sido acordada abruptamente de um devaneio.

"Quer dizer que terei que me internar daqui a alguns dias?" Eu ainda não conseguia acreditar que havia realmente um problema. Minha experiência de trabalho anterior me ensinara a não interpretar nada ao pé da letra e a ir além de qualquer resistência para obter a resposta que eu queria.

"Não, significa que eu quero que você se interne agora, neste momento." O tom do médico era compassivo porém firme. "Peça ao seu marido para trazer suas roupas, e você mesma vai dirigindo até o hospital. Haverá um leito esperando por você lá. Quero que você tenha o bebê esta noite." "Esta noite?" Eu estava em completo estado de choque. O que eu ia dizer para Jenny, minha chefe? Tínhamos uma Reunião com Mickey na segunda-feira seguinte. Eu ainda não tinha analisado todos os planos de compras. Não tinha trabalhado com o Merchandising Visual para preparar a sala. Eu não estava pronta! Mas era óbvio que o novo bebê tinha diferentes prioridades.

Naquela noite, na cama do hospital, esperei com Antoine que as contrações começassem. A ocitocina sintética (o remédio administrado para induzir o trabalho de parto) não funcionou de imediato, de modo que passei uma noite agitada, acordada a maior parte do tempo, rezando para que o bebê nascesse sem problemas, e repreendendo-me por não ter sido mais cuidadosa nos meses anteriores. De repente, senti uma espécie de explosão interna no meu corpo com a força de um foguete subindo de uma plataforma de lançamento. Em seguida, sem que eu empurrasse e quase sem esforço, minha linda e saudável Mimi irrompeu no mundo.

Imensamente aliviada, eu me arrependi por ter deixado meu trabalho ter assumido o controle da minha vida. Eu poderia eu ter trabalhado menos, chegado em casa mais cedo, me preocupado mais com a minha saúde e menos com meu trabalho? A Old Navy teria crescido tão rápido se eu tivesse diminuído o ritmo? Não consigo pensar nesse incidente sem um toque de remorso.

Decidi ir um pouco mais devagar – bem, digamos que eu *tentei*. Tirei mais duas semanas de licença-maternidade – além das seis semanas oficiais dadas pela empresa. Em vez de correr de volta para o escritório, eu às vezes promovia reuniões de merchandising na varanda dos fundos da minha casa para poder ficar mais tempo com o bebê. Tentei organizar minhas viagens para que toda a família pudesse se reunir nos fins de semana. Sem muita discussão, Antoine passou a assumir todas as tarefas domésticas além de grande parte dos cuidados com as crianças. No entanto, à medida que o tempo foi passando, até mesmo esse modelo se revelou insustentável. À medida que passei a ter mais responsabilidades no trabalho, minha necessidade de estar disponível para minha equipe no escritório para lidar com o que quer que pudesse acontecer também aumentou. Ao mesmo tempo, o escritório de consultoria de Antoine não tinha progredido tanto quanto ele esperava.

Preocupados com as nossas finanças e com o impacto que ter uma babá em tempo integral teria no nosso relacionamento com as crianças, tomamos a decisão conjunta de alterar inteiramente a forma da nossa vida familiar. Antoine deixou seu emprego para cuidar dos nossos filhos e exercer suas atividades profissionais em casa. Curiosamente, isso não envolveu uma grande conversa ou um evento catalítico, mas sim uma evolução natural dos nossos papeis e uma escolha pragmática. Considerando os custos indiretos do negócio de consultoria de Antoine e o salário da babá, teríamos mais despesas se Antoine trabalhasse em um escritório do que se ele exercesse suas atividades de consultoria em casa. O animado mercados de ações e o investimento online também tinham começado a despertar o interesse de Antoine, de modo que ele decidiu se dedicar à administração das nossas finanças e aos nossos investimentos – trabalho que ele poderia fazer enquanto compatibilizava a escola das crianças e a programação das atividades.

Nossa escolha, embora mais comum hoje em dia, não era tão habitual em meados da década de 1990, e não tínhamos modelos de vida que nos servissem de inspiração, a não ser por alguns colegas da Gap. A ideia do pai que ficava em casa ainda era alvo de zombaria e desprezo, e o mesmo era verdade com relação ao conceito de as mulheres serem executivas voltadas para a carreira. Foi compreensível, portanto, que tomar a decisão de ir além do rótulo e criar uma família que funcionasse para nós tenha sido mais fácil do que lidar com as pressões externas e expectativas que os outros tinham para nós. Às vezes, eu era marginalizada pelas mães da nossa comunidade que não trabalhavam fora por não participar dos encontros sociais depois das aulas ou das aulas de ginástica para crianças pequenas nos fins de semana. Antoine suportava os comentários depreciativos da sua família e dos amigos que fingiam aceitar nosso modelo não convencional, mas que ainda se agarravam fortemente à convicção de que "o lugar da mulher é em casa" e o do homem, no escritório. Nenhum de nós prestava muita atenção aos comentários; já tínhamos rejeitado os rótulos tradicionais, e estávamos satisfeitos com nosso jeito de ser cônjuges e pais. Para nós, a decisão tomada fazia perfeito sentido e era adequada às nossas sensibilidades individuais.

Mesmo assim, minhas prioridades pareciam estar em conflito umas com as outras. Eu ainda temia partir em uma viagem de negócios em um domingo à noite, preocupada com a possibilidade de minha ausência causar um impacto negativo na vida das minhas preciosas meninas. Certa noite, quando eu estava no exterior, Mimi teve uma infecção urinária e Antoine precisou levá-la às pressas para o hospital; eu me repreendi por não ter estado lá com ela e por não ter percebido mais cedo os sinais de que algo estava errado. E haviam também os eventos diários, mais mundanos porém igualmente importantes, que eu com frequência perdia: as palavras novas que elas aprendiam quando pequeninas, a primeira vez que nadaram sem boias, sua "formatura" no ensino fundamental, os encontros com os amiguinhos para brincar. Eu perdi um número enorme de momentos que marcaram incisivamente a vida delas. Eu gostaria de ter tido mais tempo para ler histórias na hora de dormir, aconchegá-las nas cobertas à noite ou levá-las de manhã para a escola e ir buscá-las à tarde. Eu gostaria de ter segurado a mão delas nas consultas com o dentista e escovado seu cabelo para os retratos da escola. Por mais difícil que fosse e por mais culpada que eu me sentisse, nunca deixei que esses sentimentos me dominassem inteiramente porque confiava no amor e carinho de Antoine e sabia que, quando eu estava em casa, podia abraçá-las e dedicar a elas cada minuto da minha atenção. Assim, de modo geral, éramos todos felizes. Antoine gostava de bancar a mamãe e o papai, eu estava prosperando no trabalho e as crianças pareciam satisfeitas.

Como muitas das mães bem-organizadas na nossa comunidade, Antoine matriculava as meninas em aulas de natação, equitação, Tae Kwon Do, balé e muitas outras coisas. Ele comparecia a recitais durante o dia, concertos à tarde, encontros de natação nos fins de semana e competições depois do horário escolar, não raro fazendo amizade com outros pais e mães na audiência. Pela manhã, ele preparava o almoço que as meninas levavam para a escola, à tarde ia fazer compras no supermercado e à noite dava banho nelas. E em "todo" o tempo que tinha entre essas atividades, ele equacionava como refinanciar nossa casa e investir nossas economias. Seu empenho e inclinação para a logística faziam com que minha vida depois do trabalho parecesse fácil e natural – bem, até certo ponto. Quando eu conseguia chegar em casa na hora normal, não raro exausta e sem energia, as crianças estavam limpas, geralmente já tinham comido – com o tempo, Antoine aprendeu a colocar um filé de salmão no forno e macarrão na panela – e estavam prontas para beijos e abraços. Até mesmo durante as férias, Antoine organizava atividades divertidas a cada momento do dia para que eu pudesse me recuperar e aproveitar momentos tranquilos com as crianças. Quando elas ficaram mais velhas, nossos papéis mudaram para se ajustar às mudanças na vida delas. Antoine ainda fazia grande parte do trabalho logístico, mas passei a me envolver cada vez mais com a educação e vida social delas. Eu ajudava com as tarefas escolares quando podia, resolvia os desentendimentos com as amigas, assistia a filmes e trocava livros favoritos com as duas. Desse modo, o papel que eu desempenhava com elas não era tão diferente do papel que minha mãe desempenhara comigo e com minhas irmãs. Pauline e Mimi desenvolveram um entendimento natural sobre quem fazia o que; o papai garantia que elas pudessem explorar o que amavam e fossem aonde precisavam ir, e a mamãe oferecia conselhos e um entendimento compassivo sobre as dificuldades e contrariedades da pré-adolescência e da adolescência.

Alguns poderão dizer que eu tinha o melhor dos dois mundos – uma carreira vibrante e uma vida em família estável e feliz. E me sinto, de fato, profundamente agradecida pela vida que pude viver. Mas ela não era equilibrada da maneira que frases como "equilíbrio entre a vida pessoal e profissional" poderia fazê-lo acreditar. Tanto Antoine quanto eu tivemos que fazer concessões e sacrifícios como marido e mulher, e também como pais; ganhamos algumas coisas e desistimos de outras na tentativa de encontrar os papéis que produzissem os melhores resultados em um mundo imperfeito. O que esperávamos de nós mesmos e um do outro era sempre razoável? Nossas expectativas eram sempre satisfeitas? Bem, eu diria que não, especialmente quando tentávamos corresponder aos padrões e rótulos definidos pelos outros. E mesmo quando resistíamos às convenções, o impacto das nossas boas intenções nem sempre era imediato ou óbvio. Você não precisa olhar além dos seus filhos para deixar perfeitamente claro quais são seus limites, como minha filha mais velha, Pauline, fez para mim quando nos preparamos para enviá-la para a universidade.

※ ※ ※

Estávamos famintas. Pauline e eu tínhamos passado o dia inteiro caminhando penosamente pelo campus de Harvard, ouvindo o discurso político do nosso bonito guia, atleta universitário, que elogiava as inúmeras virtudes da sua estimada instituição. Lembro-me da sua ênfase no eclético e "artístico" corpo discente, no cenário social aberto e tolerante, e nas ofertas acadêmicas diversificadas e incomuns. Essa era possivelmente nossa quinta turnê universitária, de modo que tínhamos nos familiarizado com a rotina. Em Harvard, eles enfatizavam que, ao contrário da ideia popular, grande parte do corpo discente não prosseguia os estudos em negócios, política ou direito. Isso mesmo. (Tendo me formado em Yale, como eu poderia dizer alguma coisa agradável a respeito de Harvard?) Não obstante, Cambridge tinha uma abundância de restaurantes interessantes, e eu escolhera Oleana, um estabelecimento do Oriente Médio que fora muito elogiado no Zagat pelo seu grande sortimento de opções vegetarianas. Aos dezesseis anos, Pauline havia se declarado vegetariana e tinha regras rígidas – eu diria até mesmo inflexíveis – a respeito de onde poderíamos comer.

O restaurante estava agitado. Meus olhos acompanhavam os pratos de *mezze* que passavam, equilibrados nos braços de garçons acrobáticos, enquanto nos encaminhávamos para nossa mesa. "Parecem apetitosos, não é mesmo?" "Uau, olhe só para aquele." "Não consigo decidir o que você comer. Tudo está com uma aparência incrível."

Pauline não respondeu. Será que estava incomodada com minha frivolidade? Ela era sempre muito reservada e discreta, o que eu entendia perfeitamente, já que eu era introvertida. Eu estava acostumada a ter que fazer uma série de perguntas investigativas antes que ela, às vezes, me desse uma resposta com mais de uma sílaba, mas hoje alguma coisa parecia estar ainda mais esquisita. Pauline estava em uma disposição de ânimo particularmente desagradável, talvez irritada comigo por eu estar sutilmente (ou não tão sutilmente) chamando atenção para as razões pelas quais ela não deveria gostar de Harvard. Assim que nos sentamos, pedi uma taça de vinho para acalmar os nervos.

Não me lembro exatamente da origem da discussão ou das palavras exatas que acenderam a chama, mas o que começou com uma fagulha inocente, como um inocente cigarro jogado pela janela do carro, de repente irrompeu em um incêndio florestal. Lembro-me vagamente de ter tido vontade de provar o prato de Pauline, e quando senti a relutância dela, fiz um comentário sarcástico a respeito de ela não gostar de compartilhar as coisas comigo. Essa crítica inábil deve ter desencadeado algum profundo ressentimento, porque praticamente do nada Pauline começou a atacar a maneira como eu a criara.

"Bem, de qualquer modo, você nunca estava presente... nunca. Papai sempre nos levou a todos os lugares. Quantas vezes você foi assistir a um jogo de futebol? Um? Você estava sempre em um avião, indo para Hong Kong, França ou qualquer outra parte. Realmente não sei como você pode me criticar por alguma coisa! Você nunca passou tempo algum comigo, e agora está me dizendo o que eu deveria ou não deveria fazer, e como devo me comportar. Decididamente, você não é a pessoa certa para falar de mim!" Para alguém que normalmente não era muito falante, essas palavras irromperam como chamas da sua boca. A magoa e raiva reprimidas explodiram em um arroubo de intensa reprovação.

O sangue fluiu para meu rosto, a ponta das minhas orelhas ficaram vermelhas e meu couro cabeludo começou a coçar, mas não foi por causa do tempero picante do meu prato. A fome acabou, a língua pareceu inchar na minha boca. Não consegui engolir mais nem um pedaço. Fiquei sentada na frente da minha filha mais velha, meu bebê, minha querida, incapaz de proferir uma única palavra.

Era verdade. A partir da perspectiva dela, eu não me encaixara na versão de uma boa mãe que a maioria dos seus amigos tinha. Seis semanas depois de dar Pauline à luz, eu estava em um avião para a Ásia, para onde continuei a viajar intermitentemente (ao lado de muitos outros destinos) durante a maior parte da sua infância. Fora seu pai, não eu, que a incentivara das laterais de um sem número de eventos esportivos. Eu sempre priorizara os estudos e comparecia às conferências escolares, cerimônias de entrega de prêmios e reuniões com orientadores porque era assim que eu achava que poderia contribuir mais para as experiências das minhas filhas. (Antoine, por ser francês, estava menos informado sobre o sistema escolar americano.) Mas quando eu fazia isso, as outras mães com quem Antoine havia feito amizade me olhavam com incredulidade, talvez por partir do princípio de que eu era apenas um produto da imaginação do meu pobre marido.

E para piorar ainda mais as coisas, meu emprego na Chanel obrigou a família a se mudar para Paris quando Pauline tinha apenas onze anos. Durante seus anos mais delicados e sensíveis do ponto de vista social no ensino fundamental, ela teve que recomeçar, conhecer novos amigos e se envolver com uma nova vida em Paris. Pauline adorava as atividades ao ar livre e se deleitava com o tempo claro e revigorante da Área da Baía de São Francisco. Ela considerou nossa mudança uma punição não merecida. Sem nunca ter morado em uma cidade grande, ela tinha medo de esperar o ônibus escolar nas manhãs escuras e chuvosas de janeiro, e deplorava os rígidos métodos franceses de ensino na escola internacional que frequentava. Embora Paris seja linda, a cidade pode ser hostil com as crianças, que com frequência são vistas como estorvos nas boutiques e nos melhores restaurantes. (Era mais aceitável levar um cachorro para jantar do que uma criança.) A vida urbana – repleta de ruas movimentadas, motoristas irritados, fileiras de prédios, embora majestosos, e a insuficiência de playgrounds – irritava a alma sensível de Pauline. Muitas noites ela custara a dormir, chorando inconsolável. Muitas noites eu a abraçara enquanto ela chorava, incapaz de dizer qualquer outra coisa além de "Logo iremos para casa". De acordo com Pauline, esse logo demorou muito a chegar.

Pude sentir o calor das lágrimas que se avolumavam nos meus olhos enquanto eu absorvia o profundo significado do que ela dissera. Mordi o lábio inferior e olhei em volta do restaurante, tentando desesperadamente não irromper em prato. O nó na minha garganta estava prestes a me sufocar.

Eu sempre me preocupara com a possibilidade de Pauline se sentir negligenciada. Eu me repreendera várias vezes naquelas longas viagens de avião por "não ser uma boa mãe". Eu soluçara em quartos de hotel depois de desligar o telefone, após uma conversa tarde da noite em que ela se esquecera de dizer "também estou com saudades de você." Mas eu conseguira me convencer de que a presença excepcional de Antoine compensara minhas inadequações. Pauline nunca mencionara para mim sua decepção, nunca insistira em que eu comparecesse a algum dos seus eventos, mas agora eu compreendia que sua natureza tímida e reservada provavelmente obscurecera grande parte da dor que ela sentira. Agora, no restaurante, tive a impressão de que meu mundo, minhas escolhas, tudo pelo que eu trabalhava tinham despencado em cima de mim. Sem conseguir esperar um único segundo, levantei-me da mesa, segui apressada para o banheiro e desabei.

Levei um bom tempo para conseguir me acalmar. A culpa que preenchia cada poro do meu corpo deu lugar aos primeiros traços de autocomiseração. O que eu poderia ter feito diferente? Se eu não tivesse trabalhado tanto, provavelmente não estaríamos visitando uma universidade como Harvard. Por que Pauline não conseguia perceber que eu também estava trabalhando para ela e para a família? Tudo parecia tão injusto. Raiva, remorso, tristeza, autodesprezo, culpa. Confusa com tantas emoções conflitantes, decidi voltar à mesa. Por um lado, eu estava secretamente esperando que assim que Pauline visse meu rosto vermelho e inchado ela pediria desculpas ou, pelo menos, permitiria que voltássemos a falar de um assunto mais mundano. Pelo outro, eu ansiava por me desculpar, abrir o coração e tentar explicar. Mas quando ela apenas olhou para além de mim à distância, eu me fechei, consumida por sentimentos ainda mais intensos de remorso.

Naturalmente, diferentes crianças têm personalidades e necessidades distintas. Mimi, mais extrovertida, me solicitava mais, insistia em que eu participasse mais dos nossos interesses comuns – ela adora ler, ir ao teatro e ao cinema, atividades que também me agradavam. Os pedidos claros de Mimi eram úteis; se eu não comparecesse aos seus espetáculos de equitação com a frequência que ela desejava, ela deixava isso claro para mim. Pauline, com sua personalidade mais reservada, não me informava do que precisava – até que um dia fez isso – e foi difícil para mim ouvir e, quanto mais, saber como lidar com aquilo. Eu tentara me fazer presente o máximo possível, mas sabia, no fundo, que não o estava fazendo com a frequência que ela queria ou precisava. Pauline estava certa. Eu tinha que absorver isso completamente. Tinha que o assumir, o que quer dizer que eu tinha que assumir os sentimentos variados que aquelas decisões haviam gerado: tanto o orgulho pelo meu sucesso profissional quanto a culpa por não estar mais presente com Pauline.

Eu odiava ver Pauline tão magoada. Naquele momento, só consegui sentir a sua dor e minha incrível tristeza por tê-la causado. Só consegui me repreender por todas as coisas que eu deixara de fazer e por todas as maneiras como eu estivera ausente. Não consegui reconhecer, compreender ou enxergar nada que eu poderia ter feito certo como mãe. O que eu dei para minha filha? A minha presença causou algum impacto e contribuiu de alguma maneira para sua vida?

Ironicamente, três meses antes dessa lastimável viagem com Pauline, o Comitê Nacional do Dia das Mães me havia concedido o título de "Mãe Excepcional". Vesti um tailleur Chanel creme, desabotoado na gola, para a cerimônia da premiação. Mimi, que contava 13 anos na ocasião, me acompanhou. Ela estava adoravelmente elegante nas sapatilhas pretas, leggings e um vestido de seda branco e amarelo. Pauline já estava trabalhando no emprego de verão e não pôde comparecer. Lamentei sua ausência, mas estava feliz com a determinação dela de começar a trabalhar assim que as aulas terminassem. Enquanto eu posava para fotos ao lado dos outros laureados – Dra. Holly Atkinson (médica e autora premiada), Alfre Woodard (atriz e ativista política), Victoria Reggie Kennedy (advogada e viúva de Ted Kennedy) e Mindy Grossman (CEO da HSN [Home Shopping Network]) – eu me senti ambivalente. Estávamos sendo homenageadas como "mulheres excepcionais por ter construído suas carreiras, cultivado suas famílias e ajudado a melhorar a vida de outras pessoas". Eu certamente podia ser aplaudida por ter construído uma carreira de sucesso – eu estava muito animada com o trabalho que estava fazendo na Chanel. No entanto, vou ser sincera: até mesmo antes do incidente com Pauline, houvera muitas vezes em que eu sentira que tinha sido reprovada como mãe. Eu deveria me sentir bem ou culpada? Poderia verdadeiramente afirmar que merecia ser chamada "Mãe do Ano"?

Na condição de mulheres que queremos ter uma carreira, não raro sentimos que também deveríamos cumprir todas as obrigações que a sociedade especificamente atribui à "boa mãe", além das nossas desafiantes atribuições profissionais. E como nenhuma de nós é sobre-humana, com frequência levamos uma vida exaustiva tentando fazer isso. Por causa dessas ideias preconcebidas a respeito do que significa ser uma "boa mãe", também podemos nos sentir limitadas ao pedir ou exigir que nossos parceiros desempenhem um papel menos convencional para possibilitar que sigamos nossa carreira. Mesmo quando decididos ir contra o que é esperado ou considerado normal e redefinimos nosso relacionamento na criação dos filhos, como Antoine e eu fizemos, inevitavelmente viveremos momentos com nossos filhos que nos levarão a questionar essas decisões.

Estou razoavelmente segura de que eu não era a única mãe a receber o prêmio naquele dia que estava silenciosamente fazendo a si mesma essas perguntas ou se debatendo com essas questões. Qual a mulher que trabalha fora e não se preocupa com a possibilidade de seus filhos sofrerem com suas conquistas profissionais? Qual a mulher que trabalha fora e não se pergunta que oportunidades profissionais ela perderá se decidir dedicar mais tempo à vida em família? Qual a mulher que trabalha fora que não tentou, mesmo que temporariamente, descobrir a fórmula perfeita para que possa ter tudo? Se ao menos conseguíssemos encontrar a solução correta, certo?

A resposta, ao que se revela, é: errado. Não há uma fórmula perfeita. Tristemente, não existe um perfeito equilíbrio a ser encontrado. Independentemente do que você escolher, sempre haverá felicidade e tristeza, resultados positivos e negativos, orgulho e culpa – e, o que é mais provável, todas essas coisas ao mesmo tempo. Talvez seja isso que realmente significa ter tudo – todas essas prioridades e emoções conflitantes, todas ao mesmo tempo.

※ ※ ※

Alguns meses depois de termos concluído nossa turnê das prováveis universidades, eu me vi sentada no chão do quarto de Pauline, papéis espalhados em todas as direções, o computador lançando um brilho azulado no seu rosto redondo angelical.

"Mãe? O que devo escrever na redação do processo de aceitação? Não sei o que dizer." Ela estava de bruços com os cotovelos flexionados, erguendo os lindos olhos verdes para mim.

Pude sentir o calor no centro do meu peito. Pauline queria minha opinião! Embora nunca tivéssemos resolvido formalmente nosso desentendimento anterior, aqui estava ela me dizendo que dava valor aos meus conselhos. Discutimos diferentes temas até que ela se deu conta do quanto amava a ideia da comunidade e da família, e começou a fazer um esboço que iria revelar esse lado meigo da sua personalidade. No final, ela me agradeceu e me abraçou.

E eu pensei apenas por um momento que talvez, apenas talvez, eu não tivesse sido, afinal de contas, um desastre tão completo como mãe.

Continuei a me sentir culpada com relação ao meu intenso comprometimento com o trabalho e por não estar com ela nas ocasiões em que ela desejou que eu estivesse? Continuei, e continuo até hoje. Mas esse incidente me fez refletir profundamente sobre quem eu fora como mãe da minha filha mais velha e no meu papel na criação dos meus filhos. Quando contemplei nosso relacionamento ao longo dos anos, compreendi que embora minhas viagens tivessem me mantido bastante longe de casa, eu estivera presente quando ela precisara de um conselho. Posso não ter acompanhado tanto suas atividades do dia a dia como Antoine acompanhou, mas eu estava lá para proporcionar a ela um lar confortável e uma boa educação. Quando eu estava em casa, eu estava presente para dar um abraço carinhoso, oferecer um ombro onde ela podia chorar, um espelho onde podia se refletir e até mesmo um lugar conveniente para apresentar queixas. E hoje, as coisas não mudaram muito. Minhas duas filhas sabem que podem contar comigo para proporcionar um terreno firme quando elas precisam. Eu dei a Pauline algumas das coisas – as coisas que eu sabia dar melhor – que ela precisava para se tornar o ser humano belo, inteligente e centrado que ela é hoje.

E embora eu imagine que ela ainda abriga alguma dor com relação às ocasiões em que eu não estava presente, ela também valoriza nosso relacionamento que está constantemente evoluindo. Durante os quatro anos que Pauline passou em Yale (sinto muito, mas não tanto, Harvard), fui convidada para dar palestras para os alunos a respeito da Chanel, da minha carreira e da minha vida. E em cada uma das vezes, Pauline não apenas compareceu como também levou um grupo de amigos. Ela estava radiante e orgulhosa nos jantares em que seus amigos ouviam a história da minha carreira e faziam perguntas a respeito de como lidar com seu primeiro emprego. De vez em quando, ela ainda me envia artigos a respeito das dificuldades das mulheres na liderança, e tem entrado frequentemente em contato comigo enquanto escrevo este livro, demonstrando curiosidade sobre o progresso dele. Depois que se formou na faculdade, quando a ajudei a conseguir seu primeiro emprego, ela fez um comentário engraçado. "Mãe, você nunca passou muito a ferro e nem cozinhou – embora eu adore sua torta de maçã (um dos cinco únicos pratos que consegui dominar) – mas no final das contas, prefiro ter uma mãe que me dê conselhos sobre minha carreira e me ajude a conseguir um emprego." De muitas maneiras, sou um modelo de vida para ela, mesmo que, às vezes, um modelo imperfeito. Pauline está agora seguindo seu próprio caminho, descobrindo o que parece certo para ela e o que lhe dará mais alegria. Embora tenham dito a ela, assim como a muitos alunos da graduação, que o diploma em história da arte não irá a levar a lugar algum, ela seguiu em frente, impregnada da beleza e natureza subversiva da sua área de especialização. Graças a uma profunda paixão pela nutrição e pelo processo de trazer alimentos saudáveis para o mundo, ela trabalhou durante quatro anos na Yale Farm e, quando se formou, conseguiu seu primeiro emprego em uma empresa que fabrica produtos puros e naturais na sua amada São Francisco.

❈ ❈ ❈

Voltando então àquelas perguntas: como alcançar o equilíbrio entre a vida pessoal e a vida profissional? Como "ter tudo" – o emprego dos seus sonhos e uma família? Qual é o truque?

O truque é... não existe truque. Eu não tive tudo, mas Antoine também não. Descobrimos como poderíamos trabalhar juntos para que cada um de nós pudesse desempenhar um papel significativo na vida das nossas filhas. Cada um de nós fez determinadas concessões e ajustes de acordo com nossas circunstâncias e com o que cada um podia oferecer. Essas circunstâncias, pontos fortes e desejos são diferentes para cada pessoa. Não existe uma maneira certa. Não há um rótulo que você possa colocar sobre sua família e chamá-la de perfeita.

São os próprios rótulos que podem tornar essas escolhas ainda mais difíceis. Ainda temos a tendência de presumir que as mulheres devem ser mais responsáveis pela criação dos filhos do que os homens, mesmo quando nos dedicamos sem reservas à nossa carreira. Se não analisarmos essas suposições, se não pararmos e perguntarmos por que as coisas são assim, acabaremos exaustos e desanimados.

Mas o que poderia acontecer se nos livrássemos da camisa de força do gênero, fôssemos além desses rótulos e encorajássemos os pais a definir seus próprios modelos, aqueles que melhor os satisfazem, se encaixam nas suas circunstâncias e proveem a subsistência dos seus filhos? Ninguém pode ter tudo, mas o que todos nós, homens e mulheres, podemos nos esforçar para ter é o que nós queremos. Não estou falando de tudo o que queremos, mas do que mais queremos. O verdadeiro "truque" é entender o que efetivamente queremos e definir claramente com nós mesmos e com nosso parceiro como queremos viver e priorizar nossa vida.

Como conseguir o que mais queremos? Deixando de lado as definições que os outros podem criar para nós bem como as imagens idealizadas que nós mesmos podemos ter criado. Tive que desistir da maneira como muitos dos meus vizinhos e amigos definiam as "boas mães". Do mesmo modo, Antoine abandonou uma trajetória de carreira convencional e as definições arraigadas que os outros tinham do que era "ser um homem de verdade". Também tivemos que nos desvencilhar dos ideais de perfeição e abraçar os inevitáveis paradoxos da nossa vida – todas as realizações e desapontamentos, alegrias e tristezas, ganhos e as perdas. Ao nos libertarmos dessas restrições, fizemos uma tentativa de criar o sucesso do nosso jeito. Nada disso é fácil, mas tende a resultar em uma vida tremendamente mais interessante.

DEZ
A Vocação da Alma

Entre 1994 e 2000, o êxito da Old Navy foi estrondoso, atingindo o auge com cerca de oitocentas lojas e 5 bilhões de dólares em vendas – um sucesso recordista e meteórico de acordo com todos os pontos de vista. Infelizmente, os negócios tinham começado a caminhar na direção oposta na Gap. Seu íngreme declínio tinha coincidido de uma maneira um tanto inconveniente com o crescimento da sua irmã mais nova, menos dispendiosa. Alguns observadores estavam certos de que ela estava decaindo devido a uma falta de produtos estimulantes. Outros juravam que tudo era por causa da sua "pegada" imobiliária (jargão para "um excesso de lojas") e da sua clientela que estava envelhecendo. Outros ainda atribuíam o que estava acontecendo à propaganda medíocre. Mas todos pareciam concordar que as linhas descoladas, os anúncios excêntricos e o design das lojas no estilo industrial chic tinham roubado um bom pedaço do negócio da Gap. Wall Street estava nervosa, a diretoria um pouco perturbada e as equipes dentro da divisão viviam um caos frenético para tentar recuperá-la. Durante algum tempo, o sucesso da Old Navy compensou o déficit e manteve à distância os lobos (isto é, da Wall Street). Temporariamente.

Bem na virada no novo milênio, enquanto a divisão Gap continuava a passar por dificuldades, os negócios da Old Navy também começaram a despencar dramaticamente. Depois de o relatório comparativo de vendas das lojas (o indicador de comparação com o ano anterior usado como nível de referência da saúde dos negócios) apresentar uma queda de mais de 10% meses a fio, o declínio não pôde mais ser atribuído ao mau tempo ou a qualquer outra desculpa conveniente. Alguns críticos postularam que as roupas tinham se tornado jovens demais: saias excessivamente curtas, calças muito apertadas e cheias de detalhes irrelevantes, camisas e blusas justas demais. Outros afirmavam que os anúncios que um dia tinham sido divertidos haviam se tornado velhos e cansativos. Muitos achavam que o modelo de loja inovador – lojas de aluguel barato nos pequenos centros comerciais à beira da estrada que requeriam um serviço melhor e mais intenso para atender o volume de clientes – precisava evoluir. E a maioria lamentava o ressurgimento da ativa concorrência da Target e da Kohl's, bem com a chegada da varejista fast fashion internacional H&M. independentemente dos motivos, todos culpavam Mickey.

Eu era agora a vice-presidente executiva de merchandising, planejamento e produção da Old Navy, e estava pronta para apresentar a nova coleção de outono para a diretoria da Gap, esperando que o que eu tinha para mostrar fosse marcar o início de uma reviravolta. Andei de um lado para o outro nos corredores, entrando e saindo da sala de reuniões enquanto esperava, ajustando uma calça aqui e um casaco de moletom de cor viva ali. Eles estavam quase cinco horas atrasados. Qual o motivo do atraso?

Emburrados. Nervosos. Distraídos. Finalmente chegaram e entraram na sala em fila indiana. Alguns dos membros da diretoria percorreram a sala com os olhos, fingindo estar observando as roupas expostas diante deles. Outros mexeram mecanicamente o pescoço de um lado para o outro como aqueles bonecos que balançam a cabeça, com um vago meio sorriso que mal escondia seu mal-estar. Mickey, cabisbaixo, tinha as mãos profundamente enterradas nos bolsos. Alguma coisa estava errada. Não era do feitio de Mickey ficar simplesmente em pé parado, imóvel.

"Devo começar?", perguntei, olhando em volta. Apenas cinco diretores estavam presentes. Mickey ergueu os olhos por um segundo, captou meu olhar de um jeito distante, e voltou à sua profunda contemplação.

"Claro", murmurou o diretor que liderava o grupo. Ninguém estava prestando atenção, embora suas cabeças balançassem na minha direção. "Este é o novo sortimento de outono?" Ele mal tinha notado que estávamos em uma sala repleta de roupas coloridas.

Iniciei meu bem ensaiado solilóquio. "Nossa estratégia de recuperação foca realmente o equilíbrio. Nas últimas temporadas, tentamos esmaecer o tom do produto para recuperar nosso cliente básico, mais velho, mas acho que erramos a mão. Nada melhorou. Os clientes disseram que os sortimentos estavam desinteressantes, com falta de cor e poucos detalhes." Eu estava tentando desesperadamente atrair a atenção dos diretores, que pareciam estar completamente alheios. Olhei para Jenny Ming, sem saber como prosseguir tendo em vista o total silêncio de Mickey e as óbvias preocupações da diretoria. Ela olhou para mim com um sorriso artificial, porém derrotado, que dizia: "Apenas siga em frente."

O mesmo diretor finalmente se manifestou. "Então vocês ainda têm fé nos moletons esportivos"? Ah, ele estava tentando me apaziguar. Eu entendi.

"Com certeza!" As palavras começaram a sair animadas da minha boca. "Achamos que poderemos duplicar nossas vendas nesses moletons. Temos alguns novos modelos fantásticos este ano, como esta jaqueta com zíper para homens, mulheres e crianças." Comecei a puxar a amostra marrom mesclado da parede para exibir os bolsos, o contraste da parte de dentro da gola e os puxadores de zíper estilo *bungee jumping*.

"Ótimo, ótimo", disse um dos diretores enquanto passava a mão em outros trajes na parede, com o olhar distante. "Então, quais são as outras novidades?"

Ahn? Todo o sortimento era novo. Olhei nos olhos de Mickey de novo. Ele apenas deu de ombros.

"Bem, temos esta incrível novidade: uma calça de lona pesada para homens e meninos. Ela é muito suave ao tato, mas é possível sentir como é resistente." Comecei a passar a amostra pelos diretores.

O diretor principal finalmente decidiu pôr um fim à farsa. "OK, Maureen, Jenny, tudo está ótimo. Temos que voltar para nossa reunião. Sentimos muito pelo atraso. O sortimento parece poderoso. Excelente." E marcharam para fora da sala.

Entrei a toda na sala de Jenny, onde a encontrei com os cotovelos na mesa e o queixo entre as mãos enquanto olhava pela janela. Jenny não é assim, pensei. Ela sempre tinha a coragem e o dinamismo do Coelhinho da Duracell. (Ela frequentemente chegava à empresa antes do amanhecer, passava o dia inteiro em sucessivas reuniões, ia para casa, preparava um jantar gourmet para a família, ajudava os filhos com o dever de casa, e depois assava bolos, biscoitos e tortas para a equipe comer no dia seguinte.) Eu raramente a via nessa postura meditativa.

"Mickey foi demitido. Consigo sentir isso", choraminguei. "Você viu como ele estava na reunião? Não disse uma única palavra! Ele nunca faz isso. Nem mesmo olhou para o produto!"

Jenny se levantou e se sentou ao meu lado, trazendo a caneca de chá como se precisasse dela para manter o equilíbrio. "Você acha? Não tenho tanta certeza. Eles teriam me dito alguma coisa."

"Jenny!", exclamei, com um indício de alerta na voz. "Vamos lá, aquilo não foi normal. Os diretores não deram a mínima para o que eu estava dizendo. Eles mal olharam para mim ou para as roupas."

Jenny sorriu com os lábios fechados e assentiu com a cabeça. "De fato, isso foi estranho. Não sei. Talvez estejam apenas estressados por causa dos negócios da Gap. O relatório comparativo de vendas deles está pior do que o nosso e acabo de ver o sortimento de outono que eles vão lançar."

"Mesmo? Está ruim? Céus, quando eles vão equacionar isso?" Um dos nossos temas favoritos era discutir o desastre no qual a Gap se transformara. Por piores que os negócios da Old Navy estivessem naquele momento, o da Gap estava pior e o declínio deles começara antes do nosso. O sofrimento adora uma companhia, especialmente quando os outros são ainda mais infelizes, eu suponho.

Depois de trocar ideias durante vários minutos, saí da sala dela. Uma tempestade estava se formando.

No dia seguinte, fui chamada à sala de Jenny. "Feche a porta", disse ela, fungando, com os olhos vermelhos e inchados.

"Eu sabia!", gritei. "Eles o demitiram. Que droga! Que diabos? Como puderam fazer isso? São uns idiotas. Eu sei que os negócios andam mal, mas isso?!?"

Jenny começou a murmurar qualquer coisa; ela raramente ficava zangada e nunca levantava a voz, de modo que pegou um lenço de papel e assoou o nariz.

"Sério?!? Você não acha que ele os tornou bastante ricos?", exclamei, violentamente. "Droga!"

Jenny mal conseguia falar. "Você precisa ir para sua sala. Ele também quer falar com você. Acabo de falar com ele por telefone, e vão nos chamar à sala da diretoria."

Pude sentir que estava prestes a chorar enquanto andava apressada em direção à minha sala para esperar o telefonema de Mickey.

"Olá, Maureen. Mickey." Sua voz estava séria, nasal e suave; quase não a reconheci. E depois, silêncio. Eu conseguia ouvi-lo engolir em seco em segundo plano. "Hum... ahn... Tomei a decisão de deixar a Gap", disse ele, com a voz entrecortada.

Eu não sabia o que dizer. "OK", sussurrei, com as lágrimas enchendo meus olhos e caindo sobre o teclado do computador. "Quando? Imediatamente? Por quê?" Eu nem mesmo me importava com as respostas para as minhas perguntas idiotas.

"Não sei. Alguns meses. Vou ficar algum tempo por aqui durante a transição." Houve uma longa pausa enquanto ele cobria o fone com a mão, fingindo que estava tossindo para ocultar os soluços. Sua voz áspera soou novamente. "Acho que está na hora de partir. Fiz o máximo que pude."

"Sinto muito, Mickey. Estou muito triste. Eu adorava trabalhar com você." As palavras pareceram imaturas, mas foi o melhor que consegui fazer. Meu coração estava partido. Nos 14 anos das nossas infames "Reuniões com Mickey", ele me ensinara tudo o que eu sabia a respeito de merchandising. Ele era a alma da Gap, a força vital, o farol luminoso para todos os merchandisers e estilistas, na verdade para qualquer pessoa criativa. Ele fora duro comigo algumas vezes, porém justo. Ele confiava e acreditava em mim. Mesmo quando discordava veementemente, ele me tratava com um sincero respeito. Eu estava perdendo mais do que apenas um professor e uma inspiração, mais do que "o maior merchandiser do mundo". Eu estava perdendo um mentor e um amigo.

"OK. Tenho que ir. Nos falaremos depois. Você faz parte do grupo dos competentes, Maureen. Cuide-se", disse Mickey, e desligou o telefone.

✳ ✳ ✳

VINTE, TALVEZ TRINTA EXECUTIVOS estavam enfileirados na sala da diretoria situada no último andar do nosso prédio novo em folha. A sala estava repleta de latente ansiedade. A maioria dos executivos não sabia ao certo porque estávamos lá, mas como a reunião tinha sido marcada para as 12h35 (depois do sino de abertura da Bolsa de Valores de Nova York), quase todos adivinharam que o assunto era grave. A sala inteira ficou em silêncio quando Don Fisher, fundador, e presidente do conselho administrativo, entrou com Mickey atrás dele.

Don caminhou desajeitadamente até a cabeceira da mesa. Suas sobrancelhas cerradas espreitavam por cima dos óculos quadrados e pareciam pesar com força sobre suas pálpebras como se ele estivesse permanentemente apertando os olhos. Ele pôs as mãos nos bolsos e disse: "Boa tarde. Temos um pronunciamento importante a fazer nesta manhã. Vou dar a palavra a Mickey."

Mickey estava com o rosto inchado e vermelho enquanto desdobrava um pedaço de papel que tinha na mão. "Acabo de informar ao conselho" – ele começou a fungar e engasgar – "o meu desejo de renunciar ao cargo de CEO da Gap". As lágrimas agora escorriam pelo seu rosto.

"Ingressei nesta empresa há 19 anos e, desde essa época, todos construímos um negócio magnífico. Tenho orgulho do que fomos capazes de realizar juntos e quero agradecer a todos o árduo trabalho, dedicação e apoio." A essa altura, Mickey estava chorando bem alto.

O silêncio na sala era sepulcral, a não ser pelos suaves soluços dos executivos que adoravam Mickey. Eu nunca vira um homem chorar dessa maneira e certamente não um homem com a envergadura, a força e a aura de Mickey Drexler. Sua vulnerabilidade me atingiu e apertou meu coração. Eu mal conseguia respirar enquanto sentia sua dor e humilhação. Mickey havia derramado cada célula do seu corpo no desenvolvimento do negócio e na energização das pessoas que liderava. Ele pode ter sido duro, até mesmo instável, às vezes, mas somente porque se importava profundamente com as marcas e as pessoas que as administravam. Todos sabíamos a verdade: ele tinha sido demitido. O conselho perdera a paciência com ele enquanto os negócios despencavam e suas tentativas radicais de mudar o rumo continuaram a fracassar. (Ironicamente, os negócios passaram a melhorar pouco depois da sua saída graças a muitas das mudanças que ele introduzira.)

Don Fisher leu um agradecimento insípido e monótono a Mickey pelos seus anos de serviço, como se fosse uma lista de verificação de itens, repleta de elogios como "criatividade, paixão e visão" para demonstrar sua "admiração" enquanto Mickey continuava a chorar copiosamente.

Todos marchamos para fora da sala em silêncio, alguns parando para abraçar Mickey, outros escrupulosamente se dirigindo para a porta. Quando peguei o elevador para descer até minha sala, o contrassenso da cena me atingiu. Ali estava, talvez, o maior merchandiser de todos os tempos, um líder visionário que literalmente inventou a Gap que os clientes vieram a conhecer, que criou a Old Navy, e fez a transição da Banana Republic de apetrechos de safári para uma marca descolada e moderna. Ali estava um homem que combinava o melhor de todas as qualidades necessárias para gerir uma empresa e liderar uma equipe. Ali estava um homem que moldara e treinara um número maior de grandes merchandisers do que qualquer outra pessoa no setor de varejo, que abrira bem os olhos deles para a beleza do mundo e deixara que os corações deles conduzissem as escolhas que fizessem. E depois de tudo que realizara, foi derrubado e reduzido a uma lista de banalidades vazias.

A demissão de Mickey ficou marcada a ferro na minha memória, criando uma cicatriz que ajudou a me guiar para onde eu iria depois e a definir o tipo de líder que eu desejava me tornar. Sua energia e entusiasmo contagiantes, seu amor e paixão inabaláveis pelo produto e por aqueles que o criavam, e seu respeito pelo cliente, não como um número ou estatística, mas como uma pessoa de verdade, deixaram uma marca ainda maior. Desde sua saída em 2002, a Gap teve novos CEOs; nenhum deles conseguiu recuperar inteiramente a empresa. Perderam muitos dos grandes merchandisers e talentos de design que um dia impulsionaram o sucesso da companhia. Com frequência me pergunto o que poderia ter ocorrido se as coisas tivessem acontecido de uma maneira diferente, se a diretoria tivesse encontrado uma forma mais inventiva de se beneficiar do gênio de Mickey e se a pressão dos acionistas não tivesse forçado a demissão dele. As coisas acabaram saindo melhores para Mickey, que posteriormente reinventou a J. Crew. Mas no final, quando uma empresa perde seu coração e sua alma, também perde seus melhores talentos, e, com o tempo, sua razão de ser.

E por falar em razão de ser, qual era a minha afinal? Antes desse evento cataclísmico, eu estava ansiosa para assumir mais responsabilidades. Eu me sentia pronta para articular minha visão pessoal para uma marca e ansiava para dirigir um negócio e ter todas as funções, da financeira ao design, subordinadas a mim. E naturalmente, eu esperava ser reconhecida pelos meus sucessos anteriores; afinal de contas eu fizera parte da equipe que desenvolvera a Old Navy a partir do zero. Eu estava pronta para um cargo de mais responsabilidade com uma remuneração maior; em outras palavras, eu queria ser presidente. Como não havia nenhuma posição disponível a não ser na divisão da Gap (que era grande e complexa demais, e além disso estava profundamente envolvida com a política), comecei a responder aos muitos chamados que eu vinha recebendo dos recrutadores, graças ao meu excelente desempenho na Old Navy. Desenvolvi a saudável estratégia de ouvir educadamente e responder com cortesia – nunca sabíamos quando poderíamos efetivamente querer falar com um caça-talentos – mas todos tinham a mesma retórica. Alguma empresa sem nome, porém altamente bem-sucedida, estava procurando alguém "exatamente com o tipo de experiência que você tem". Rejeitei a maioria das propostas que recebi porque não me senti inspirada pelo CEO, a localização não era boa ou os produtos da empresa deixavam muito a desejar. Eu ainda estava empenhada em ter êxito na Gap.

Mas houve um telefonema, da Heidrick & Struggles, a proeminente firma para executivos de alto nível, que me deixou intrigada. Nunca se rejeitava um chamado da Heidrick, porque eles eram conhecidos como líderes na sua área, e raramente recrutavam pessoas para qualquer posição abaixo de presidente ou dos níveis executivos mais altos. Eu era possivelmente "compatível" com uma "empresa de luxo francesa de capital privado" cujo nome não poderia de jeito nenhum ser divulgado por questão de sigilo. Não demorou muito para que eu adivinhasse a identidade dessa misteriosa desconhecida, a única empresa de luxo francesa de capital totalmente privado: Chanel. Eles queriam me conhecer, mas não estavam com pressa para preencher um cargo que aparentemente ainda não existia.

Teve início então uma série de entrevistas intermitentes, que duraram bem mais do que um ano, com os donos, outros recrutadores e vários executivos da empresa. Parecia que eles estavam decididos a me conhecer... no tempo deles. (Mais tarde, vim a aprender a expressão usada com orgulho, porém às vezes com frustração, pelas equipes da Chanel, *"le temps Chanel* – o tempo Chanel, que era determinado pela Casa, não por indicadores objetivos como minutos, horas, dias ou meses.) Um executivo de alto nível, cujo título permaneceu um segredo bem-protegido, me fez apenas algumas perguntas comerciais, principalmente a respeito de como era criar uma marca, como eu havia liderado as equipes e o que acontecera durante o declínio da Old Navy. Fiquei perplexa por ele não fazer a clássica pergunta das entrevistas: "Como você conduzia seus negócios?" Ele queria saber mais a respeito de como eu via a marca Chanel e, especificamente, como eu poderia tratá-la e qual a minha atitude com relação a trabalhar lá. Minha segunda entrevista foi com uma pessoa que, como eu viria a descobrir mais tarde, era o principal tomador de decisões da Chanel; não obstante, passamos a maior parte da entrevista falando a respeito da minha família, do meu amor pela França e sobre os lugares onde eu gostava de passar as férias. Todas as vezes que tentei fazer perguntas a respeito do tamanho da companhia, do âmbito da responsabilidade, das suas ambições ou estrutura organizacional, recebi respostas vagas e genéricas. *Que tipo de empresa era essa? Quando eu poderia me vangloriar de ter ajudado a elevar a Old Navy de zero para 5 bilhões de dólares? Será que eles ao menos se importavam com isso?*

Não tive notícias da Chanel durante meses; imaginei que eu não tinha atendido às expectativas deles e, com o tempo, coloquei em suspenso minha curiosidade a respeito da discreta e desconcertante marca para perseguir meu objetivo na Gap. Seguindo um conselho convincente de um amigo e mentor em finanças, reuni coragem "para pedir como um homem" – o que queria dizer "não me vender barato como uma mulher" (palavras dele) e explicar por que eu estava qualificada – para me tornar presidente da Banana Republic. Nas últimas semanas da transição de Mickey para fora da empresa, fui nomeada para o cargo, embora eu não pudesse deixar de ficar incomodada por ter tido que recorrer a um poder masculino para consegui-lo.

Os desafios do negócio me fascinavam. Como um gato com muitas vidas, a Banana Republic sobrevivera a várias eras e múltiplas mutações. Começando como uma loja inspirada em safáris no final da década de 1980, a marca atraiu hordas de clientes com seus modelos de calças esportivas e coletes de fotógrafo bem-projetados e com muitos bolsos. Mapas antigos desbotados de lugares longínquos se estendiam pelas paredes perto de pilhas de calças cáqui e verde-oliva resistentes, de aparência desgastada. Mas uma vez que os clientes tinham seu estoque de cachecóis com estampas de leões e de chapéus no estilo Crocodile Dundee, as lojas começaram a se parecer cada vez mais com parques temáticos tristemente envelhecidos com redução de preços. Os negócios despencaram. Graças a uma astuta profissional de marketing (Jeanne Jackson, "roubada" da Victoria's Secret) e um bando de consultores, a direção descobriu no emaranhado de pesquisas de mercado uma coisa chamada "espaço branco" (um termo cujo propósito é descrever uma oportunidade de negócio) no mercado contemporâneo, um desejo não satisfeito de "luxo acessível". Essa descoberta no final da década de 1990 marcou o início de um visual inteiramente novo para a Banana Republic e um ressurgimento temporário. Ternos delgados e elegantes, bolsas de couro escassamente decoradas e camisas brancas impecáveis sopraram nova vida na empresa. Fotos austeras em preto e branco, orquídeas e mobília italiana contemporânea substituíram os mapas desbotados, os cipós e os chapéus de explorador do conceito original. Multidões de yuppies, metrossexuais e jovens ambiciosos ficavam enlevados com os manequins de falso Prada que posavam serenos nas vitrines com moldura preta recém-pintada. Infelizmente, quando as calcas *skinny* não conseguiram agradar aos clientes menos "sarados", os negócios da Banana Republic despencaram novamente. Os anos "Prada" tinham surgido e partido, e a Banana Republic estava novamente em busca de uma nova personalidade.

Era um grande desafio para mim! Eu cultivara um sentimento intuitivo da identidade de marca quando criamos a Old Navy e sabia que poderia aprimorar o produto. Eu estava pronta para colocar em prática tudo o que aprendera – com Mickey, Jenny Ming e até mesmo nos primeiros dias na L'Oréal quando James me mostrara como uma imagem pode calar fundo no coração de um cliente. Só que eu nunca tinha administrado um negócio de ponta a ponta. Nunca tinha tido tantos subordinados diretos, muitos dos quais tinham mais experiência e um tempo de casa maior do que o meu. Nunca tinha sido exposta à diretoria da Gap sem a rede de segurança da presença reconfortante e maternal de Jenny. Nunca tivera doze mil conjuntos de olhos observando cada movimento meu e esperando pela minha visão e orientação. Na minha cabeça (ninguém efetivamente havia me pedido isso), eu tinha noventa dias para sugerir um plano, doze semanas para mostrar meu valor à diretoria e três meses para inspirar e injetar alguma ambição na minha nova equipe. Eu tinha pela frente uma tarefa muito difícil – enquanto descobria como trabalhar com o novo CEO da Gap.

Esguio, bronzeado, com luminosos olhos verdes, Paul Pressler, o novo CEO da Gap, cativou de imediato a diretoria, o mercado, a maioria das equipes e até mesmo a mim. Seu jeito refinado e sorriso radiante convenceu a todos, inclusive os mais céticos fãs de Mickey, de que continuaria a patrocinar e apoiar nossas iniciativas criativas e de merchandising. No entanto, à medida que o tempo foi passando, descobri que ele tinha uma maneira levemente diferente de encarar o que os franceses poderiam chamar de "*le nerf de la guerre*" (literalmente, "o nervo da guerra"; figuradamente, "o xis da questão").

Veja bem, até este ponto, os estilistas e os merchandisers desempenhavam os papéis principais na empresa, concebendo produtos inovadores, além de selecionar e investir em tendências. Juntas, essas duas equipes prediziam o futuro criando o desejo, geralmente antes de os consumidores saberem o que queriam. Todas as outras funções respaldavam essa dinâmica delicada, que favorecia a intuição acima da análise e da estratégia. Paul, por ter adquirido uma formação de marketing mais tradicional na Disney, esperava encorajar as habilidades analíticas e estratégicas da Gap. Esqueça o brado de guerra de Mickey: "Compre do jeito que você gosta!" Paul preferia intensamente que os merchandisers escolhessem os produtos com base nas pesquisas de mercado, no perfil do consumidor, na segmentação do mercado e nos "espaços em branco". Ele procurou redistribuir o poder organizacional, conferindo ao planejamento, à produção e aos assuntos financeiros o mesmo peso que à criação e seleção, que havia muito tempo davam as ordens. Além disso, com bons motivos, Paul também procurou melhorar a eficiência, já que os lucros da Gap estavam em uma fase ruim. À medida que a empresa crescera, o número de funcionários também aumentara, e suas funções e responsabilidades com frequência coincidiam. Ele contratou consultores para otimizar nossas atividades. Suas medidas foram de marketing convencional.

Concordei em que um pouco mais de rigidez poderia nos ajudar a identificar os clientes certos – especialmente na Banana Republic, onde nossa identidade esquizofrênica poderia usar algum foco. Desse modo, tentei aprender a nova linguagem de diagramas de barras e gráficos, segmentação do cliente e "espaço em branco". Decorei vários termos específicos e me esforcei para aplicar modelos de "aptidão organizacional" à minha equipe. Revi o material de um curso de educação executiva que eu fizera em Stanford – uma espécie de "Finanças para Leigos" – e reli a teoria das "atividades únicas" para garantir a diferenciação estratégica da minha marca. Estudei atentamente livros clássicos de administração e até mesmo assinei o *Wall Street Journal*.

Foi tudo em vão. Eu não tinha sido feita para aprender essa linguagem. Jamais gostei de geometria, não fiz matérias de matemática na faculdade e, por trabalhar no notoriamente imprevisível mundo da moda, eu evitara me apoiar muito na análise de dados. Comecei a ter pesadelos a respeito de triângulos, círculos, quadrados e losangos. E a esta altura, você decididamente sabe como me sinto a respeito das limitações. Na minha experiência, os clientes não se encaixam em pequenas e elegantes categorias, e não são capazes de nos dizer qual a moda que poderão querer vestir com um ano de antecedência. Quando me pediram para esconder minha intuição e favorecer as grades, os quadros e gráficos, comecei a sentir que eu talvez não fosse a "personagem" certa no "reino mágico" reimaginado por Paul. Lembro-me de ter ido a uma das minhas primeiras "Reuniões com Paul" quando estava na Banana Republic e exibido um deslumbrante casaco masculino de caxemira azul-marinho do qual particularmente me orgulhava, e ter ouvido a seguinte pergunta: "Você pode descrever o tipo de "hóspede" que comprará esta jaqueta?" Paul rapidamente se corrigiu e disse "cara", mas você entende aonde estou querendo chegar.[8] Minha alma estava se dissolvendo.

---

[8] Em 2000, Pressler foi nomeado presidente do conselho administrativo da Walt Disney Parks and Resorts. Ele supervisionou uma grande expansão, que incluiu a inauguração do novo parque temático California Adventure, o Grand Californian Hotel da Disney e a reforma de um hotel existente. O novo parque e os hotéis foram inaugurados no início de 2001, e todo o complexo foi chamado de Disneyland Resort. Em setembro de 2002 ele aceitou o convite para ser o CEO da Gap, depois de ter recusado inicialmente a proposta. (N.T.)

Foi quando o recrutador da Chanel telefonou outra vez dizendo que queria que eu pegasse um avião para Nova York. Depois de meses de silêncio, meu possível empregador demonstrou a vontade de me conhecer ainda melhor.

Fiquei intrigada, sem mencionar lisonjeada, e até mesmo honrada pelo fato de uma marca francesa com tão boa reputação pudesse ainda estar me considerando para o que finalmente fui informada que seria o cargo mais elevado de todos, o de CEO internacional. Por coincidência (ou talvez não!), eu acabara de conhecer minha primeira jaqueta Chanel, ficara muito impressionada com ela e a comprara durante uma das nossas "viagens de inspiração" à Europa. Na Gap, quando os negócios iam bem, fazíamos duas viagens por ano à Europa; eram expedições de compras nas quais comprávamos amostras, tirávamos fotos de displays interessantes e estudávamos diferentes métodos de merchandising. Mickey acreditava que essas viagens nos ajudariam a cultivar nossos olhos (jargão para "nível de bom gosto"), refinar nosso sentimento e aperfeiçoar nossa intuição a respeito das tendências e estilos que poderiam se tornar populares entre os nossos clientes. Nessa viagem particular, visitei uma loja descolada em Paris chamada Colette quando divisei a jaqueta, um modelo extremamente feminino, pendurada no setor de jeans. Eu me apaixonei loucamente por ela. Até esse momento, eu nunca tinha ousado entrar em uma boutique da Chanel por recear que os vendedores pudessem zombar do meu tênis Converse e shorts cargo. Eu nunca considerara a Chanel uma marca para mim, porque ela parecia financeiramente fora de alcance e talvez um pouco conservadora e discreta demais. Mas ao ver essa jaqueta em uma loja tão ultramoderna mudou completamente meus conceitos errôneos anteriores (outra prova da teoria desconstrucionista de contexto e subversão). O estilo da jaqueta creme e marrom de *tweed* e jeans combinava perfeitamente com o jeans que eu estava usando. Vesti a jaqueta e me olhei em todos os espelhos da loja, tentando justificar o preço astronômico marcado na etiqueta. Sai da loja de mãos vazias mas continuei a espreitar a jaqueta em todas boutiques da Chanel em Paris até ter certeza de que não poderíamos viver longe uma da outra. Finalmente, voltei à Colette para comprá-la porque ela parecia mais legal lá, misturada e combinada com as linhas mais casuais. Tive o pressentimento de que havia esbarrado em uma nova tendência importante. *Se a Collete está vendendo essas jaquetas, pensei, a Chanel vai estar em alta novamente.* Como merchandiser, essas observações sempre significavam alguma coisa, embora as chances de copiar uma jaqueta da Chanel em qualquer divisão da Gap fossem muito pequenas. Mas dessa vez, eu não estava comprando uma amostra para fins comerciais. A jaqueta era para *mim*.

❋ ❋ ❋

Eu não tinha a menor ideia do que esperar quando peguei o elevador para o quadragésimo quarto andar dos escritórios da Chanel em Nova York e me vi diante de janelas panorâmicas que emolduravam a mais ampla vista do Central Park que eu já vira. Divisando com dificuldade as minúsculas pessoas que tomavam banho de sol, os carrinhos de cachorro-quente, os cavalos e as charretes, fiquei em pé aguardando a entrevista. Levantei os olhos para um enorme retrato de Coco Chanel e me senti terrivelmente deslocada. Houve um momento em que me perguntei se haveria duas "de mim" – aquela que passeava pelo shopping em Mill Valley nos fins de semana vestindo jeans rasgado e sandálias Birks, sem um pingo de maquilagem, e aquela que estava agora alisando as pregas do seu tailleur de gabardine sério imaginando que seu batom poderia estar ficando ressecado. Será que eu realmente me encaixaria ali?

Por estranho que pareça, eu não estava completamente segura de que queria ingressar na Chanel naquele momento da minha vida. Tendo passado quase quatorze anos na Área da Baía de São Francisco, eu tinha a impressão de que a Gap era o centro do universo, o único lugar onde eu poderia estar. Até o Grande Declínio da Gap, tínhamos a escolha da nata dos talentos de merchandiser e design, e meu período bem-sucedido na Old Navy me prometia uma sólida trajetória de carreira para mim. Naturalmente, eu conhecia a história do enriquecimento súbito da famosa estilista da Chanel, lembrava-me de ter admirado os belos anúncios da fragrância Nº5 que tinham como estrela Catherine Deneuve e tinha visto fotos do estilista deles na época, Karl Lagerfeld. Mas trabalhar na Chanel, e ainda por cima dirigir a empresa? Isso não era algo que eu um dia tivesse imaginado, mas, no entanto, começara a fazer perfeitamente sentido.

Era mais do que apenas a chance de falar francês de novo ou trabalhar para uma marca de luxo. Outra coisa me manteve envolvida em imaginar um futuro na empresa, apesar das numerosas perguntas não-respondidas e o processo de entrevista indolente da Chanel. Quando conheci vários executivos da empresa, eles pareciam se importar com questões menos óbvias do que aquelas que eu me acostumara a escutar nas salas da diretoria da Gap e da L'Oréal. Não dedicávamos tempo à discussão de planos ou processos de negócios. Eu não via um único quadro ou gráfico. Embora mais tarde viessem a revelar alguns resultados comerciais, eles pareciam infinitamente mais interessados em como equilibrar seu legado de oitenta anos com a modernidade e em como crescer e ao mesmo tempo preservar a exclusividade da marca. Muitos falavam da história de Coco Chanel, da sua visão como mulher, e da importância incrível que a criatividade desempenhava em tudo o que eles faziam. Para uma moça que adorava a beleza, não pude deixar de ficar intrigada.

O recrutador disse que eu me saíra bem nas entrevistas naquele dia, mas quando vários meses se passaram sem que eu recebesse nenhuma notícia, presumi que o cargo tivesse sido oferecido a outra pessoa. No entanto, nove meses mais tarde, recebi outro telefonema, no qual fui convidada para ir a Paris para uma entrevista adicional. Asseguraram-me de que se tratava de uma "formalidade" – dessa vez com uma pequena firma de recrutamento francesa. Seus escritórios ressudavam o mais elevado grau da estética e do bom gosto franceses: o teto alto revestido de frisos refinados, pisos em ziguezague brilhando com pátina cor de mel, a decoração minimalista indicando uma elegância natural.

"*Entrez*", disse minha entrevistadora, convidando-me para me sentar em uma cadeira Eames diretamente à sua frente. Senti que ela estava estudando meu traje – um terninho listrado Gucci novo em folha que eu comprara apenas para a ocasião. (Imaginei que talvez fosse prematuro e pretensioso demais vestir Chanel.) Trajando um simples tailleur Prada, ela deu um breve sorriso de aprovação com a boca fechada. (Mais tarde, vim a saber que a Gucci era um de seus outros clientes.) Logo as gentilezas e a atitude cortês deram lugar a um intenso interrogatório.

Muitas das indagações se concentravam em como eu via a criatividade. Eu acreditava que era o marketing ou o lado criativo impulsionava o negócio? Como eu trabalhava com as equipes de criação? Eu dizia a elas o que fazer ou deixava que elas liderassem? No final da nossa conversa, eu estava completamente exausta, mas as perguntas insistentes tinham me oferecido outro vislumbre dos valores do meu possível novo empregador. Ela estava falando a respeito da imagem, da beleza e de um produto excepcional. *Seria possível que eles falassem a mesma língua e se interessassem pelas mesmas coisas que eu?* Talvez minha falta de experiência com marcas de luxo não fosse uma desvantagem tão grande quanto eu imaginara. Talvez meu amor pela beleza e pela criatividade fossem o que realmente importava.

Depois de ter sido cortejada durante um período tão prolongado, fiquei ao mesmo tempo surpresa e agitada quando a Chanel finalmente decidiu me fazer uma proposta. Eu estava apenas esperando para receber o contrato de emprego quando fui informada de que teria que ser aprovada em mais um teste. A Chanel pedira que eu me encontrasse com um psicólogo corporativo para uma avaliação final.

※ ※ ※

DE VOLTA A NOVA YORK, subi os degraus de concreto rachado de uma casa de arenito pardo malconservada e toquei a campainha do consultório do homem que chamarei de Dr. Nounours. Ouvi o ruído de passos e a porta se abriu. "Olá, entre, vamos para o segundo andar." Um homem grande apertou minha mão e apontou para o vão da escada. "Vou pegar o elevador. Tenho um problema na perna. É a porta à direita. Pode entrar e se sentar que estarei lá em um minuto."

Eu os vi assim que abri a porta do consultório. Cor-de-rosa. Quase todos eram em tons de algodão doce ou chiclete de bola. Ocupavam um grande espaço no minúsculo apartamento, aleatoriamente colocados nas prateleiras predominantemente vazias, em cima da geladeira da cozinha adjacente, inseridos dentro do móvel aberto da televisão, enfiados no canto do sofá em forma de L e até mesmo empoleirados na estreita prateleira de vidro do banheiro. Ursinhos de pelúcia dos mais diferentes formatos e tamanhos em sua maioria cor-de-rosa, uma espécie de corpo de jurados felpudos, suponho, prontos para chegar a um veredicto sobre meu teste final antes que eu fosse contratada pela Chanel.

Absorvi o apartamento apertado e meus novos amigos peludos, sem ainda estar convencida de que estava no lugar certo. *O homem com um problema na perna era o Dr. Nounours? Esse era seu "consultório"? E se fosse, por que havia ursinhos de pelúcia em toda parte? Eles faziam parte do meu teste? Ele iria me julgar com base em como eu reagia a essas circunstâncias incomuns?*

Depois de vários minutos, o médico entrou e se apresentou, estendendo a mão novamente. "Sinto muito por tê-la feito esperar. Eu demoro para me deslocar", disse ele enquanto desabava pesadamente na cadeira ao meu lado em uma mesa redonda. "O pessoal da Chanel me pediu para conhecer você um pouco. Portanto, você pode relaxar, seja você mesma. Vamos ter uma conversa. Não há motivo para ficar nervosa."

O restante da consulta de cinco horas permanece na maior parte confuso. O Dr. Nounours de fato travou uma conversa comigo salpicada de perguntas e obscuros cenários do tipo "e se". "Se você estivesse em uma biblioteca, estudando para um teste, e uma pessoa sentada perto de você começasse a fazer muito barulho. O que você faria?"

Por que a Chanel estava interessada nos meus hábitos de estudo? "Bem, eu provavelmente me levantaria e procuraria um lugar mais tranquilo, eu acho."

O médico começou a escrever alguma coisa. *Minha resposta tinha sido aceitável? O que ela disse a meu respeito*? "Digamos que não houvesse lugares vagos." Ele continuou a me pressionar. "O que você faria então?" Eu obviamente não tinha concluído a resposta.

"Eu provavelmente tentaria não prestar atenção ao barulho, suponho." Ele me olhou diretamente, fez uma pausa, e voltou a rabiscar alguma coisa no papel. *Ele estava avaliando minhas habilidades de gerenciamento de conflitos? Que diabos isso tinha a ver com bolsas acolchoadas?*

"Mas digamos que a pessoa esteja fazendo um barulho tão grande que impeça você de se concentrar?"

Oh céus, será que ele não vai parar nunca? Estou passando ou sendo reprovada no teste? "OK, OK. Eu provavelmente pediria educadamente a ela que fizesse menos barulho." O interrogatório continuou até que, várias horas depois, ele me entregou uma prova escrita. Quando terminei, ele me pediu que escrevesse alguma coisa em francês.

"O que o senhor quer que eu escreva?"

"Oh, qualquer coisa que você tenha vontade. Isso é apenas uma amostra da sua caligrafia", respondeu ele, erguendo a sobrancelha com cumplicidade. "Você sabe, os franceses... Eles acreditam que conseguem avaliar uma pessoa por meio da caligrafia. Não tenho nada a ver com essa parte. Acredite. Só preciso entregar o papel para eles." Eu quase caí na risada, me perguntando se os ursinhos de pelúcia estavam de acordo.

Quando estendi a mão para pegar minha bolsa e ir embora, o Dr. Nounours tinha uma última pergunta a fazer. "Você provavelmente está se perguntando por que sou tão gordo, não é mesmo?" Eu me sentei de volta na cadeira, em estado de choque. Como responder a uma pergunta desse tipo? Algumas possíveis respostas passaram pela minha cabeça.

"*Não. Na verdade eu nem tinha notado.*" Não posso dizer isso, porque seria obviamente mentira. "*De fato, qual é a sua dificuldade?*" Um tanto rude e não muito sensível da minha parte. Finalmente optei por olhar profundamente nos olhos dele e esperar que ele prosseguisse. Ele me contou como machucara a perna, e que o deixara deprimido e incapacitado. Ouvi atentamente o que ele tinha a dizer e expressei minha solidariedade pela situação dele e minha esperança de que ele se recuperasse o mais rápido possível. Senti que tínhamos estabelecido uma conexão em um nível humano, mais profundo.

Mais tarde, quando pesquisei quem ele era, constatei sua excelente reputação e compreendi por que uma empresa tão sensível poderia procurar seus serviços. Na realidade, todo o processo de entrevistas – que começara um ano e meio antes e culminara nessa interação incomum – revelou tanto para mim a respeito do meu novo empregador quando deve ter revelado a meu respeito para eles. A empresa na qual eu estava prestes a ingressar estava infinitamente mais interessada no tipo de pessoa e no tipo de líder que eu seria, como eu poderia tratar seus fiéis funcionários e quais seriam minhas ideias com relação a preservar a marca e conduzi-la ao futuro. Muitos CEOs demonstram seu valor fazendo uma mudança rápida e radical, abandonando o passado em prol do que acreditam ser um futuro mais luminoso. Não era isso que a Chanel estava procurando porque não seria apropriado à marca, cuja tradição era verdadeiramente exclusiva e inspiradora para as mulheres no mundo inteiro, ou ao seu pessoal, cujo talento e lealdade excepcionais haviam cultivado a marca ao longo do tempo. Eles queriam alguém com um profundo entendimento e respeito pelo seu legado. Esse delicado exercício de equilíbrio requereria incisivas habilidades de observação que levassem à compreensão da evolução do mundo combinadas à introspecção necessária ao exame da íntima essência da marca e à busca de pérolas que podem ter sido desconsideradas. Exigiria uma profunda capacidade de ouvir para obter informações dos seus funcionários altamente experientes e com um longo tempo de casa, ao lado de respeito e amor pelo processo criativo para promover a inovação e enxergar a beleza em ideias perturbadoras. Doses iguais de humildade, pragmatismo e confiança também seriam pré-requisitos, bem como a paciência, muita paciência, para tomar decisões ponderadas e calculadas em um mundo que não raro nos pressionava a avançar rápido demais. A paciência e a humildade seriam especialmente importantes, já que eu estava prestes a passar três anos completos em treinamento antes de assumir minhas plenas responsabilidades. No primeiro ano, eu me mudaria com minha família para Paris e passaria os dias apenas aprendendo, sem ser responsável por quaisquer reuniões ou objetivos definidos, e sem uma equipe ou mesmo um assistente. Se esse primeiro ano corresse como planejado (ou não-planejado, por assim dizer), eu passaria então os dois anos seguintes "na linha de frente", na função operacional de presidente da Chanel, Inc. (a divisão americana) antes de assumir o cargo de CEO internacional. Apesar da postura da Chanel – ou melhor, por causa dela – fui capaz de perceber como os valores da empresa combinavam com os meus.

É óbvio que os fatos concretos – o salário, o título do cargo e a função, o local e a âmbito da responsabilidade – tinham muita importância, bem como os elementos mais impalpáveis – a cultura da organização, a química com o novo chefe e os colegas. Mas tomar decisões relacionadas com a carreira nunca é tão simples quanto percorrer uma lista de verificação. E nem mesmo é sempre lógico. Na realidade, pouco antes de aceitar a proposta da Chanel, quase traí minha intuição e aceitei outra posição em uma empresa cujo "lado positivo" (quero dizer, a possibilidade de eu ganhar mais dinheiro) parecia muito atrativo. Por sorte, fui capaz de retroceder e me reconectar com meus melhores instintos.

Como a maioria das decisões importantes na vida, reversões como essa acontecem quando nos permitimos seguir nossas linhas do coração – o que realmente é importante, que valores nós prezamos, que contribuições esperamos oferecer – e observar todos os sinais durante o processo de entrevista, além das perguntas típicas e conversas comerciais, que indicam se a organização na qual estamos prestes a ingressar compartilha essas qualidades.

No dia em que anunciei meu afastamento da Banana Republic, lembro-me da expressão consternada da minha equipe, cuja confiança e dedicação eu me esforçara muito para conseguir. Muitos ficaram orgulhosos por me ver ir trabalhar em uma "verdadeira" casa de luxo, onde o amor pela beleza, arte e estilo podiam superar qualquer grade ou quadro que eles pudessem pressentir. Outros ficaram zangados por eu ter desertado tão rápido. Senti remorso, por ter começado uma coisa que não pude terminar, por abandonar aqueles que se importavam o bastante para apoiar meus esforços efêmeros, mas meu coração e minha alma estavam apontando para outro lugar.

Por que a Chanel finalmente me contratou? Nunca saberei o que foi discutido atrás das portas fechadas, mas eis algumas das razões que consegui reunir ao longo do tempo. Para o observador externo, eu tinha o currículo certo: falava francês, compreendia a cultura e tinha experiência tanto em marketing quanto no varejo. Eu tinha um excelente histórico no processo de desenvolver uma empresa e uma sólida reputação em liderar equipes. Mas além dessas realizações (e rótulos!), a Chanel identificou qualidades que eles acreditavam ser mais cruciais para a integridade da marca e dos seus numerosos entusiastas dentro e fora da casa. Eu acreditava no poder da criatividade para conduzir o negócio, estava preparada para abrir mão temporariamente da minha identidade anterior como presidente, para desaprender tudo o que eu soubera antes para ir da "mentalidade de massa para a mentalidade da excelência" e esperar três anos para efetivamente assumir o título de CEO.

Por que eu fui para a Chanel? Bem, poderíamos dizer que pareceu a coisa certa fazer. Exatamente como minha primeira jaqueta de *tweed*... combinou comigo!

ONZE
Abraçando o Paradoxo

Fiquei em pé debaixo do candelabro no apartamento de Coco Chanel, pescoço esticado, olhos bem abertos, enquanto absorvia a radiância dos cristais de ametista e de âmbar, delgadas gotas e formas de pera dilatadas, que brilhavam e cintilavam acima de mim. Se eu olhasse mais de perto, ressaltou o guia, poderia divisar os Cs duplos (como o logotipo da Chanel), os Gs (de Gabrielle, o primeiro nome de Chanel) e o número 5 (seu número de sorte e o nome seu perfume hoje famoso) entrelaçados que tinham sido trançados nos segmentos de ferro forjado do ornamento.

O guia tentou me conduzir para a frente para que pudéssemos visitar o resto das maravilhas do apartamento, mas eu não conseguia me mover. Estava assombrada. Cada artefato que eu vira, cada relato que eu ouvira a respeito dessa mulher surpreendente, era uma lição prática de como a originalidade, a beleza e o estilo desafiam a categorização fácil e os rótulos banais. Coco Chanel parecia quebrar cada regra combinando elementos aparentemente opostos e elegantemente subvertendo a convenção para criar algo impressionantemente intemporal e original. Até mesmo seu apartamento glamourosamente decorado formava um contraste gritante com o design despojado das suas criações. Era como se eu estivesse espreitando a alma de uma verdadeira artista, de uma mulher que se recusou a aceitar cegamente a estética da sua época a fim de inventar a sua. Ela representava tudo o que eu acreditava e ansiava por expressar.

Alguns dias depois, fiquei observando enquanto os artesãos vestindo jalecos brancos impecavelmente passados colocavam delicadamente uma película quase invisível sobre cada um dos frascos de perfume Nº5 e depois amarravam um fio preto de algodão em volta do gargalo. Cada artífice torcia repetidamente a extremidade aquecida de um pauzinho de cera em volta do fio escuro formando um círculo perfeito, e depois o estampava em relevo com os Cs duplos. O processo era repetido duas vezes para garantir a melhor impressão do minúsculo logotipo. Cada um dos frascos dessa famosa fragrância recebia um acabamento manual para garantir a suprema qualidade aos seus preciosos componentes. Eram necessários trabalhadores excepcionalmente habilidosos para executar essa intrincada tarefa, uma técnica chamada *baudruchage* que remontava ao século XVII, que impede que o ar e água diluam a pureza dessa icônica fragrância. A maioria das empresas já abandonara havia muito tempo a prática de selar à mão, mas não a Chanel. Ela preservou essa consagrada tradição, uma reverência ao legado singular das suas criações.

Em seguida, visitei o centro de distribuição, um depósito enorme, indefinível, que me deixou convencida de que eu fora ao endereço errado. Uma robótica de alta tecnologia acionava uma linha de montagem de plataformas empilhadas com caixas de papelão que passavam rapidamente em reluzentes esteiras prateadas. Apenas poucos humanos estavam à vista entre as fileiras de prateleiras que iam do chão ao teto empilhadas até em cima com caixas prontas para serem expedidas. Essa também era a Chanel, a mesma empresa na qual os artesãos bordavam à mão intrincados *tweeds*, ajustavam individualmente cada terno ou tailleur ao gosto de cada cliente, e criava joias exclusivas. Um pé no futuro e um no passado, a Casa Chanel era um estudo em contrastes.

No meu primeiro desfile de modas, em um convento do século XVII, sentei-me algumas fileiras para trás, espremida entre os discretos donos da Chanel e outros funcionários, enquanto modelos etéreos em *tweeds* intricadamente tecidos com botões feitos à mão adornados com joias pontilhando as jaquetas justas andavam lentamente pelo pátio com arcadas. Eu adorava as elegantes mangas com fendas das jaquetas, a barra desfiada das saias, que adicionavam um toque especial aos designs clássicos de Coco Chanel. As mãos de muitas modelos estavam dentro do bolso ou descansavam em cima do cinto, conferindo à coleção, de resto dispendiosa, um ar casual. Eu admirava a seriedade e a jovialidade do estilista Karl Lagerfeld. Ele tinha um sentimento inato de como reinventar a linguagem do design de Coco com novas formas, tecidos e enfeites. As possibilidades pareciam infinitas.

De volta a Nova York, depois de passar um ano em Paris, eu começara a me pôr à vontade na minha nova sala. Era impossível negligenciar a vista imponente do Central Park, uma exuberância de cores no outono, ou deixar de dar atenção às maçanetas das portas de vidro do hall da entrada, com a forma da tampa do fraco da fragrância Nº5. As grandes janelas da minha sala primorosamente decorada me faziam sentir como se realmente estivesse vivendo em um *tableau vivant*, oscilando com as nuvens flutuantes. Quando iniciei o segundo estágio do período que passaria na Chanel, compreendi que ele requereria que eu mantivesse *tout et son contraire en même temps* ("tudo e seu oposto ao mesmo tempo"). Fora isso que Coco Chanel fizera e que tornara a marca um sucesso sem precedente ao longo do século que acabara de se encerrar. Por meio da minha imersão na história da Chanel, eu viera a compreender por que essa sensibilidade era tão fundamental para a empresa e como era difícil conservá-la. A questão era como eu seria capaz de contribuir para esse legado, abraçando o paradoxo na essência do sucesso prolongado e, ao mesmo tempo, enfrentando os prementes desafios comerciais: um dos pés fincado no passado, o outro mergulhando um dos dedos no futuro.

✵ ✵ ✵

Pouco depois de ingressar na empresa, fui convidada para o Met Ball, realizado pelo Costume Institute do Metropolitan Museum of Art. Assim como meu pai, eu tinha a tendência de ficar o mais próximo possível da parede nas grandes reuniões, e ainda ficava sem jeito quando era apresentada a novas pessoas, especialmente quando eram personalidades exuberantes como artistas, celebridades e estrelas do rock, que certamente eu iria conhecer no Met Gala. (Eu ainda estava mortificada com a lembrança do meu primeiro ano em Yale quando dissera, entusiasmada, para minha colega de turma Jodie Foster que ela era minha atriz favorita e ela resmungara um muito obrigada e se afastara apressada.)

Hoje seria a primeira vez que eu compareceria a essa famosa festa. Eu estava empolgada... e mais do que um pouco nervosa. Eu era a "anfitriã" de uma mesa. Eu era a "anfitriã" porque as marcas da moda e da beleza pagavam grandes quantias – na época em torno de 50 mil dólares (hoje, perto de 200 mil – esse baile não parece acompanhar a curva inflacionária nacional) para adornar suas mesas de dez ou doze lugares com as celebridades mais atuais, bonitas, talentosas, sexy e simplesmente fabulosas. Além disso, a Chanel era o tema da exposição de moda do Costume Institute naquele ano. "Não é uma retrospectiva", Karl nos fez lembrar. Faltavam apenas dois dias para o auspicioso 5 de maio de 2005 – três números cinco, que era o número preferido de Coco e o dia em que também estávamos lançando o luxuriante e romântico "filme" Nº5 de Baz Luhrmann, o primeiro anúncio de 3 minutos a ir ao ar na televisão nacional, estrelado pela inimitável Nicole Kidman. No entanto, nem Karl, nem Baz nem Nicole estariam sentados à minha mesa. Seus lugares estavam situados exatamente no centro da sala, ao lado da própria Rainha do Baile, Anna Wintour. A mesa da qual eu era a anfitriã? Estava localizada no setor menos privilegiado do grande Templo de Dendur – de jeito nenhum desprezível, porém dificilmente o centro da ação. Não importa. O Met Gala era obrigatório, de modo que apesar da minha timidez e medo absoluto de perder meu sapatinho de cristal antes que o sino tocasse a meia-noite, eu iria ao baile, fingindo pertencer a esse mundo.

Primeiro, tive que fazer o cabelo e me maquiar. Eu podia ouvir o cabeleireiro do lado de fora da minha sala conversando ruidosamente com meu assistente, esperando a vez para transformar esta Cinderela em uma princesa. A última vez em que eu usara os serviços de um maquiador profissional fora provavelmente no meu baile de formatura no ensino médio. Lembro-me de ter esfregado o rosto durante horas para retirar o rímel à prova d'água para evitar parecer uma coruja deprimida pela manhã.

"Geralmente não uso base", declarei em um tom não muito delicado para o artista de maquiagem, que parecia decidido a criar algum tipo de *chef d'ouvre* no meu rosto de pouco mais de quarenta anos. Imediatamente me arrependi da minha ousada declaração. "Quero dizer, eu nunca realmente precisei usar muita maquilagem na Old Navy. Sempre favoreci o visual natural."

"Você tem uma pele ótima; vou apenas selar a maquilagem com um pouco de pó." *Um pouco de pó?* O maquiador enfiou o pincel pela sétima vez no pó de fada cor-de-rosa. "Estou realmente fazendo um trabalho bem suave em você; você quase não precisa de nada." *Trabalho bem suave?* Eu estava me sentindo como se estivesse sendo preparada para me apresentar na corte de Luís XIV. Eu não ousava virar a cabeça muito rápido, temendo que a fachada rachasse e minha máscara impecável caísse.

Em seguida, um cabeleireiro entrou na minha sala. Eu achara estranho quando a equipe de RP organizara essa visita. Com meu corte curto, eu nunca precisara mais do que lavar a cabeça com xampu e secar rapidamente o cabelo com o secador, evitando completamente a escova. Não importa, eu queria parecer adequada à situação, de modo que respirei profundamente para acalmar os nervos enquanto o cabeleireiro passava os dedos na minha juba sem vida. Tive um flashback de uma foto que tiraram de mim em Saint Louis quando eu era pré-adolescente, com meus cabelos longos e finos emoldurando meu rosto. "Feche os olhos, por favor." Nuvens de spray me fizeram tossir, enquanto as mãos e braços do cabeleireiro adejavam em torno da minha cabeça.

E agora o vestido de gala. Antoine estava esperando na cadeira do lado de fora da minha sala, entretido com seu Black-Berry. Quando levantou os olhos, sua expressão revelou surpresa. "Uau! Você está linda." Era um grande contraste com meu visual de costume: jeans, suéter preta com decote em V e tênis Converse. O vestido era um longo preto. Isso mesmo: apenas longo e preto. Sem enfeites e penduricalhos. Eu procurara nas páginas de catálogos anteriores de alta costura tentando encontrar alguma coisa que se aproximasse da minha estética despojada e me decidira por um elegante vestido longo sem alça. Sua única característica distintiva era um profundo decote em V, o tecido brilhante de cetim flexível e leve, e uma longa cauda. Já que eu não estava disposta a me adornar com detalhes cintilantes, a equipe de costura havia me convencido de que a cauda era fundamental, embora eu tenha me esquecido de que ela estava efetivamente presa ao vestido (e, portanto, a mim) quando "manobrei" da minha mesa em direção à porta da sala.

Obviamente, estava chovendo naquela noite, e os limpadores de para-brisa marcavam o compasso enquanto nossa SUV preta se arrastava em uma longa fila no trânsito. Tínhamos saído do escritório apenas com poucos minutos de atraso – eu ficara ajeitando meu sutiã sem alça para me certificar de que ele me sustentaria a noite inteira – e agora estava preocupada com a possibilidade de chegar depois do horário que nos tinha sido designado. *O que acontece se chegamos atrasados?* Me perguntei. *Eles nos deixam entrar, ou pagamos algum tipo de multa?* Afastei os olhos do convite e olhei para o relógio de neon do carro, contando, nervosa, o número de carros à nossa frente. Se o jantar era às oito horas, por que estava escrito 18:15 no meu convite? Eu desconfiava de que as pessoas menos importantes eram convidadas a chegar mais cedo para abrir espaço para as verdadeiras celebridades que chegariam mais tarde. Eu estava errada.

"Jennifer, Jennifer, olhe para cá!" "Sarah, você está linda! Apenas uma foto! Aqui!" "Salma, o seu vestido é incrível! Adoro seu visual. Aqui! Aqui!" "Renée, à esquerda, aqui em cima!" "Mick, Mick, mais devagar. Precisamos de uma foto de vocês dois. L'Wren, de quem é o que vestido que você está usando?"

Os gritos estridentes e os incessantes cliques das câmeras digitais abafavam o tamborilar da chuva enquanto eu olhava para as luzes intermitentes, de certa forma esperando que alguém chamasse meu nome. Logo me dei conta de que ninguém estava remotamente interessado em mim. Os paparazzi, isolados por grossas cordas de veludo, se estendiam pelas bordas dos íngremes degraus vermelhos, alertas e prontos para atacar caso alguma celebridade aparecesse. Voltei depressa os olhos para baixo, constrangida porque o grupo barulhento silenciara quando passamos. "Ande mais devagar", sussurrei no ouvido de Antoine, agarrando-me ao braço dele como se estivesse correndo risco de vida enquanto galgávamos a perigosa escada. A parte anterior da sola dos meus pés já estava doendo, enquanto eu mal me equilibrava em cima dos saltos de 15 centímetros. Comecei a pensar que meus dedos talvez não sobrevivessem ao aperto daqueles elegantes sapatos de bico fino.

Ao compreender que não seria fotografada, comecei a relaxar e me permiti examinar as estonteantes pessoas que me cercavam enquanto continuávamos a subir a escada, com a deslumbrante cauda de tecido agora pitorescamente enfileirada atrás de mim. Mais ou menos na metade do percurso, senti um leve puxão na cauda, mas por não desejar me demorar ou ser tomada por algum tipo de perseguidora de celebridades, soltei com um safanão o tecido que tinha ficado preso no salto do meu sapato. Foi somente quando chegamos ao topo da interminável escada que percebi que tinha feito um buraco gigantesco na infame cauda. Pude sentir que minhas orelhas estavam ficando ainda mais vermelhas; elas já exibiam um tom escarlate profundo, por causa do aperto do clipe dos brincos que eu pegara emprestados – os mesmos que Nicole Kidman tinha usado no filme de Baz.

Quando chegamos à fila de cumprimentos, eu estava um desastre. Consternada pelo ocorrido com meu vestido e intimidada pelo barulho e pelas luzes, eu agora teria que cumprimentar Anna, Karl, Nicole e Baz, membros do comitê de boas-vindas. Não me lembro muito do que aconteceu em seguida, somente de que quando me inclinei para beijar Anna – achei que éramos amigas àquela altura, já que tínhamos almoçado, só nós duas, no Four Seasons – ela estendeu a mão para me cumprimentar. Avancei em direção ao imenso salão de coquetéis, olhando através das abóbodas de mármore em busca da parede mais próxima que pudesse me fazer companhia.

Milagrosamente, o restante da noite transcorreu sem nenhum problema. A visão de tantos trajes de gala espetaculares e smokings elegantes jogou poeira suficiente nos meus olhos para me ajudar a esquecer a cauda rasgada e aquela pequena gafe com Anna Wintour. Tive até meu contato pessoal com o estrelato quando um dos meus ídolos, Mick Jagger, tocou galantemente na minha cintura para passar por mim na escada enquanto galgava os degraus com a namorada, a estilista de moda L'Wren Scott. Era impossível não ser seduzida por esse novo mundo repleto de celebridades, luxo e glamour. Consegui entender por que alguns se perdiam, perseguindo cada tendência em alta e conversando com as pessoas da moda. Pude perceber por que tantos dos meus colegas poderiam esquecer os próprios sobrenomes a favor de qualquer que fosse a marca de luxo que os contratasse. Mas não fora assim que Coco Chanel havia se distinguido (embora tenha feito amizade com muitos artistas e socialites), e compreendi que não seria assim que eu me distinguiria na Chanel. Eu talvez ainda não tivesse encontrado minha base, mas sabia que a encontraria, e eu não estaria usando saltos de 15 centímetros.

※ ※ ※

O ZUMBIDO DISTANTE DO TRÂNSITO silenciou quando a pesada porta de madeira se fechou quando entramos no castelo gótico situado no topo de uma colina perto de Sunset Boulevard. Um frêmito de expectativa circulou pelas minhas veias, e meu coração perdeu o ritmo, quando me lembrei das fotografias que eu vira e das histórias que lera a respeito das pessoas famosas que tinham residido dentro dessas paredes bem-protegidas. Festas extravagantes, casamentos elegantes, ardentes encontros amorosos, discussões escandalosas, batidas policiais, apreensões de drogas, suicídios – o Chateau Marmont era um ícone de Hollywwod e ainda em voga com as celebridades mais descoladas e os privilegiados da indústria, alguns dos quais tinham se jogado nos sofás exageradamente estofados da sala de estar com cheiro de mofo, com alguns retardatários tomando ainda o café da manhã nessa tarde ensolarada. Encaminhei-me para os elevadores, acompanhada pelo diretor da equipe criativa da Chanel. Falávamos em sussurros abafados e andávamos de leve pelo corredor cavernoso em direção a uma suíte de luxo. Estávamos ali para encontrar uma estrela e convencê-la a se tornar a égérie (musa) da nossa campanha da fragrância Coco Mademoiselle. Minha escolha não era a que seria óbvia; na realidade a jovem mal era conhecida na ocasião e nem tinha completado 19 anos – muito diferente da nossa modelo anterior, Kate Moss, que era um dos rostos mais reconhecíveis e modelos mais bem pagos da indústria. Era arriscado e forçava os limites do que alguns dos nossos clientes mais leais e funcionários mais dedicados poderiam ter considerado "compatível com a marca". Além disso eu já convencera os mandachuvas a aceitar outra atriz com o nome mais consagrado, e agora eu estava revertendo o rumo. No entanto, meus instintos estavam me impelindo na direção de dar uma chance a esse novo e radiante talento.

Alta, esguia, olhos castanhos e maçãs do rosto incrivelmente altas, ela nos recebeu com um sorriso. "Olá, eu me chamo Keira. É um prazer conhecê-los. Lindy [sua agente] me falou muito de vocês."

Reparei em como a pele de Keira Knightley era límpida e viçosa, mesmo sem nenhum indício de maquilagem. Muito elegante, e, no entanto, completamente à vontade, ela caminhou à nossa frente vestindo um jeans rasgado e um moletom folgado. "Mamãe e Lindy estão no terraço. Sentem-se enquanto vou pegar chá gelado."

Eu assistira a *Bend It Like Beckham*[9] vários anos antes e me lembrava de ter registrado mentalmente a atriz que interpretava Jules, uma jovem jogadora de futebol determinada a seguir seu esporte apesar das objeções frequentemente sexistas da mãe. No filme, Jules chuta a bola com efeito e altera as regras, negando à mãe o prazer de ver a filha vestindo saias com babados e blusas floridas, optando em vez disso por shorts, camisetas e tênis. Em vez de procurar um namorado, Jules passa o tempo treinando e patrocinando sua melhor amiga, uma menina indiana cujos pais conservadores a proíbem de jogar o esporte. O encanto de Keira naquele papel, incomum para uma jovem atriz em ascensão, me fez lembrar de Jean Seberg em *Breathless*[10] de Godard – com sua vivacidade e charme abertamente de menino acentuando sua sedução e sensualidade. Sua constituição atlética, o cabelo curto e áspero com mechas, e o sorriso travesso sugeriam autoconfiança, uma confiança interior. Ela fazia as coisas do jeito dela mesmo que o mundo tivesse outra coisa em mente. Sua impetuosidade e determinação, aliada à delicadeza e vulnerabilidade, me faziam lembrar da jovem Gabrielle Chanel, progredindo pelo próprio esforço, de costureira a decana da moda de Paris. Jules era o principal papel de Keira, e ele me contou tudo a respeito de quem ela poderia ser.

Eu ficara fascinada pelas histórias sobre a origem humilde de Chanel, sua ascensão à fama e a perda do seu verdadeiro amor. Nascida na virada do século, uma órfã se torna a rainha do mundo da moda, seduz igualmente homens e mulheres, é influenciada por artistas e, por sua vez, os

---

[9] Exibido no Brasil com o título *Driblando o Destino*. (N.T.)
[10] *À Bout de Souffle*, no original francês. Exibido no Brasil com o título *Acossado*. (N.T.)

inspira, e depois trabalha até o dia em que morreu. Lembro-me de ter visto uma série de fotos famosas de Coco Chanel durante meu período de treinamento em Paris. Em uma delas, seu olhar intenso e sedutor enquanto ela olha por cima do ombro, cigarro na mão, pérolas sensualmente caindo nas costas, capta todas as suas contradições inerentes. Em outra, ela está sentada em cima de um cavalo, irradiando atletismo em calças simples, uma camisa branca e uma gravata preta macia. E lá está ela em um vestido branco, os braços firmes e bronzeados sobre a mesa de jantar enquanto entretém seus amigos artistas em um baile em Monte Carlo. Como ela parece relaxada e moderna na praia, com sua boina de jornaleiro e óculos estilo aviador, olhando à distância, observando o mundo à sua volta. Como está elegante e segura de si, com um dos braços descansando sobre o consolo da lareira enquanto posa para o primeiro anúncio da sua singular fragrância, a N°5. Como parece à vontade na sua *marinière* (camisa de marinheiro com listras azuis e brancas) perto de um campo de flores silvestres, as mãos casualmente dentro dos bolsos. Como seu olhar está focado quando a câmera capta sua imagem repetidamente refratada no espelho facetado da escada da rue Cambon. Sofisticada e rústica, refinada e atlética, alegre e triste, rigorosa e divertida – ela abraçava o paradoxo em tudo que fazia.

Eu era fascinada por essa lenda, porém ainda mais encantada por quem Chanel veio a ser e o legado que ela deixou para as mulheres ao redor do mundo. Chanel era mais do que uma estilista; era um símbolo e um arquétipo de mulheres fortes. E sua vida era mais do que apenas uma história pessoal; era uma meta-história de feminilidade, personificando todas as complexidades da mulher atual: masculina/feminina, ambiciosa/sensível, determinada/sedutora. Chanel se recusava a agir como outras mulheres que ficavam sentadas à toa em casa, esperando pelo marido enquanto se entretinham jogando jogos de salão com as amigas. Ela rejeitava as roupas da sua época, que além de ser excessivamente adornadas apertavam o corpo, bem como os perfumes florais enjoativos. Ela queria trabalhar, criar e produzir roupas que possibilitassem que as mulheres desfrutassem o mesmo conforto que os homens, e inventar uma fragrância "que tivesse cheiro de mulher". Suas criações, que hoje parecem tão simples e clássicas, na ocasião eram nada menos do que revolucionárias. Ela se opôs firmemente a todas as restrições da sua época, eliminou o espartilho, a gola alta e as saias longas que inibiam a respiração e o movimento natural das mulheres. Usando tecidos de trajes masculinos e adaptando-os a modelos femininos, ela criou um novo vernáculo para a criação de figurinos e uma nova maneira para as mulheres existirem no mundo, uma maneira que não era nem masculina nem feminina, mas que era as duas coisas ao mesmo tempo. E ela criou uma fragrância, Chanel Nº5, que pela primeira vez combinou aldeídos e flores naturais, cujo aroma era diferente de tudo que a antecedera. Eu admirava sua determinação e resiliência, mas estava ainda mais encantada com a maneira como ela subvertia completamente tudo que tocava.

Algo me disse que Keira Knightley era uma versão de Chanel nos dias atuais. Ambas as mulheres definiam quem queriam ser além de qualquer convenção ou rótulo: Chanel, ao introduzir uma maneira inteiramente nova para as mulheres de se vestir, e, portanto, existir, em uma sociedade restritiva, e Keira, ao rejeitar os papéis de menina ingênua, típicos de Hollywood, para interpretar uma garota com jeito de rapaz no seu filme de estreia. Duas eras diferentes. Duas áreas distintas. Cada mulher demonstrou seu próprio tipo de autodomínio e comprometimento com a força e o poder da sua plena feminilidade.

"Não sou muito *fashion*", declarou Keira, desculpando-se enquanto apontava para seu jeans rasgado e blusa de moletom. "Quero dizer, adoro roupas mas não sei, nunca realmente gostei muito desse meio, entende?" Ela arqueou as sobrancelhas e inclinou a cabeça com um sorriso travesso.

Eu sabia que meu papel não era tanto o de convencer Keira, e sim o de convidá-la a participar de uma lenda. Ela já tinha lido um pouco a respeito de Coco Chanel e estava intrigada com a história dela. Além disso, comentou, "Mamãe me mostrou os deslumbrantes anúncios com Catherine Deneuve. Muito refinados.

Perfeito, pensei. "Temos uma fragrância, Coco Mademoiselle – ela representa a pessoa que Chanel era quando era uma mulher jovem realizando seu potencial."

Keira se mostrou radiante. "Oh, gosto desse perfume. Mamãe, não foi esse que você comprou para mim? Sua mãe fez que sim com a cabeça, encorajando-a.

"Ela se destina a captar a essência e o espírito dessa jovem mulher destemida e independente, que por meio da sua energia, determinação, segurança e desejo construiu seu próprio destino", disse eu. "Vi você atuar em *Bend It Like Beckham* e imediatamente senti que realmente poderia personificar essa mulher. Assim como Jules no filme, Chanel criou seu próprio caminho."

Os olhos de Keira se iluminaram enquanto eu prosseguia. "Como você provavelmente sabe, a mãe de Chanel morreu quando ela era pequena, e seu pai a abandonou em um orfanato em Aubazine, a região central da França." Eu me virei para incluir Lindy e a mãe de Keira na conversa, porque pude sentir que eu tinha despertado o interesse delas. "Ela aprendeu a costurar e depois conseguiu trabalho como costureira, e à noite cantava nos cabarés da localidade."

Keira ficou extasiada. Quando terminei a história, tínhamos adicionado outro membro à nossa família Chanel. A colaboração com Keira foi um tremendo sucesso. O perfume, Coco Mademoiselle, cresceu rapidamente e alcançou uma fatia dominante de mercado no mundo inteiro.

✴ ✴ ✴

UM ANO DEPOIS DISSO, eu me vi sendo anfitriã de um outro tipo de mesa, dessa vez não no Met mas em Neuilly, nas proximidades de Paris, sede internacional da Chanel. Não era uma festa sofisticada ou um ambiente desconhecido. Não exigia um vestido de baile ou civilidades forçadas. Eu estava agora na *cabeceira* da mesa da sala de reuniões, nas quais eu antes fora apenas uma participante – finalmente a CEO internacional, a chefe. Depois de gerir a empresa nos Estados Unidos, onde trabalhei com equipes locais para atualizar a presença da marca, criar uma visão clara e formar alianças com meus parceiros na França, eu começava agora a liderar a equipe executiva internacional composta por dez homens, todos vestidos em alguma variação de ternos azuis e cinzas feitos sob medida, gravatas elegantes repletas do símbolo CC e sapatos pretos reluzentes. Equilibrada na beira da cadeira, as costas levemente arqueadas para fazer com que eu me sentisse mais alta, puxei para baixo minha camiseta regata American Apparel para me certificar de que ela estava cobrindo a parte de cima do meu jeans J Brand. Profundamente inspirada em Chanel, eu criara meu próprio uniforme, misturando o casual com o elegante – uma jaqueta Chanel e um jeans. Mas esse não foi o único paradoxo que eu precisaria abraçar.

Minutos se passaram enquanto eu esperava que todos tomassem café, acabassem de comer os *croissants au chocolat* e se aquietassem para tratar de assuntos sérios. Olhei em volta da sala. O ar estava denso com a ansiedade da incerteza. Nessa reunião, como em tantas outras, precisaríamos discutir iniciativas importantes, porém polêmicas, a ser implementadas à medida que crescíamos e nos adaptávamos ao mundo global, interconectado. Por causa da preciosa história da Chanel, qualquer mudança, por menor que fosse, nunca era fácil e requeria uma minuciosa consideração. Examinaríamos uma série de decisões estratégicas, não raro de natureza controvertida, que exigiam o apoio e a aprovação de cada membro da equipe (cada um dos quais dirigia uma diferente unidade de negócios, região geográfica ou função), e subsequentemente, todas as outras pessoas nas suas equipes. A essa altura, eu tinha vencido quase todos os sentimentos de inadequação que vivenciara nos meus primeiros anos na empresa. Com a agenda na mão, eu estava pronta para assumir minha plena responsabilidade.

Eu disse *quase todas* porque a tarefa que eu tinha à frente era intimidante. Em 2007, a Chanel já estava em ascensão para se tornar uma megamarca. Novas economias como a China estavam apenas começando a encher a bolha do luxo com ar quente; a demanda do consumidor pelos nossos produtos estava aumentando. Com mais de oitenta anos de história, criações inegavelmente primorosas e imagens impecáveis, a Chanel saiu na frente da maioria dos concorrentes, consolidando seu status icônico já imutável. Assumir o cargo de CEO de uma organização já bem-sucedida, uma marca já exuberante, com uma equipe de líderes experientes e qualificados era, no mínimo, intimidante. Como eu conduziria essa equipe para o futuro? Como eu me definiria como CEO? Novamente inspirada pela nossa fundadora, comecei a pensar em como eu poderia subverter o rótulo e redefini-lo.

Primeiro, tendo em vista o mundo incerto em que estávamos entrando, decidi que comandar as tropas não funcionaria mais. Minha liderança não consistiria em esposar uma visão grandiosa e agitar a bandeira para que todos me seguissem. Em vez disso, eu precisava fazer perguntas, muitas perguntas, e inspirar os outros a fazer o mesmo. Eu percebera durante meu período de treinamento, quando me havia sido solicitado que não emitisse nenhuma opinião, como fazer uma série de perguntas ingênuas, porém incisivas, tinha sido benéfico tanto para mim quanto paras as pessoas a quem eu tinha feito as perguntas. Pude tentar escutar as tensões e preocupações que estavam logo abaixo da superfície. Pude garimpar as pepitas da verdade e examinar o que era realmente importante para as pessoas, reconhecendo o que poderiam ser suposições desgastadas e tendenciosidades não testadas. Decidi abordar inocentemente todas as reuniões, fazendo uma dúzia de perguntas do tipo "por que" e o mesmo número de perguntas do tipo "por que não". O que à primeira vista pode ter parecido ingenuidade se tornou uma forma de sabedoria. Ao fazer perguntas particularmente espinhosas – até mesmo algumas que outros tinham um medo enorme de fazer – estimulei conversas inteiramente novas e demonstrei que era aceitável, e até mesmo seguro, não saber todas as respostas. Com o tempo, esse tipo de curiosidade proeminente se tornou contagiante; outros membros da equipe também começaram a fazer perguntas mais deliberadas, e todos nos tornamos empenhados, coletivamente, em criar o futuro da Chanel.

A maioria dos executivos é obcecada pela concorrência. Em vez de comparar-nos com os concorrentes e seguir o exemplo deles, pedi às equipes que se concentrassem no que fazíamos bem, no que nos destacava (algo que ouvi Mickey dizer mais de mil vezes), no que nos diferenciava das outras marcas e o que poderíamos fazer para agradar. Como poderíamos colocar a Chanel em evidência com todo seu incrível esplendor? Como destacar nossa modernidade radical a partir da nossa esplêndida história? O mesmo era verdade com relação à minha equipe executiva. Em vez de criticar uns aos outros ou buscar os erros nas apresentações – que é a maneira como os astutos executivos frequentemente tentam provar aos colegas seu valor e inteligência – pedi que prestássemos atenção aos comentários uns dos outros buscando o que era interessante. Procurar algo cativante nas ideias de uma pessoa em vez de chamar atenção para todas as razões pelas quais ela não estava perfeitamente certa nos ajudou a reimaginar nossa empresa. Não raro era nosso membro menos eloquente ou mais excêntrico que apresentava algumas das ideias mais estimulantes. Em vez de bloqueá-las, eu destacava sua relevância.

Voltar a atenção para nossos pontos fortes não significava que poderíamos deixar de avaliar e repensar nosso negócio. Ao contrário, teríamos que escutar muito mais nossos clientes, nossos funcionários e o mundo à nossa volta. No entanto, à diferença de muitos CEOs que gastam tempo envolvidos com pesquisas de mercado e resultados financeiros, compreendi que era igualmente fundamental distanciar-nos um pouco dos detalhes operacionais das responsabilidades do dia a dia para enxergar tendências e movimentos mais amplos fora da nossa indústria. Alterei o formato de todas as nossas reuniões habituais para torná-las menos sistemáticas e automáticas, adicionando eventos fora da empresa e palestrantes externos para expandir nossa visão e nos instigar a testar nossas suposições. Incentivei as equipes a mostrar trabalhos em andamento, em vez de contribuir apenas com apresentações completas e definitivas, para que pudéssemos discutir nossos riscos e futuras oportunidades. Acrescentei novos membros à equipe executiva para introduzir mais pensamentos estratégicos e oferecer novos ângulos ao negócio, e, com o tempo, conferi mais equilíbrio ao grupo adicionando seis mulheres. O desenvolvimento da carreira geralmente envolve treinar os sucessores dentro das suas áreas de qualificação. Adotando uma abordagem mais arriscada, apoiei e encorajei novos talentos a assumir funções nas quais eles tinham pouca ou nenhuma experiência e sim uma certa capacidade ou afinidade. Essas designações menos óbvias fortaleceram a marca ao oferecer perspectivas inovadoras, mas também possibilitaram que os funcionários desenvolvessem novas habilidades e descobrissem onde poderiam estar seus verdadeiros talentos. Passei grande parte do meu tempo me dedicando ao mentoring individual, até mesmo com os membros da equipe executiva que já estavam firmemente estáveis nos seus cargos, não apenas fornecendo a eles um feedback para corrigir o rumo, como normalmente acontece em muitas sessões de chefes com funcionários, mas também os incentivando a misturar seus talentos e paixões com um sentimento de propósito.

A princípio não percebi, mas eu estava avançando em direção a uma forma de liderança consideravelmente diferente daquela tipicamente transmitida de um CEO para o seguinte. Acolhi o título de CEO, mas não aceitei os rótulos habituais que são anexados a esse cargo. Minha inspiração procedeu de mulheres extraordinárias como Coco Chanel e também de pessoas de espírito independente como Mickey Drexler; da ideia estonteante do desconstrucionismo e do cinema da New Wave; do ousado pragmatismo de Fleur; dos *riffs* que fogem às regras de Dizzy Gillespie; da jornada que eu fizera da "mentalidade de massa para a mentalidade da excelência" quando deixei a Gap e fui para a Chanel. Era, de fato, uma questão de abraçar paradoxos.

※ ※ ※

Compreendi que a forma de liderança que eu estava praticando poderia nos ajudar a todos a enfrentar as crescentes complexidades do ambiente do nosso negócio. Precisaríamos abraçar o paradoxo e revolucionar nossas antigas maneiras de liderar a fim de prosperar nesses tempos de mudança rápida e radical. Eu não desejava recorrer a consultores externos que apregoavam suas estruturas ou "modelos de liderança", e tampouco queria preceituar ou impor um conjunto de "competências" ou "qualidades de liderança" que tivessem sido impressas em cartões sofisticados e distribuídos para todos os funcionários, mas que eram em seguida jogados no fundo das gavetas. Eu vira muitas declarações de missão se transformarem em decretos dogmáticos fossilizados e estéreis, e ansiava por explorar e trazer à tona minha autenticidade e convidar a equipe a fazer o mesmo. Essa jornada precisava ser pessoal, tanto para mim quanto para os outros. As respostas não residiam em livros-texto, mas sim nas próprias pessoas.

Com estímulo e um engajamento renovado da minha equipe executiva, e um processo de design colaborativo, lançamos uma iniciativa que chamamos de Jornada de Liderança Ativa e Consciente. A combinação paradoxal das palavras "Ativa" e "Consciente" se destinava a reforçar o foco interno e externo que precisávamos. Interno porque os bons líderes são autoconscientes; eles trabalham para continuamente aprimorar a si mesmos e expandir seu potencial. Eles conhecem seus pontos fortes e se beneficiam deles, assim como reconhecem e observam seu lado da sombra. Eles sabem o que os motiva e estimula e o que os instiga, de modo que controlam a si mesmos como controlam os outros. Externo, porque os bons líderes estão sempre "no ato" de liderar. Eles escutam os outros tanto quanto escutam a si mesmos. Conhecem seu segmento do negócio e também estão em sintonia com o mundo como um todo. São indagadores e têm uma curiosidade insaciável que os conduz bem além de caminhos e padrões desgastados.

Decidimos chamá-la de "jornada" em vez de programa porque ela não se destinava a ser um evento único e sim um processo contínuo. O trabalho era algo que todos iríamos experimentar juntos e usar coletivamente para melhorar os relacionamentos. Trabalharíamos a partir do "interior" – observando-nos introspectivamente como líderes – para o "exterior" – a maneira como nos conectamos uns com os outros, com nossas equipes, nosso negócio e o mundo como um todo.

Desse modo, os vinte executivos e eu passamos um ano inteiro nesse processo de aprendizado antes de expandi-lo para centenas dos nossos líderes internacionais ao redor do mundo. Cada líder escolheu um coach pessoal e uma qualidade que ele ou ela esperava aprimorar ou intensificar. Decidi ser a mentora de todos; mantínhamos um contato frequente e discutíamos as suas conquistas e frustrações, seus sucessos e dificuldades. No decurso de um ano, convidamos uma série de palestrantes externos – como o poeta David Whyte, a construtora da paz Scilla Elworthy, o guru da administração Dan Pink e o destacado estrategista de negócios Clay Christensen – para que compartilhassem suas ideias e depois trabalhassem conosco durante várias sessões para que abordássemos nossos desafios específicos. (Nos anos seguintes, incluímos outros, entre eles Caroline McHugh,[11] autora e "IDologist," e Hal Gregersen, coautor de *The Inovator's DNA* com Jeffrey Dyer e Clay Christensen, e diretor executivo do MIT Leadership Center.) Foi nesse período que vários altos

---

[11] Ela é fundadora e CEO do IDOLOGY, um movimento dedicado a ajudar pessoas e organizações a serem versões originais de si mesmas, plenamente implementadas. (N.T.)

executivos me acompanharam à fazenda na Califórnia para participar do encantamento de cavalos.

Os resultados da jornada de liderança daquele ano bem como dos anos subsequentes representaram um avanço decisivo, graças à dedicação inabalável das equipes executivas da Chanel e dos muitos coaches e palestrantes que as apoiaram. As unidades de negócios se uniram para lançar projetos inovadores, equipes implementaram novas abordagens comerciais para questões antiquíssimas e começamos a investigar o propósito mais profundo da marca. O que mais me instigou foram as centenas de cartas de gratidão que recebi depois dessas sessões. Algumas pessoas descreviam como a jornada as ajudara do ponto de vista pessoal e profissional. Mencionavam estar mais abertas a novas ideias, escutando mais atentamente os outros, abandonando os pressupostos e observando o mundo com novos olhos. Algumas falavam de um renovado senso de propósito no trabalho e em casa. Naturalmente, algumas expressavam frustração; esperavam ver resultados maiores, melhores e mais rápidos. Eu lembrava a elas que, como em todas as jornadas, essa exigiria tempo, paciência e persistência.

Tenho orgulho de ter deixado esse legado na Chanel, já que o trabalho agora toca um sem número de pessoas e continua na minha ausência. Ele representa um novo horizonte de possibilidades – para os líderes e para o mundo. Quando somos capazes de abrir o ouvido e a mente, mais ideias inovadoras surgirão. Quando trabalhamos além dos rótulos para abraçar pessoas com diferentes perspectivas, todos se beneficiam. Quando somos capazes de abandonar noções preconcebidas, nosso eu mais verdadeiro passa ao primeiro plano.

※ ※ ※

A CRIATIVIDADE PROCEDE com muita frequência dos paradoxos – combinando duas ideias, qualidades, designs ou objetos aparentemente opostos para inventar algo surpreendente, inesperado e, em última análise, desejável. São essas combinações imprevisíveis que tornam algumas personalidades tão irresistíveis e alguns produtos tão cobiçados. Eles não se encaixam na forma. Não seguem exatamente as regras – eles as alteram para fazer algo novo. Li certa vez uma citação de E. E. Cummings que dizia: "O Artista não é nada além daquele que desaprende o que aprendeu, a fim de conhecer a si mesmo." O processo que ele descreve é a contínua subversão do que sabemos ou do que existe para nos aproximarmos de quem somos – uma forma de ir além de qualquer rótulo considerado. Nem sempre é fácil perseguir esse tipo de paradoxo, fazer oposição a um sistema ou conjunto de crenças que o definiram no passado, ou mesmo desafiar a definição do papel em que você se encontra agora. No entanto, abraçar seus paradoxos ou, como diz Cummings, desaprender o que você aprendeu para conhecer mais sobre si mesmo, possibilita que você desenvolva uma perspectiva e, em última análise, uma contribuição bem mais convincente.

Você está fazendo o suficiente para estimular sua curiosidade? O que significaria ser o artista da sua vida? Em outras palavras, como você desafiou o status quo para inventar algo novo? O que você desaprendeu ultimamente para conhecer melhor a si mesmo? Tentei me tornar a artista da minha vida continuamente questionando o que existia, saltando em situações desconhecidas, absorvendo novos contextos e, com o tempo, descobrindo uma maneira diferente de ser. Você está disposto a fazer esse tipo de perguntas a si mesmo e a outras pessoas e, alternativamente, você consegue obedecer às regras e alterá-las para se tornar inconfundível?

DOZE
Eliminando o Espartilho

Uma diminuta mulher subiu à tribuna; ela vestia uma jaqueta de seda creme salpicada de vinhas entrelaçadas e flores cor-de-rosa, uma elegante saia verde e minúsculos brincos de ouro, e seu cabelo estava adornado com rosas frescas.

Eu nunca a ouvira falar mas tinha conhecimento das suas iniciativas e, como muitas pessoas, admirava sua determinação constante e não-violenta de eliminar a corrupção e tornar a Birmânia um país democrático. Ali estava uma mulher que fora submetida à prisão domiciliar por quinze anos em decorrência da sua incansável luta pelos direitos humanos e pela democracia no seu país, um feito pelo qual ela recebera o Prêmio Nobel da Paz em 1991. Uma pessoa que se recusava a sucumbir à violência como um meio para alcançar um objetivo. Uma líder que, contra tudo e todos, influenciou o regime militarista e obteve uma posição minoritária para seu partido no parlamento da Birmânia.

Sua delicada constituição física camuflava a poderosa força que Aung San Suu Kyi se tornara em todo o mundo. Depois de ser libertada da prisão domiciliar, Daw Suu, como é conhecida, optou por trabalhar com os próprios líderes militares que a haviam aprisionado porque acreditava que a diplomacia promoveria sua causa pela democracia. Quando recebeu a Medalha de Ouro do Congresso dos Estados Unidos, ela só teve permissão para levar uma pessoa à cerimônia; ela escolheu o oficial militar mais graduado do país para acompanhá-la, sabendo que isso geraria uma crítica favorável na mídia para ele. Daw Suu faz questão de falar sempre sobre o quanto respeita os militares e do seu desejo de trabalhar com eles. Suas ações diminuíram o medo que eles têm dela, até mesmo convencendo essas mesmas pessoas, aquelas que tinham tentando diminuir sua presença, de que seria interessante para elas deixá-la se expressar livremente.

Sua história encerra humanidade. Ela brincou a respeito do seu passado, sobre como ela "infringiu a lei" quando frequentava a Universidade de Oxford e andou de bicicleta na contramão em uma rua de mão única. Quando lhe perguntaram o que ela poderia ter feito de uma maneira diferente se soubesse que ficaria na prisão domiciliar durante tanto tempo, ela revelou que gostaria de ter praticado mais o piano na infância e dado menos trabalho à sua professora. "Isso teria me proporcionado muito conforto ao longo dos anos", nos disse ela. Ela apareceu como ela era. Riu de si mesma. Revelou suas vulnerabilidades sem pedidos de desculpas ou vergonha.

E não foram apenas suas palavras; eu estava igualmente intrigada com o que ela estava vestindo e com a maneira como se comportava. Poderíamos esperar que ela fosse empedernida e dura. Mas Daw Suu se postou diante de nós com belas rosas vermelhas no cabelo, sua característica inconfundível, e um traje maravilhosamente feminino. Apesar da sua ardorosa determinação e do seu sacrifício pessoal, Daw Suu não tinha medo de expressar a feminilidade. Ser mulher não era um empecilho e sim uma vantagem, uma fonte de força. Outros relatos da sua liderança enfatizam essas qualidades. Quando ela se defrontou com os militares durante um comício universitário pacífico, jovens soldados encararam estudantes da mesma idade que eles através do ponto de mira dos seus rifles, com os dois lados visivelmente amedrontados. Daw Suu se ergueu na multidão e colocou delicadamente a mão na ponta do rifle do comandante, apontando, com firmeza, a arma para o chão. Com esse único gesto, os militares recuaram e se afastaram dos alunos. Ao reconhecer a natureza humana que esses grupos antagônicos compartilhavam, ela usou a empatia para evitar o dano e a destruição.

Nesses momentos e em muitos outros, sua força residiu em abraçar essas mesmas qualidades femininas que outros podem ter chamado de brandas, conciliatórias ou fracas. Daw Suu personificava um tipo diferente de poder, um poder proveniente de um sentimento interno permanente do que ela valorizava e do seu propósito na vida. Essa extraordinária empatia estava além de qualquer coisa que eu tinha experimentado. Ela acreditava fundamentalmente na sua causa, a ponto de estar disposta a sacrificar as suas próprias necessidades e desejos; o engajamento dela estava além de tudo o que eu já conhecera.

Embora minhas circunstâncias fossem bem menos dramáticas, não pude deixar de considerar como minha feminilidade também tinha sido a maior fonte da minha força. Pensei nos meus dias de treinamento móvel para a L'Oréal e como o fato de eu me colocar no lugar do Sr. DuPont, o comprador do hipermercado, possibilitara que eu falasse a linguagem dele, compreendesse o que lhe interessava e apresentasse uma solução satisfatória para ambos. Mais tarde, depois que Mickey me ensinou a escutar (especialmente quando eu me estava absolutamente segura do meu argumento), notei como abrir minha perspectiva possibilitava mais alternativas nas nossas decisões comerciais. Eu me lembrei de ocasiões como aquela em Hong Kong com Damon, quando precisei apoiar minhas convicções, de uma maneira calma porém decidida, fossem quais fossem as consequências. Em toda a minha carreira, eu trabalhara para ouvir, compreender e até mesmo integrar as opiniões de colegas menos cooperativos, inclusive os adversários que tentavam ativamente entravar meus esforços. Eu ficara aberta às perspectivas deles, mas também tentara permanecer fiel às minhas.

Refleti sobre algumas das outras mulheres que tinham inspirado minha vida: Catherine (em *Jules and Jim*), minha professora Srta. Moceri, Fleur, Coco Chanel, Keira Knightley e outras figuras fortes cujo propósito ou arte determinada eu admirava de longe, inclusive Gloria Steinem, Simone de Beauvoir, Toni Morrison, Virginia Woolf, Nina Simone, Madonna, Lady Gaga, Yayoi Kusama e Cindy Sherman. Todas se recusaram a se afastar de uma certa qualidade de feminilidade ou de redefinir a noção da feminilidade em si ao encarnar sua própria versão. Todas tinham um sentimento intenso de quem eram e do que esperavam alcançar. Todas enfrentaram alguma resistência por desafiar normas sociais. Sejam quais forem nossos talentos e ambições, todas podemos aprender com mulheres que se libertaram das expectativas.

* * *

Depois de ouvir Aung San Suu Kyi relatar sua história, decidi investigar mais a fundo a ideia da liderança feminina. As pesquisas sobre o assunto tendem a caracterizar a liderança feminina com rótulos como autoconsciência, empatia, vulnerabilidade, curiosidade e agilidade, ao passo que a liderança masculina arquetípica tende a ser definida pela determinação, confiança, foco e estratégia.

São as características dessa segunda lista que as empresas tradicionalmente esperam que seus líderes cultivem em si mesmos e nos outros. E com bons motivos. Você consegue imaginar uma companhia dirigida por um líder ou grupo de líderes sem foco, estratégia, determinação e firmeza?

Ainda assim, quanto mais eu refletia sobre as suposições e associações de um desses polos, mais eu conseguia perceber como as mulheres e os homens têm sido capturados por essas fórmulas restritas e, com frequência, erram ao adotar comportamentos endossados pela sociedade – em particular aqueles rotulados de "masculinos". Naturalmente, compreendo como isso acontece. Temos a tendência de exibir comportamentos e atitudes que vimos antes; imitamos e assumimos uma determinada atitude para ajustar-nos à definição de sucesso de outra pessoa. Pode parecer que está dando certo, pelo menos durante algum tempo, mas com muita frequência nós nos vemos restringidos e confusos – desligados dos nossos valores e propósito. Mesmo assim, continuamos a desempenhar esses papéis porque é dessa maneira que o jogo sempre foi jogado; é assim que os líderes são avaliados e recompensados – esse é o jeito de ganhar. Será que é mesmo?

Embora qualidades "femininas" sejam às vezes mencionadas e até mesmo enaltecidas, elas geralmente assumem uma posição secundária com relação aos traços "masculinos" mais concretos e voltados para resultados. Raramente reconhecemos o poder e a eficácia daquilo que muitas empresas definem como "atributos desejáveis". Como resultado, tanto os homens quanto as mulheres aprendem a minimizar as qualidades que não correspondem ao modelo tradicional de liderança – colocando de lado os chamados traços de liderança femininos.

No entanto, eu agora estava vendo que "o topo" estava desesperadamente necessitado de mais pontos fortes femininos para lidar com um mundo infinitamente complexo. Embora os modelos masculinos de comando e controle possam ter funcionado na era industrial, essa abordagem de liderança unilateral não é mais adequada ao ambíguo ambiente no qual operam a maioria dos líderes e suas organizações. A mudança rápida é acompanhada pela incerteza e, sem dúvida, pelo paradoxo. É por esse motivo que as qualidades da curiosidade – de perguntar, não de informar – e da agilidade precisam ser cultivadas e incentivadas nos líderes de todas as convicções.

Comecei a entender que não era apenas por não serem assertivas ou tão ambiciosas quanto os homens que as mulheres não estavam chegando ao topo com mais frequência. Não era apenas porque as políticas corporativas não concediam tempo suficiente para a licença maternidade ou a flexibilidade de horário necessária para a que as mulheres pudessem criar os filhos. Essas coisas eram, e ainda são, cruciais e precisam ser discutidas. Mas a questão subjacente, aquela que ninguém conseguiu resolver, foi que tipo de liderança nós valorizamos e como ensinamos, avaliamos e promovemos "bons líderes" em todas as organizações – sejam eles mulheres ou homens. Enquanto as qualidades mais femininas não assumirem um lugar idêntico nas nossas empresas, enquanto não for exigido que os líderes exibam as habilidades igualmente cruciais que muitas mulheres inerentemente possuem e das quais se valem todos os dias, enquanto não transcendermos rótulos desgastados, nem mesmo essas mudanças importantes nas políticas terão um impacto duradouro.

Quero que *nós* modifiquemos a estrutura da própria liderança – que consideremos mais amplamente todas as qualidades que possamos precisar para lidar com essa crescente complexidade – mas que também representemos a inerente beleza e poder da feminilidade que sempre foi extremamente importante para a minha vida quanto o foi na de tantas outras.

Não é tão fácil ser uma mulher que galga os degraus em direção ao topo. Eu sei como é obter mais respeito pelas pernas do que pelo árduo trabalho, e como é emocionalmente exaustivo pegar um avião para Hong Kong seis semanas depois de dar à luz. Eu sei que sou uma pessoa muito atípica por ao menos ter tido que enfrentar esses desafios. Pertenço aos insignificantes 4 por cento das mulheres que efetivamente ocuparam o cargo de CEO. Como resultado, eu me sinto responsável por tentar criar uma mudança para que mais mulheres e *mais homens* possam ter sucesso sendo quem eles são. A responsabilidade pela mudança reside com todos nós. Ao avançar além do rótulo, *todos* podemos tornar nosso local de trabalho e nossa vida mais eficazes e mais equitativos.

✳ ✳ ✳

"Não estou aqui representando nenhuma empresa ou marca. Estou aqui apenas como eu mesma. Estou aqui como mulher, como cliente de luxo, como merchandiser, como alguém que cobiçou a beleza do luxo do lado de fora, e como a executiva, que passou a maior parte dos últimos 15 anos aprendendo e lidando com o efetivo comércio de luxo do lado de dentro."

Essas foram algumas das primeiras frases de um discurso que fiz na International Luxury Conference promovida pelo *New York Times* em abril de 2016, poucos meses depois de eu ter me despedido da Chanel. Dizer adeus a uma marca, uma equipe e um negócio que eu amava foi incrivelmente difícil. Fora um período maravilhoso, e sou eternamente grata pela oportunidade de ter conduzido a Chanel ao novo milênio.

Graças à excursão de compras de que eu fizera à Jeffrey, eu encontrara o perfeito traje pós-Chanel: um vestido de Jersey azul-marinho anatômico com a borda recortada, criado por Azzedine Alaia, e uma blusa de cor lavanda transparente para usar por cima dele. Minhas escolhas foram intencionais – o vestido, não muito espalhafatoso ou na última moda, clássico porém elegante, conservador mas também sexy. Eu admirava Alaia porque ele resiste a tendências, sempre criando roupas que favorecem a silhueta feminina e exibindo suas coleções fora do calendário regularmente programado da indústria. (Ele não participa da semana de moda de Paris.)[12] Ao chegar ao local, eu tinha rido muito com a diretora de moda e principal crítica de moda do *New York Times*, Vanessa Friedman, que me convidara para falar. Tínhamos escolhido, inadvertidamente, vestidos semelhantes do mesmo figurinista. Outra coisa fantástica a respeito das criações de Alaia? Parafraseado um dos famosos

---

[12] Azzedine Alaia faleceu em Paris, de insuficiência cardíaca, no dia 18 de novembro de 2017. (N.T.)

aforismos de Gabrielle Chanel, eles mostram a mulher vestindo o vestido, não ao contrário.

Para ter certeza de que eu pareceria esbelta no meu novo vestido com o tecido de jérsei aderente, eu também estava usando uma cinta. Ela decididamente me sustentava, na verdade a ponto de eu mal conseguir respirar enquanto treinava meu discurso pela enésima vez enquanto seguia para a conferência. Lá pelas tantas, no meio do caminho, dentro do carro, eu me livrei daquela prisão de lycra. Coco tinha razão: os espartilhos não têm lugar no corpo da mulher.

Cumprimentei as poucas pessoas que eu conhecia quando me aproximei da entrada e notei que um pequeno grupo de participantes bem-vestidos estava olhando na minha direção com genuína curiosidade; alguns se fixaram em um ponto do outro lado da sala, evitando meu olhar. Na ocasião, eu queria acreditar que eles simplesmente não sabiam quem eu era; afinal de contas, eu tinha aparecido em público apenas poucas vezes durante minha permanência na Chanel. Obstinadamente, desconsiderei o fato que minha fotografia estava em todos os convites e publicidade, sem mencionar que minha saída da Chanel tinha sido amplamente noticiada na indústria. Percebi que ninguém sabia exatamente o que me dizer – não até aquele momento. Sem um título oficial, eu me senti um pouco como um número no espetáculo secundário de um circo: bizarro, talvez interessante, certamente digno de atenção, mas não muito fácil de categorizar.

Eu me escondi no "camarim" (uma sala de reuniões convertida), andando de um lado para o outro enquanto repassava mentalmente uma vez mais o discurso. Eu ia expor e colocar em contexto o que muitos já sabiam que ameaçava o valor e até mesmo a existência do luxo – notadamente, a internet, a globalização, e a nova base de clientes e funcionários que agora exigiam muito mais dos produtos, das empresas e das marcas. E pela primeira vez, fora de uma palestra universitária, eu iria revelar minha jornada e a descoberta pessoal de que uma nova forma de liderança poderia estar na essência da solução dessas iminentes ameaças.

As pesquisas mostram que poucas pessoas conseguem manter suas resoluções de Ano Novo, mas definir uma "intenção" para o ano pode ser uma maneira poderosa de definir nosso rumo, alcançar metas e conduzir nossas ações do dia a dia para um propósito mais elevado. Em 2015, meu último ano como CEO da Chanel, minha palavra fora "Verdade". Eu estivera me empenhando em permanecer conectada à minha verdade interior enquanto opiniões e prioridades antagônicas giravam à minha volta. Sempre que as coisas ficavam agitadas ou confusas demais, eu pensava nessa palavra – *verdade* – e, como mágica, eu começava a sentir que estava de volta a um terreno firme. Eu tinha que me perguntar o tempo todo: eu queria dar à minha verdade um rosto, ou colocar uma máscara nela? Ocorreu-me que todos temos nossa própria verdade interior. Podemos apoiá-la e ajudá-la a emergir, ou podemos desconsiderá-la por algum tempo, porém, mais à frente, a falta de sol fará com que ela murche.

A verdade não existe sem uma voz. Escolhi "Voz" como minha palavra para 2016. Por mais que eu gostasse de vestir *tweeds* e camélias,[13] voar na primeira classe e fazer reservas nos restaurantes badalados, eu precisava resgatar minha autenticidade. Permanecer em silêncio significava que minha verdade não existia plenamente. Muitos de nós temos um sentimento profundo de quem somos e do que podemos levar de melhor ao mundo, mas nos refreamos e optamos por seguir as regras dos outros. Escolhi expressar minhas verdades e compartilhá-las com os outros na esperança de que eles, também, possam oferecer as deles.

Agora que "eliminei o espartilho", não estou bem certa de qual será minha próxima aventura – se vou estar novamente na direção de outra casa de luxo, envolvida com as loucuras de uma start-up ou sentada na mesa de outra sala de diretoria liderando um empreendimento que ainda estou por descobrir. Mas de uma coisa tenho certeza: eu me interesso profundamente por criar beleza no mundo. Eu me interesso profundamente por alterar os sistemas de referência para que mulheres e homens possam se tornar líderes que sejam fieis a si mesmos. Eu me interesso profundamente por contribuir de uma maneira positiva para nossa próxima geração.

Ao me encaminhar para a tribuna naquele dia, eu me senti calma e serena, mas também inteiramente exposta – pela primeira vez em um longo tempo. Fico sempre um pouco nervosa antes de proferir um discurso, mas dessa vez também estava animada, como nos sentimos pouco

---

[13] A autora está se referindo à camélia como um dos símbolos icônicos da Chanel. (N.T.)

antes de mergulhar na piscina em um dia quente. Fiquei em silêncio no palco durante um momento considerável, apenas absorvendo a audiência e sentindo a firmeza das minhas pernas. Pude sentir o som da minha voz vibrar quando comecei a falar, as palavras forjadas a partir de um novo lugar dentro de mim. O chão parecia sólido. Eu não estava expressando o ponto de vista da empresa. Não estava tentando dizer algo popular e tampouco procurando obter a aprovação de alguém. Eu encontrara uma voz que era minha. Estava me sentindo completamente eu mesma, imperturbada por dizer o que eu pensava, orgulhosa por manifestar minha opinião. Eu falara a partir de uma posição verdadeira, que não fora filtrada e distorcida por nenhuma outra pessoa.

O comprometimento com a Verdade e a Voz também causou um impacto na minha vida pessoal. Depois de vivermos juntos durante 28 anos, Antoine e eu decidimos levar nosso relacionamento para outro nível, uma vez mais indo além do rótulo. Terminamos nosso casamento e iniciamos capítulos separados e diferentes da nossa vida, cada um de nós se abrindo para um novo amor e, ao mesmo tempo, continuando a valorizar o vínculo que tivemos. Nosso amor, nas palavras de Antoine, é "transcendente, forçando os limites do que é possível". Embora não estejamos mais na forma romântica do nosso relacionamento, seremos sempre parceiros, melhores amigos e uma família.

Continuo a usar minha voz e a incentivar os estudantes que se especializam em literatura e os nerds cinéfilos, os estagiários tímidos e envergonhados, os executivos que buscam conhecer profundamente a si mesmos e seus valores, e especialmente as profissionais de alto nível a quem é dito que "comandem como um homem" a apresentar suas verdades, a ir além do rótulo e a levar sua vida como somente elas podem levar.

AGRADECIMENTOS

Um livro nunca é escrito sozinho, especialmente um livro como este. Meus entes queridos, amigos, família, professores e colegas não apenas me ajudaram a escrever este livro – eles são o livro. Todos deram uma parte de si mesmos para mim, generosamente e, não raro, de forma abnegada. Eles são os verdadeiros coautores deste livro e, de muitas maneiras, da minha vida.

Minha profunda gratidão:

A Antoine, meu ex-marido, o homem da minha vida para "o que der e vier", e meu eterno "pupuce", cujas contribuições são extensas demais para relacionar, mas cujo comprometimento e apoio ilimitados me ensinaram o verdadeiro significado do amor incondicional. Pauline e Camille "Mimi", minhas duas criações mais estimadas que nunca deixam de me surpreender e de me deixar infinitamente orgulhosa. Minha mãe, com cuja convicção eu era capaz de fazer qualquer coisa, e cujo terno coração, amor protetor e cuidado me conferiram a segurança para tentar coisas que, caso contrário, eu imaginaria estar muito além do meu alcance. Meu pai, cujos sábios conselhos continuam a me surpreender e cuja confiança em mim possibilitou que eu me sentisse à vontade em qualquer rótulo que eu pudesse assumir. Minhas irmãs, Suzane e Andrea, que me aturaram durante todos aqueles anos e me amavam mesmo quando eu lhes pedia para baixar o volume da música a ponto de torná-la quase inaudível para que eu pudesse estudar. Aos meus professores maravilhosos na John Burroughs High School – Ellen Moceri, uma das primeiras a despertar meu interesse pela alta literatura ao me introduzir a Tolstói e Dostoievski, e que me mostrou como uma mulher pode ser a chefe. A Kathy Stanley, a quem devo, em parte, meu grande amor pela França. E ao falecido John Faust, cuja obsessão pelo teatro era contagiante e cujos gracejos ferinos tornavam mais leve minha disposição de ânimo às vezes excessivamente séria. À família Novis e à família Talamon, que me receberam de braços abertos na sua vida e que, cada uma do seu jeito, abriram meus olhos para a beleza. Colombe, meu querido amigo e parceiro de longa data no crime que me manteve rindo por tantos anos e me mostrou novas maneiras de "obter o que você precisa". Aos meus inspiradores professores em Yale: Annette Insdorf, cujas ideias e observações sobre os grandes filmes da New Wave nunca me abandonaram; Master T. que "personificava" seu trabalho melhor do que qualquer pessoa que já conheci; e Diane Kleiner, que me ensinou a conectar artefatos para criar narrativas. A Alain Styl, que demonstrou como seguir e adaptar as regras ao mesmo tempo, e Philippe Sauter, que deu a uma novata o presente da sua amizade e através de cujos olhos aprendi a ver a beleza onde outros frequentemente não conseguiam a enxergar. A Agnes Visage pelo seu bom humor, entusiasmo e confiança, que me ajudou a lidar com meu primeiro emprego de verdade. A Dan Walker, por ter sido o primeiro a me identificar como "merchant", embora nada no meu currículo indicasse isso. A Mark Smith e Peter Richter, meus "fornecedores" favoritos, que acreditaram em uma estagiária de varejo inexperiente e resolveram treiná-la. A Nancy Green, sem cuja confiança e apoio eu provavelmente teria permanecido no closet de amostras e minha boa amiga e mentora Jenny Ming, que demonstrou todos os dias o que significava ser uma líder eficiente e poderosa sem jamais precisar elevar a voz. A Kerry Radcliffe, cuja parceria e conselhos valiosos me ajudaram a me tornar uma líder mais eficiente. A todos os meus colegas e amigos da Gap, Old Navy e Banana Republic por me ensinarem tudo o que eu precisava saber sobre o varejo americano, tornando os 15 anos que passei lá alguns dos mais estimulantes da minha vida. E, claro, a Mickey: eu não poderia ter pedido melhor guia, mentor e amigo. Seu discernimento e apoio inabalável durante e depois dos meus anos na Gap foram inestimáveis. A Melanie Kusin e Tim Boerkel, que conseguiram enxergar a elegância em uma francófila do mercado de massa. Floriane da St. Pierre por uma rigorosa porém inspiradora entrevista e, muitos anos depois, por uma excelente colaboração. A Alan Spizman pela sua bondade e palpável natureza humana. Aos donos da Chanel por se arriscarem comigo, me orientarem e me apoiarem durante minha permanência na casa. À minha equipe, colegas e amigos na Chanel, pelo seu empenho e dedicação a um novo e progressista enfoque de liderança e, em especial, àqueles que estiveram ao meu lado, acreditaram em mim e me apoiaram nos treze anos que passei lá. A David Whyte, Scilla Elworthy, Clay Christensen, Hal Gregersen e Caroline McHugh, cuja sabedoria, visão e participação na Jornada de Liderança Ativa e Consciente tornaram minhas experiências e as de muitas outras pessoas mais valiosas e gratificantes; e a todos os coaches que apoiaram e concederam seu amor e tempo a esse trabalho. A Martha Beck e Koelle Simpson (e muitos cavalos), que ensinaram a mim e a tantas outras pessoas qual a sensação de assumir nosso poder e usar nossa energia. À encantadora Keira, cuja graça e vivacidade continuam a me inspirar, e sua maravilhosa agente, Lindy King, cujo calor e gentileza a tornam uma perfeita aliada. A Jeffrey Kalinsky e sua equipe na boutique, que me despojaram das jaquetas de *tweed* e me introduziram aos estilos mais recentes – e à minha nova identidade. A Linda Lorimer e Julie Thibault, minhas queridas amigas, por seu feedback perspicaz e objetivo do manuscrito e apoio carinhoso à minha expressão. A Alfonso Nunez, Charlie Mullaly e Brad Gilden por manterem meu corpo, coração e alma alinhados depois de um número excessivo de dias curvada sobre um teclado. À minha grande amiga Zainab Salbi, que segurou minha mão durante minhas horas mais sombrias nos últimos anos e por cuja luz e amor sou eternamente grata. A Betsy Rapoport, brilhante editora e coach de escrita, que me convenceu (apesar do meu crítico interior) que eu sabia escrever, que me entregou o primeiro esboço de uma história que eu não sabia que tinha, e cujo incentivo, suave orientação e firme dedicação me fizeram continuar mesmo quando eu achava que não conseguiria. Ao meu agente, Jim Levine, por compreender as nuances do meu livro, ajudando-me a encontrar a editora perfeita, e fazendo uma das melhores imitações de Terry Gross que já vi até hoje. Suas aguçadas observações deram mais profundidade e significado a tudo o que eu tinha a dizer. À equipe de mulheres na HarperCollins, cujo entusiasmo, estilo eficiente e envolvimento naquela primeira reunião me cativaram antes do "olá", por acreditar e investir em mim e neste livro. À minha extraordinária editora e guia, Hollis Heimbouch, pela sua paciência, pelo seu tempo e por suas comoventes interpretações da minha narrativa. Ela iluminava e destacava as ideias tecidas entre as linhas do meu original. Nossas conversas semanais realçaram cada capítulo deste livro. E para minha coruja leopardo, minha bela Tess, pelas suas perguntas penetrantes e sensíveis, sua sabedoria, sua dedicação e seu amor. Ela abraçou meu coração dia e noite, e, falando francamente, sem ela, não haveria nenhum livro.

GRUPO EDITORIAL PENSAMENTO

O Grupo Editorial Pensamento é formado por quatro selos:
Pensamento, Cultrix, Seoman e Jangada.

Para saber mais sobre os títulos e autores do Grupo
visite o site: www.grupopensamento.com.br

Acompanhe também nossas redes sociais e fique por dentro dos próximos lançamentos, conteúdos exclusivos, eventos, promoções e sorteios.

editoracultrix
editorajangada
editoraseoman
grupoeditorialpensamento

Em caso de dúvidas, estamos prontos para ajudar:
atendimento@grupopensamento.com.br

Pensamento   Cultrix   SEOMAN   JANGADA
GRUPO EDITORIAL PENSAMENTO